高速公路护栏改造关键技术与应用

主编　赛志毅

人民交通出版社股份有限公司
China Communications Press Co.,Ltd.

内 容 提 要

本书共5章，具体内容包括绪论、波形梁护栏改造关键技术、桥梁组合式护栏改造关键技术、跨铁路桥梁护栏改造关键技术、中分带开口活动护栏改造关键技术等内容。

本书的编写丰富了我国高速公路运营期交通安全防护体系，服务于公路护栏研究、工程设计和施工技术人员，尚可作为高速公路运营期护栏设计、安全性能提升的参考书。

图书在版编目(CIP)数据

高速公路护栏改造关键技术与应用/赛志毅主编.
—北京:人民交通出版社股份有限公司,2018.9
ISBN 978-7-114-14882-8

Ⅰ.①高… Ⅱ.①赛… Ⅲ.①高速公路－防护结构－栏杆－道路施工 Ⅳ.①U417.1

中国版本图书馆CIP数据核字(2018)第158680号

书　　名：高速公路护栏改造关键技术与应用
著 作 者：赛志毅
责任编辑：张江成　李　娜
责任校对：董　昊
责任印制：张　凯
出版发行：人民交通出版社股份有限公司
地　　址：(100011)北京市朝阳区安定门外外馆斜街3号
网　　址：http://www.ccpress.com.cn
销售电话：(010)59757973
总 经 销：人民交通出版社股份有限公司发行部
经　　销：各地新华书店
印　　刷：北京鑫正大印刷有限公司
开　　本：787×1092　1/16
印　　张：10.75
字　　数：240千
版　　次：2018年9月　第1版
印　　次：2018年9月　第1次印刷
书　　号：ISBN 978-7-114-14882-8
定　　价：50.00元
(有印刷、装订质量问题的图书由本公司负责调换)

本书编委会

主　　编　赛志毅

副 主 编　孙正甫　刘甲荣　张晓冰　闫书明　高德忠　郭　洪　刘　航

编写人员　龚　帅　苏建明　亢寒晶　杨伟刚　杨福宇　王　娜　鲍　钢
余长春　苏　敏　吴桂胜　罗爱道　马　晴　高建雨　刘思源
陈兰波　周召伟　潘兴国　边兆军　王　琳　田　隽　陈艳君
李　宁　孙建华　闫　晨　李阿雷　牛　健　张忠田　刘彦涛
杨　杰　万年太　李兴锋　张军华　陈凤鸣　孔晨光　李　勇
赵庆水　蒋　洁　韩兆友　邓　宝

前　言

高速公路的建设和运营,极大提高了我国公路网的整体技术水平,改善了人们的出行条件,优化了交通运输结构,促进了交通运输业的发展,沟通了沿线地区与大城市、交通枢纽、工业中心的联系,由此创造了巨大的经济效益和社会效益。高速公路不仅是国民经济的命脉,而且是经济建设不可缺少的基础设施。截至2017年年底,我国已经建成运营的高速公路突破13.65万km,总里程数位居世界第一位。然而在高速公路蓬勃发展的同时,我们也应该注意到,近几年,在运营期高速公路上的事故呈多发态势,国家及相关部门对此高度重视。因此,如何提高高速公路安全运营水平,为人民群众提供更安全的公路交通环境,是值得我们探讨的课题。

防撞护栏作为高速公路安全运营的重要设施,在保障道路运营交通安全方面至关重要,其防撞性能应与高速公路线形、设计速度、运行速度、交通量和车辆构成等因素相匹配,但是目前我国不少早期建造的高速公路护栏已不能满足当前安全防护需求,如果护栏安全性能不能得到及时提升,将无法对高速公路通行车辆形成有效防护,极有可能造成严重交通事故,甚至恶性重特大事故,对人民生命和财产安全造成巨大威胁。与新建和改扩建公路不同,运营期高速公路护栏升级改造具有其特殊性,若将原有护栏进行拆除重建,不仅建设周期长,施工人员车辆及相应设施也会严重影响公路正常运营;而且建设费用高,需要拆除和新建两笔费用;同时原有护栏结构得不到有效利用,不符合"资源节约与环境友好"的建设理念。因此,针对高速公路运营期护栏安全性能不足的问题进行系统研究,对于保障高速公路运营安全、提升高速公路交通安全水平、降低工程造价、推动"平安交通""绿色交通"发展具有重要意义。

高速公路运营期不同路段对护栏的安全防护性能具有不同的特殊要求,如何遵循"安全、环保、舒适、和谐"的理念,对护栏升级改造提出了巨大的挑战。在对运营期高速公路护栏进行升级改造研究过程中,山东高速股份有限公司、北京华路安交通科技有限公司联合开展技术攻关,旨在形成我国运营期高速公路护栏改造关键技术体系。本书就是在运营期高速公路护栏改造关键技术研究成果的基础上,综合国内外相关发展情况,立足我国国情进行编写的。本书的编写丰富了我国高速公路运营期交通安全防护体系,服务于护栏研究、工程设计和施工技术人员,可作为高速公路运营期护栏优化设计改造的参考用书。

本书共五章，较为系统地介绍了护栏改造关键技术及其在高速公路运营期的系统应用。第1章简要介绍了运营期高速公路交通安全防护现状、国家政策对公路护栏的新要求、运营期高速公路护栏升级改造的特点及核心方法。第2章介绍了波形梁护栏改造关键技术，针对早期建造的波形梁护栏进行升级改造，在充分利用原护栏结构的基础上，提出波形梁护栏改造方案，防撞等级达到《公路交通安全设施设计规范》(JTG D81—2006)要求的A级(160kJ)。第3章介绍了桥梁组合式护栏改造关键技术，针对早期建造的一种旧桥梁组合式护栏存在的设计缺陷，对其进行升级改造，所提出的改造设计优化方案充分利用旧组合式桥梁护栏结构，满足"资源节约、环境友好"的需求。第4章介绍了跨铁路桥梁护栏改造关键技术，针对跨铁路桥梁路段特殊防护需求(高防护等级与减小车辆侧倾功能)及施工方便性特殊要求，对原有跨铁路桥梁路段护栏进行升级改造，使其达到安全、经济、施工方便的综合效果。第5章介绍了中分带开口活动护栏改造关键技术，结合现阶段公路中分带开口护栏的防护需求和《公路护栏安全性能评价标准》(JTG B05-01—2013)规定，以现有钢管预应力索活动护栏结构为基础，进行一体化设计，得到新型钢管预应力索活动护栏结构。

由于编者水平有限，书中疏漏与不当之处在所难免，恳请读者和专家予以指正。

编　者

2018年1月29日

目　录

第1章　绪　　论

1.1　高速公路交通安全防护现状

近年来，我国高速公路建设发展迅速，高速公路总里程由2005年年底的4.1万km增至2017年年底的13.65万km。高速公路的建成和运营极大方便了群众的出行，并带动沿途各地的经济发展，但随着我国经济的快速增长和公路运输事业的蓬勃发展，高速公路交通量迅速增长，随之而来的道路交通安全问题成为一个严重的社会问题，受到广泛关注。

根据我国高速公路多年的运营管理及实践经验，交通安全防护设施作为高速公路的重要组成部分，是道路通车运营后的防护与形象大使，在高速公路运营期间作用突出，尤其是防撞护栏在保障道路运营期间交通安全方面至关重要。通过设置安全可靠的护栏能够有效降低交通事故的严重程度，达到挽救生命的效果。目前我国已通车运营的高速公路上，尽管防撞护栏按照相关规范进行设计，但在使用过程中仍出现了"落伍"现象，存在部分路段防护效果不佳、特殊危险路段易发生严重交通事故的问题，例如部分路段既有的波形梁护栏、桥梁组合式护栏、跨铁路特殊路段桥梁护栏以及中分带开口活动护栏等，均存在一些不足。

（1）波形梁护栏

波形梁护栏是半刚性护栏的代表形式，目前波形梁护栏在我国高速公路中应用最为广泛。通过对高速公路事故的统计和调查发现，高速公路失控车辆因撞断波形梁护栏冲出路外而造成重大人员伤亡的事故已经发生多起，大量事故统计数据表明：大（中）型车辆碰撞波形梁护栏后极易发生车辆侧翻、穿越中分带护栏进入对向车道、穿越路侧护栏冲出路外的事故（图1-1-1、图1-1-2），且一旦涉事车辆为大客车，往往导致群死群伤的恶性事故，造成极其恶劣的社会影响；小型车碰撞波形梁护栏后易发生车辆掉头、横转现象，一些事故中不乏出现车辆下穿护栏，甚至是护栏刺穿车体的情况，对驾乘人员生命安全造成严重伤害（图1-1-3）。由此可见，波形梁护栏安全防护性能存在不足，无法为运营期公路安全提供有效防护，具有较大的安全隐患，有必要针对既有波形梁护栏进行升级改造。

a) 侧翻

b) 穿越中分带护栏进入对向车道

c) 穿越路侧护栏驶出路外

图1-1-1　大客车碰撞波形梁护栏事故

a) 侧翻

b) 穿越中分带护栏进入对向车道

c) 穿越路侧护栏驶出路外

图 1-1-2　大货车碰撞波形梁护栏事故

a) 横转

b) 下穿护栏

c) 护栏刺穿车体

图 1-1-3　小客车碰撞波形梁护栏事故

(2)桥梁组合式护栏

桥梁路段一般处于高位,如果其护栏的安全性能存在不足,则很容易发生车辆穿越或翻越护栏坠落桥下的事故,根据资料表明,这类事故的死伤率在95%以上。通过调查,车辆穿越桥梁护栏的事故多数与早期建造的一种旧桥梁组合式护栏结构有关(图 1-1-4、图 1-1-5)。该组合式桥梁护栏根据 1994 年颁布(现已废止)的《高速公路交通安全设施设计及施工技术规范》(JTJ 074—1994)(以下简称《074 规范》)设计。由于这种结构未进行过碰撞分析,其能否达到设计防护能量未曾可知,但是从实践防护效果来看,这种护栏结构防护能力有所不足,无法为运营期公路安全提供有效防护,有必要针对这种旧桥梁组合式护栏进行升级改造。

图 1-1-4　深圳红岭泥岗高架桥事故现场

图 1-1-5 上海浦东机场中环高架桥事故

(3)跨铁路特殊路段桥梁护栏

在高速公路建设中存在一些跨越铁路的特殊路段,在该路段一旦发生车辆穿越或翻越护栏坠落桥下的事故,不仅会造成事故车辆自身损毁,还会导致铁路运营的中断,更有甚者会引起火车与事故车辆相撞的二次事故,由此造成的损失难以估量,因此,跨铁路路段需设置安全可靠的高防撞等级的桥梁护栏。同时跨铁路桥梁路段对其护栏还提出特殊要求,即需要对其背部防落物网、交通标志、照明灯设施等(图 1-1-6)进行保护,因为如果车辆碰撞护栏后发生较大侧倾,将直接碰撞防落物网等设施,且一旦破损物坠落桥下将严重影响公路及铁路安全运营,在以往事故调查中,发生过车辆碰撞护栏后侧翻并撞毁防抛设施的事故(图 1-1-7),可见原有跨铁路桥梁护栏结构防护能力有所不足,无法为运营期公路安全提供有效防护,有必要针对跨铁路桥梁路段护栏特殊需求进行升级改造。

图 1-1-6 桥梁防抛网、照明、标志设施

(4)中分带开口处活动护栏

活动护栏是设置在公路中央分隔带开口处,为方便特种车辆(如交通事故处理车辆、急救车辆)在紧急情况下通行和一侧道路施工封闭时临时开启放行的活动设施。目前我国中分带开口处主要采用的护栏形式包括插拔式活动护栏、伸缩式活动护栏、梁柱式活动护栏以及钢管预应力索活动护栏。其中插拔式活动护栏与伸缩式活动护栏仅能起到警示诱导作用,不具备

安全防护能力(图1-1-8、图1-1-9),而梁柱式活动护栏与钢管预应力索活动护栏虽然具有一定防撞能力,但仍存在安全性能不足的问题,相关事故也常有发生,如图1-1-10、图1-1-11所示。可见我国运营期高速公路中央分隔带开口处存在巨大防护漏洞,有必要针对中分带开口处活动护栏进行升级改造,以提高其安全防护水平。

a) 车辆及防落物网坠落桥下

b) 护栏上部钢结构及防落物网损坏

图1-1-7　某高速公路跨越铁路桥梁事故

a) 插拔式活动护栏结构

b) 护栏无防护能力

图1-1-8　插拔式活动护栏及其相关事故

a) 伸缩式活动护栏结构

b) 护栏无防护能力

图1-1-9　伸缩式活动护栏及其相关事故

图 1-1-10 梁柱式活动护栏事故

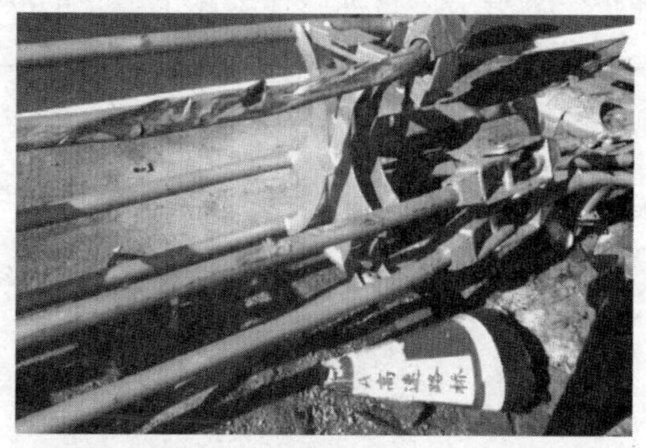
图 1-1-11 钢管预应力索活动护栏事故

需要指出的是,上述公路交通事故不仅是由于护栏防护能力不足引起,还包括其他多方面的综合因素,如人、车、路、环境条件多个方面,本书仅针对公路护栏进行了相关研究。护栏作为应对公路交通事故的最后一道防线,是提高公路安全保障能力的重要设施,针对上述既有的波形梁护栏、桥梁组合式护栏、跨铁路特殊路段桥梁护栏以及中分带开口活动护栏进行升级改造,将大大提高相应路段护栏安全防护性能,有效减少事故发生时的人员伤亡和财产损失,对于我国高速公路安全运营水平的提升具有重要意义。

1.2 国家政策对公路护栏提出新要求

为提高公路安全运营水平,交通运输部 2013 年 10 月 31 日发布了关于《公路护栏安全性能评价标准》(JTG B05-01—2013)的公告。根据公告,《公路护栏安全性能评价标准》(JTG B05-01—2013)(以下简称"新标准")作为公路工程行业标准,自 2013 年 12 月 1 日起施行,原《高速公路护栏安全性能评价标准》(JTG/T F83-01—2004)(以下简称"老标准")同时作废,如图 1-2-1 所示。相对于"老标准",在行业地位方面,"新标准"由原来的行业推荐性 F 类标准上升为行业基础性强制 B 类标准;在碰撞车型方面,"老标准"要求采用小型车和大型车两种车型进行碰撞试验,"新标准"强调采用小客车、大中型客车和大中型货车三种车型对公路护栏进行碰撞试验;在碰撞参数误差方面,"老标准"规定碰撞参数的误差是正负值,"新标准"要求碰撞参数中的速度和质量误差为正值,同时要求试验碰撞能量大于设计防护能量;在评价指标方面,"新标准"进一步完善了护栏安全性能的指标要求(表 1-2-1 为新老标准中护栏安全性能评价指标的对比表,图 1-2-2 为车辆轨迹导向驶出框图)。可见"新标准"较"老标准"行业地位有了大幅度提升,碰撞车型更加完善,碰撞参数指标和评价指标更加严格,对公路防撞护栏的安全性能提出更高要求。

2014 年全国交通运输工作会议做出加快发展平安交通的指示,明确指出要防止目前阶段安全事故"不可避免论",确保安全监管全覆盖,安全隐患零容忍,有效防范和坚决遏制重特大事故的发生。2014 年 11 月 28 日,国务院办公厅下发《关于实施公路安全生命防护工程的意见》(以下简称《意见》),以全面提升公路安全水平,切实维护人民群众生命财产安全。在根据"意见"精神编制的《公路安全生命防护工程实施技术指南》中,提出重点采用安全性能可靠的防撞护栏来解决运营期高速公路上存在的安全防护漏洞(图 1-2-3)。

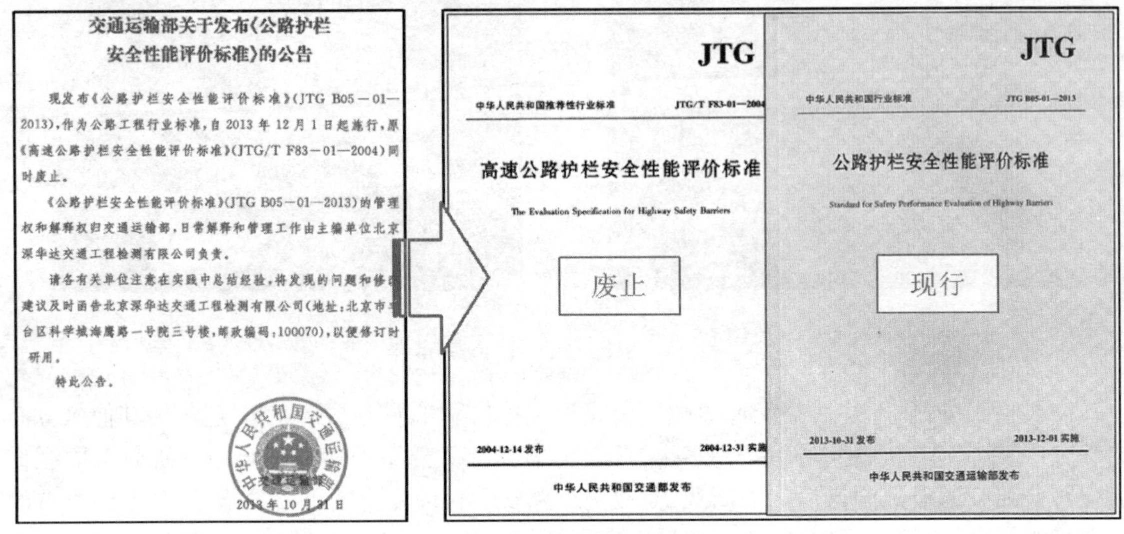

交通运输部关于发布《公路护栏安全性能评价标准》的公告

现发布《公路护栏安全性能评价标准》(JTG B05－01－2013),作为公路工程行业标准,自2013年12月1日起施行,原《高速公路护栏安全性能评价标准》(JTG/T F83－01－2004)同时废止。

《公路护栏安全性能评价标准》(JTG B05－01－2013)的管理权和解释权归交通运输部,日常解释和管理工作由主编单位北京深华达交通工程检测有限公司负责。

请各有关单位注意在实践中总结经验,将发现的问题和修改建议及时函告北京深华达交通工程检测有限公司(地址:北京市丰台区科学城海鹰路一号院三号楼,邮政编码:100070),以便修订时研用。

特此公告。

交通运输部

2013年10月31日

图 1-2-1　发布《公路护栏安全性能评价标准》(JTG B05-01—2013)的公告

新老标准中护栏安全性能评价指标对比表　　表 1-2-1

标准	指标					
	阻挡功能		缓冲功能		导向功能	
老标准	护栏应阻挡车辆并对其进行导向,禁止车辆穿越、翻越、骑跨、下穿护栏	脱离组件、护栏碎片或其他护栏上的碰撞物不能侵入驾驶室及阻挡驾驶员视线	对碰撞速度无要求	车体所受纵向、横向、铅直方向冲击加速度10ms间隔平均值最大不超过20*g*	碰撞车辆应保持正常行驶姿态,不发生横转、掉头等现象	护栏应有良好的导向功能,车辆碰撞后的驶出角度应小于碰撞角度的60%
新标准	应能够阻挡车辆穿越、翻越和骑跨	护栏构件及其脱离件不得侵入车辆乘员舱	乘员碰撞速度纵向与横向分量均不大于12m/s	乘员碰撞后加速度的纵向与横向分量均不得大于200m/s^2	车辆碰撞后不得翻车	车辆驶出驶离点后轮迹经过图 1-2-2 所示导向驶出框时不得越出直线 *F*

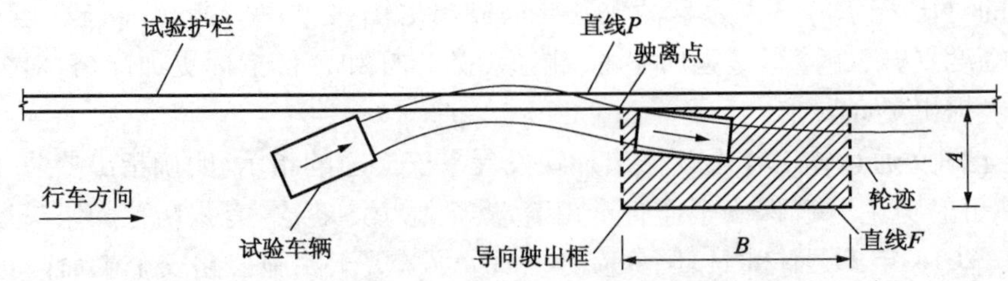

图 1-2-2　车辆轨迹导向驶出框

注:*A* 和 *B* 的取值见表 1-2-2。

参数 **A** 和 **B** 的取值(m)　　表 1-2-2

碰撞车型	A	B
小客车	$2.2+V_W+0.16V_L$	10
大中型客车	$4.4+V_W+0.16V_L$	20

注:V_W 为车辆总宽(m);V_L 为车辆总长(m)。

国务院办公厅关于实施公路安全生命防护工程的意见

人民出版社

公路安全生命防护工程实施技术指南

Guide for Implementation of Improve Highway Safety to CheriSh the Life Project

(试行)

中华人民共和国交通运输部发布

图 1-2-3 《意见》与《公路安全生命防护工程实施技术指南》

1.3 运营期高速公路护栏升级改造的特点及核心评价方法

与新建和改扩建公路不同,运营期高速公路护栏升级改造具有其自身特点,运营期公路护栏为既有结构,若将护栏完全拆除后新建,虽然可以有效提高护栏的安全防护性能,但是这种方案存在以下缺点:建设周期长,施工的人员车辆及相应设施对正常行车造成阻碍,严重影响高速公路的正常运营,并且存在安全隐患;建设费用高,需要拆除和新建两笔费用;既有护栏结构得不到重复利用,不符合“资源节约”与“环境保护”的工程理念。因此,运营期高速公路护栏升级改造应从施工方便性、经济性以及再利用的角度出发,对运营期高速公路各路段护栏进行优化设计改造。

运营期高速公路护栏升级改造设计与评价的核心方法包括计算机仿真分析与实车足尺碰撞试验。

(1)基于有限元方法的计算机仿真分析技术发展迅速,可求解车辆碰撞护栏的复杂动力学物理过程,是进行护栏设计优化的有力工具,但其准确性和可靠性需根据实车碰撞试验结果进行校核验证。随着计算机仿真分析方法在护栏开发领域应用的日趋成熟，国外发达国家尝试将该方法作为护栏安全性能评价的一种手段，并通过实践取得了宝贵经验。欧洲标准委员会（CEN）起草了“道路安全防护系统计算机模拟的术语、方法、标准”草案，规定“经过实车碰撞检测的道路安全设施，如果计算机模拟结果与实车碰撞试验结果各项指标一致，对于护栏的某些非关键因素改进无须再进行实车碰撞试验，可用计算机仿真分析方法评价这种改进后的安全设施的防护性能”。欧盟于2006年完成Robust（Road barrier upgrade of standards）项目，在该项目开展过程中，运用经过碰撞试验校正的仿真模型对大量护栏进行安全评价，为EN1317修订提供依据。香港特别行政区路政署在桥梁护栏及路旁围栏车辆碰撞研究——可行性研究中，应用经过碰撞试验校核的计算机仿真模型对多种护栏结构进行了安全评价，并将研究成果应用于实际工程中。

（2）实车足尺碰撞试验具有客观可靠的优点，是进行护栏研究开发的重要技术手段，也是我国和世界发达国家进行护栏安全性能评价采用的唯一方法。实车足尺碰撞试验通过加速设备将满足一定质量、几何尺寸、重心位置等技术参数要求的试验车辆加速至规定的碰撞速度，以规定的碰撞角度与试验护栏碰撞，根据观测的车体重心处加速度、护栏损坏变形情况、车辆运行轨迹姿态等数据判断护栏安全性能指标是否满足要求。

第2章　波形梁护栏改造关键技术

2.1　概　　述

早期修建的高速公路大部分路段根据《高速公路交通安全设施设计及施工技术规范》（JTJ 074—1994）（以下简称《074 规范》）要求设置波形梁护栏，而我国现阶段的护栏设计规范为《公路交通安全设施设计规范》（JTG D81—2006）（以下简称《D81—2006 规范》），与《074 规范》相比，《D81—2006 规范》提高了对护栏防撞等级的要求，将高速公路波形梁护栏的最低防撞等级（A 级）的碰撞能量由 93kJ 提高至 160kJ（表 2-1-1）。

《074 规范》和《D81—2006 规范》对 A 级护栏碰撞条件与碰撞能量的规定　　表 2-1-1

规范	防撞等级	碰撞条件				碰撞能量（kJ）
		碰撞车型	碰撞速度（km/h）	车辆总质量（t）	碰撞角度（°）	
《074 规范》	A	大型车	60	10	15	93
《D81—2006 规范》	A	小型车	100	1.5	20	—
		大型车	60	10	20	160

根据《074 规范》修建的波形梁护栏板厚度均为 3mm，立柱形式包括 Z 形柱（图 2-1-1）、ϕ114 钢管立柱和 ϕ140 钢管立柱，根据以往对波形梁护栏防护能力的研究成果，采用 3mm 厚双波板和 ϕ114 或 ϕ140 钢管立柱的波形梁护栏防护能力均达不到 160kJ（表 2-1-2 和表 2-1-3），且 Z 形柱由于强度较弱，根据交通部公路管理司 1994 年 5 月发布的《关于停止使用波形梁护栏 Z 形柱的通知》（图 2-1-2），目前已禁止其在波形梁护栏结构中使用，可见早期建造的波形梁护栏已不满足现行《D81—2006 规范》对护栏防撞等级的要求，且运营过程中车辆骑跨或穿越这类

图 2-1-1　“Z”形柱

交通部公路管理司

关于停止使用波形梁护栏“Z”形柱的通知

公设字[1994]　67号

根据近几年来高速公路、一级公路的工程实践，“Z”形柱强度太弱，损坏严重，不利于行车安全。今后各单位在设计波形梁护栏时，不得再使用“Z”形柱，已经设计了“Z”形柱的，应及时修改为圆形柱。

一九九四年五月二十三日

图 2-1-2　《关于停止使用波形梁护栏 Z 形柱的通知》

波形梁护栏的事故常有发生(图 2-1-3)。因此,需针对这些波形梁护栏进行升级改造,护栏安全性能应在原有波形梁护栏基础上进一步提高,防撞等级应达到《D81—2006 规范》要求的 A 级(160kJ)。

早期建造的波形梁护栏实车碰撞试验结果(一) 表 2-1-2

立柱	波形板厚	防阻块	立柱间距	
ϕ114 ×4.5mm	3mm 厚双波	六边形	4m	
碰撞车型	碰撞速度	碰撞角度	碰撞能量	
10t 大客车	60km/h	20°	160kJ	

早期建造的波形梁护栏实车碰撞试验结果(二) 表 2-1-3

立柱	波形板厚	防阻块	立柱间距	
ϕ140 ×4.5mm	3mm 厚双波	六边形	4m	
碰撞车型	碰撞速度	碰撞角度	碰撞能量	
10t 大客车	60km/h	20°	160kJ	

a)

b)

图 2-1-3　早期建造的波形梁护栏相关事故

通过对早期建设的波形梁护栏进行现场调研发现:

(1)绝大部分路段的波形梁板较平直,弯曲变形不明显,可重复再利用,如图 2-1-4 所示;

(2)原有波形梁护栏立柱包括 Z 形柱、ϕ114 钢管立柱和 ϕ140 钢管立柱,根据交通部公路管理司 1994 年 5 月发布的《关于停止使用波形梁护栏 Z 形柱的通知》,波形梁护栏改造结构不能使用原 Z 形柱,因此,Z 形柱不进行重复再利用;

(3)托架的作用是使立柱与波形梁板迎撞面之间保持一定距离,从而防止车辆碰撞护栏过程中在立柱处发生绊阻。与钢管立柱配合使用的托架结构,如图 2-1-5 所示,该托架类似于《074 规范》中的托架,不能起到防止车辆绊阻的作用,《D81—2006 规范》的 A 级波形梁护栏

中已不再使用托架，改用六角形托架，因此，原有波形梁护栏的托架不作为再利用构件。

a)

b)

图 2-1-4　原有波形梁护栏板

图 2-1-5　托架

据不完全统计，2004 年以前修建的高速公路大约有 3 万 km 需要对护栏安全性能进行提升，这其中大约有 70% 的路段根据《074 规范》的要求设置了波形梁护栏，保守估算需要改造的波形梁护栏共涉及 210 万 t 钢材，如果 1t 钢材的材料费、加工费、运输费以及施工费为 1 万元，则将涉及价值 210 亿元的钢材，如果这些路段上的波形梁护栏钢构件不能重复再利用，将造成巨大的经济浪费。因此，在波形梁护栏改造中还应充分考虑原波形护栏钢构件的再利用。

此外，我国目前针对波形梁护栏的基础性研究相对比较欠缺，还未进行过护栏端部锚固、基础埋置方式以及边坡设置对波形梁护栏安全防护性能影响的系统研究，因此，本章还将针对波形梁护栏的端部锚固、基础埋置方式以及边坡设置进行深入研究，其成果将有利于指导升级改造后的波形梁护栏的工程实际应用。

2.2　波形梁护栏改造设计与优化

综合考虑防护能力、施工难度、经济性等因素，采用计算机仿真与实车碰撞试验相结合的技术手段对波形梁护栏进行优化改造。首先通过实车碰撞试验数据对计算机仿真模型的可靠性进行验证，然后采用经过验证的高精度计算机仿真模型以及实车试验对护栏的立柱形式、波形梁板再利用设计与护栏高度进行改造设计与优化。

2.2.1　计算机仿真模型可靠性验证

图 2-2-1 为小客车与大客车碰撞护栏仿真与试验结果对比，可以看出车辆变形及行驶姿态的仿真与试验结果基本一致，验证了车辆仿真模型的准确性和可靠性。

图 2-2-2 为车辆碰撞波形梁护栏模型的仿真与试验对比结果：三波梁护栏侧面碰撞的最大横向动态变形量试验值为 661mm，仿真值为 701mm，误差为 6.1%；双波梁护栏端头正面碰撞最大横向动态变形量试验值为 9.5m，仿真值为 9m，误差为 5.6%。由此可见，所建立的波形梁护栏仿真模型具有较高的精度。

综上所述，通过仿真与试验结果对比，验证了计算机仿真模型的可靠性与准确性，为采用计算机仿真分析技术对波形梁护栏进行优化改造奠定了基础。

a) 小客车

b) 大客车

图 2-2-1　小客车与大客车车辆碰撞护栏仿真与试验对比

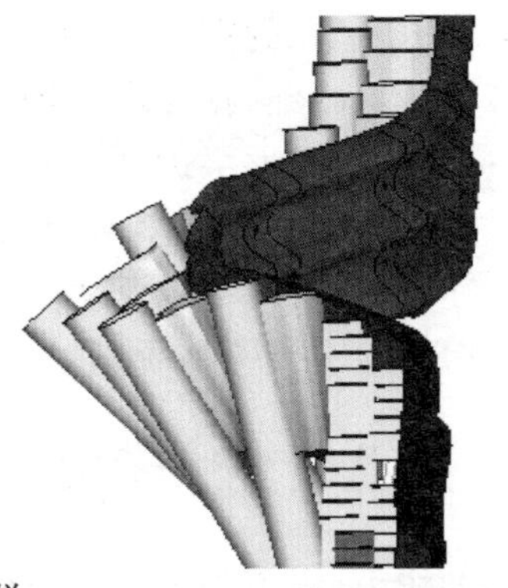

a) 三波梁护栏

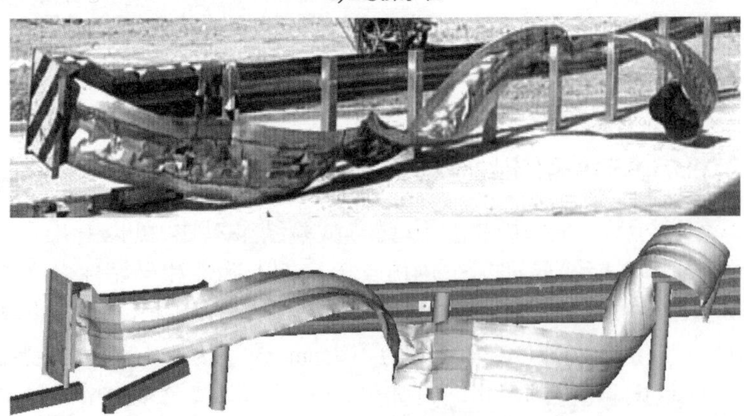

b) 波形梁护栏端头

图 2-2-2　波形梁护栏变形仿真与试验对比

2.2.2　立柱形式选择

波形梁护栏改造结构采用《D81—2006 规范》中推荐使用的立柱形式，以方便引用目前技术较为成熟的立柱与波形梁连接结构设计以及立柱施工方法。《D81—2006 规范》中波形梁护栏使用 ϕ140×4.5mm 钢管立柱，因此，波形梁护栏改造结构也采用这种立柱形式。

2.2.3　波形梁板再利用设计

护栏结构应遵循“强梁弱柱”的设计理念（立柱太强，车辆易绊阻），因此，基于旧护栏板再利用原则，初步提出设置两道原波形板的设计思路。考虑防护能力、施工方便性以及经济性等因素，按照两道波形板相对位置的不同，形成以下三种设计方案（图 2-2-3）：旧波形板上下层设置、旧波形板重叠设置以及旧波形板“8”字形设置。波形板中心（对于旧波形板上下层设置是指下层波形板）距地面高度均取为 60cm，立柱均为 ϕ140×4.5mm 钢管立柱，波形板均为原 3mm 厚双波板。

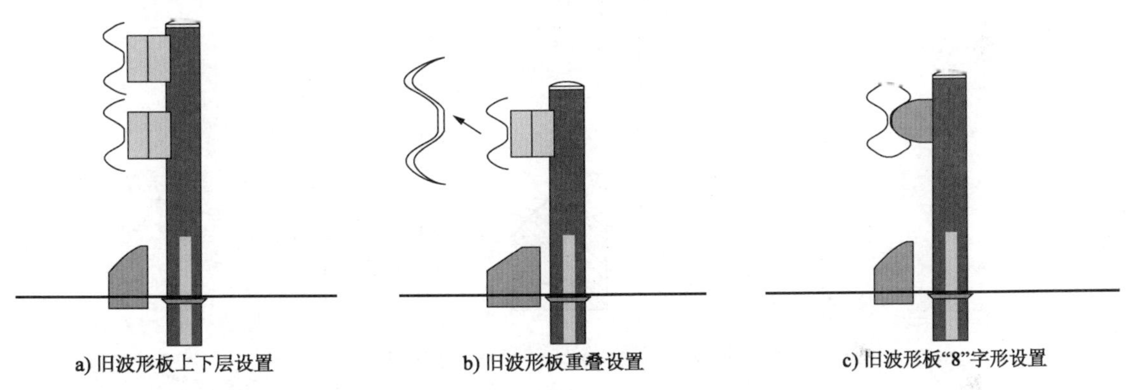

图 2-2-3　波形梁板再利用设计方案

采用经试验验证的高精度计算机仿真模型对上述三种护栏结构进行碰撞分析，碰撞条件为大客车总质量 10t、碰撞速度 60km/h、碰撞角度 20°，结果如图 2-2-4 所示，可见对于旧波形板重叠设置与“8”字形设置两种护栏结构，车辆碰撞后均骑跨护栏；而旧波形板上下层设置的护栏结构则能够有效阻挡车辆并对车辆进行导向。

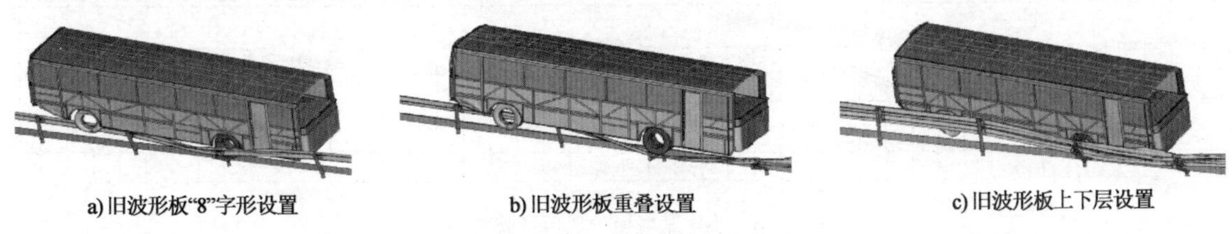

图 2-2-4　三种护栏结构的车辆碰撞结果

根据《公路护栏安全性能评价标准》（JTG B05-01—2013）规定：护栏应能够有效地阻挡车辆并对车辆进行导向，禁止车辆任何形式的穿越、翻越、骑跨和下穿护栏。因此，上述旧波形板重叠设置与“8”字形设置的两种护栏结构的安全防护性能均不满足评价标准要求，不宜作为改造护栏结构方案。

2.2.4 护栏高度设计

对于旧波形板上下层设置方案，为降低护栏材料用量，同时考虑其高度降低有助于提升景观效果，因此，在原方案的基础上将护栏高度进行小幅度降低，具体尺寸如图 2-2-5 所示，护栏总体高度为 910mm。

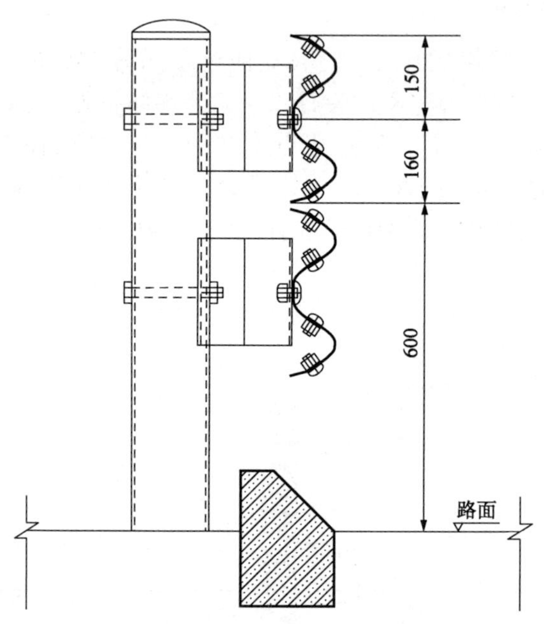

图 2-2-5 护栏高度小幅度降低(尺寸单位：mm)

按图 2-2-5 的护栏结构组织实施小客车实车碰撞试验，碰撞条件为车辆总质量 1.5t、碰撞速度 100km/h、碰撞角度 20°，小客车碰撞护栏后的行驶轨迹如图 2-2-6 所示，可见小客车行驶姿态较差，未顺利导出，车辆发生横转(图 2-2-7)。

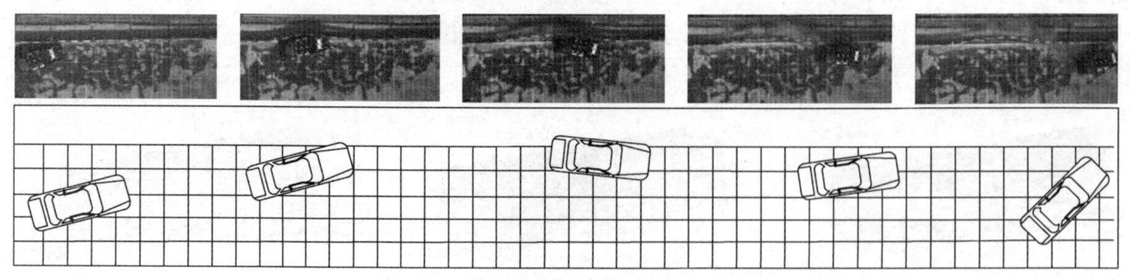

图 2-2-6 小客车碰撞护栏后行驶轨迹图

根据对试验结果的初步分析，小客车没有顺利导出的主要原因是下层波形梁板高度不合理，使小客车碰撞护栏后左前端碰撞荷载作用于上下两层波形梁板之间(如图 2-2-8、图 2-2-9 所示，车辆左前端尤其是发动机盖产生挤压变形)，由于车辆左前端夹在两层波形梁板之间，导致车辆难以顺利导出。

图 2-2-7 小客车碰撞护栏后发生横转

图 2-2-8 小客车碰撞后波形梁护栏变形图

图 2-2-9 小客车碰撞后车辆左前端变形

综上分析，确定波形梁护栏高度时，须确保小客车碰撞护栏后的左前端碰撞荷载作用在接近下层波形梁板高度中心位置，通过下层波形梁板受力对小客车形成良好的导向作用，因此，将下层波形梁板高度抬高，维持原初步设计方案的下层波形梁板中心距地面 60cm 的高度，如图 2-2-10 所示。

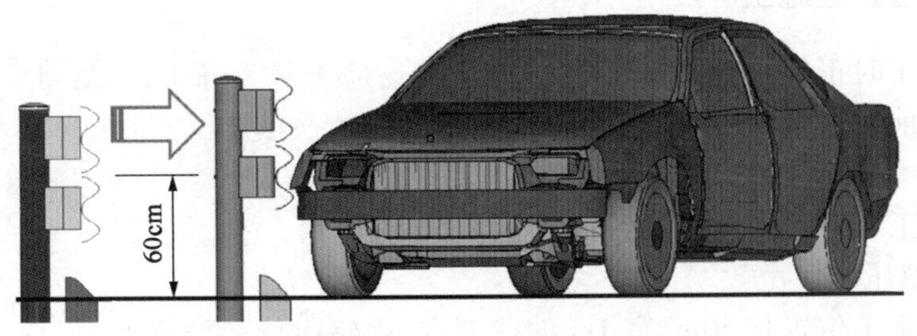

图 2-2-10 波形梁板抬高

2.2.5 护栏加强改造设计方案

图 2-2-11 为最终确定的原波形梁护栏改造方案——双层波形梁护栏结构，即立柱采用《D81—2006 规范》中波形梁护栏钢管立柱（$\phi 140 \times 4.5$mm）代替原护栏立柱（$\phi 114$），横梁采用旧波形板上下层设置，同时保证下层波形梁板中心距地面高度为 60cm。

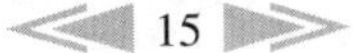

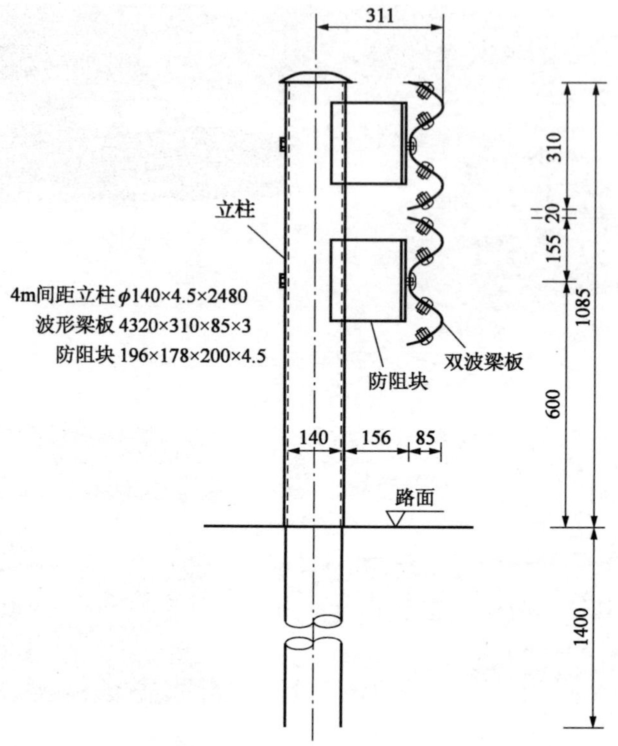

图 2-2-11 双层波形梁护栏结构方案(尺寸单位:mm)

2.3 波形梁护栏改造方案实车碰撞试验

2.3.1 试验护栏施工

试验护栏施工时正值北方冬季气候,此时试验场地土基为冻土,不易将立柱打入土基中,故试验护栏施工前,将立柱位置原有冻土挖掉,进行土体换填并压实后打入立柱。

1)施工工序

试验护栏施工工序具体包括以下六个步骤。

(1)土体换填压实

在试验护栏施工位置长 50m、宽 1m 的范围内,由路面往下挖坑 1.4m 深,并进行换填土,同时每填土 10cm 厚进行一次压实,最终压实度达到 94%,如图 2-3-1 所示。

(2)放线定位

在沿试验护栏纵向与横向方向上对立柱打桩点进行放线定位,如图 2-3-2 所示。

(3)立柱打入

将立柱放置在预定位置,并用水平尺纠偏,确认纵向与横向方向上无偏移后,开始打入立柱,立柱打入过程中,随时用水平尺确认立柱是否有偏移,若发生偏移,应及时纠正。图 2-3-3 为立柱施工过程。

a) 挖坑

b) 填土压实

图 2-3-1　土体换填压实

a)

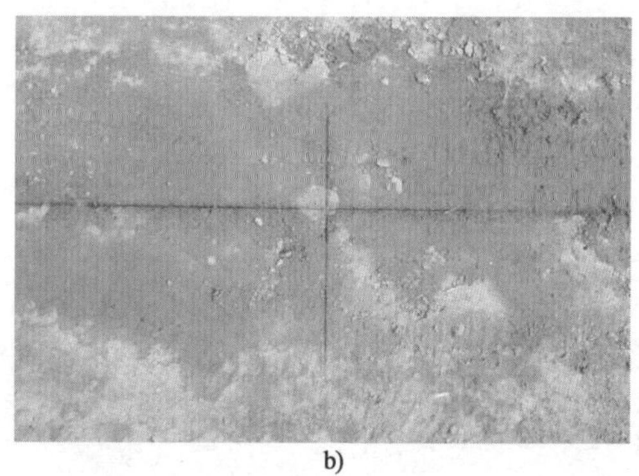
b)

图 2-3-2　放线定位

a) 立柱放置

b) 水平尺纠偏

c) 立柱打入

d) 偏差纠正

图 2-3-3　立柱施工过程

（4）路缘石安装

按图纸设计的路缘石位置放线，将压实面进行切槽并安装路缘石，如图 2-3-4 所示。路缘石安装应确保其线形协调平顺，且每块路缘石间缝隙内填充砂浆。

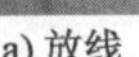

a) 放线

b) 切槽

c) 安装路缘石

图 2-3-4　路缘石施工过程

(5)波形梁护栏上部结构安装

如图 2-3-5 所示,先安装防阻块,其次是下层波形梁板,最后是上层波形梁板,波形梁板为改扩建工程现场运至试验场的旧波形梁板。波形梁板安装时应按行车方向相反方向进行安装。

a) 防阻块安装

b) 下层波形梁板安装

c) 上层波形梁板安装

d) 安装完成后的波形梁护栏

图 2-3-5　波形梁护栏上部结构安装

(6)锚端安装

试验护栏两端各有一锚固立柱，通过钢丝绳与丝扣将波形梁板锚固在两端锚固立柱上，如图2-3-6所示。

图2-3-6　锚固端

2)施工控制要点

根据试验护栏施工过程中对施工工艺的总结，双层波形梁护栏施工控制要点可概括为以下三个方面：

(1)护栏施工前应准确掌握各种地下设施的资料，特别是埋设于路基中各种管道的准确位置，以免立柱打入过程中对地下设施造成任何破坏。若由于地下通信管线、泄水管或涵洞影响导致立柱埋入深度不足时，应调整立柱位置或改变立柱埋置方式。

(2)立柱打入过程中，应随时检查立柱是否有偏移，若发生偏移，应及时纠正。当立柱打入过深而不得不将立柱拔出纠偏时，需将其全部拔出，将基础重新夯实后再打入。

(3)波形梁板在安装过程中须不断调整，因此连接螺栓与拼接螺栓不要过早拧紧，要利用护栏板上的长圆孔及时调整线形，使线形平顺，避免局部凹凸，待护栏的顶面线形与道路竖曲线相协调，再把所有螺栓拧紧。根据经验，安装方向与行车方向相反时比较容易安装。

2.3.2　试验碰撞条件

参考《公路护栏安全性能评价标准》(JTG B05-01—2013)的相关规定，按照表2-3-1所示的碰撞条件进行双层波形梁护栏实车碰撞试验。

双层波形梁护栏碰撞条件与碰撞能量　　表2-3-1

碰　撞　条　件				碰撞能量(kJ)
碰撞车型	碰撞速度(km/h)	车辆总质量(t)	碰撞角度(°)	
小客车	100	1.5	20	—
大客车	60	10	20	160

2.3.3　试验结果

小客车碰撞护栏过程的试验结果如图2-3-7所示。

(1)小客车碰撞护栏过程中，车辆行驶姿态良好，没有发生穿越、翻越、骑跨现象，阻挡功能良好；

(2)在驶离点后10m范围内车辆没有越过导向驶出框边界线，导向功能良好；

(3)乘员碰撞速度纵向为3.1m/s，横向为5.4m/s，乘员碰撞后加速度纵向为103.9m/s^2，横向为126.4m/s^2，远离指标限值(乘员碰撞速度限值12m/s，乘员碰撞后加速度200m/s^2)，缓冲功能良好。

大客车碰撞护栏过程的试验结果如图2-3-8所示。

(1)大客车碰撞护栏过程中，车辆行驶姿态良好，没有发生穿越、翻越、骑跨现象，阻挡功能良好；

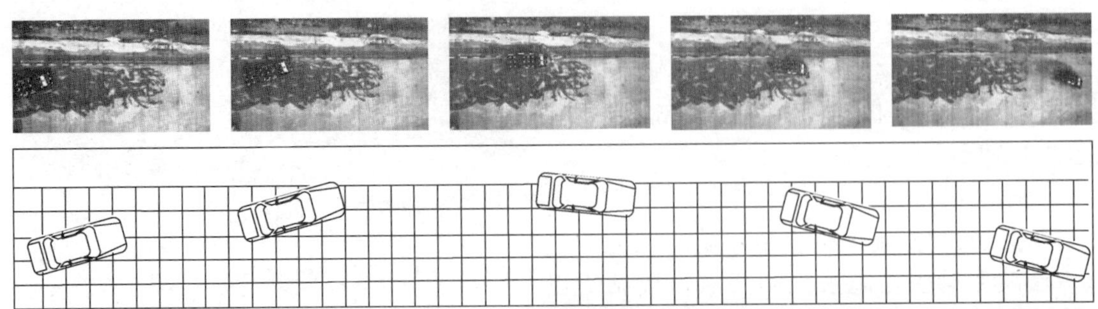

a) 车辆行驶轨迹

b) 护栏变形

c) 车辆变形

图 2-3-7　小客车碰撞试验结果

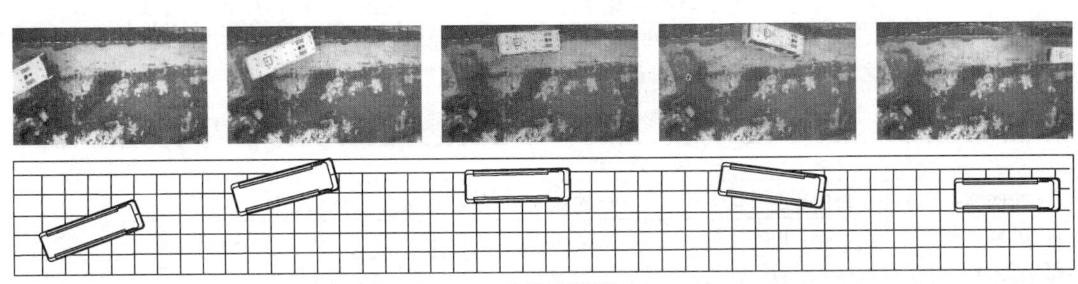

a) 车辆行驶轨迹

b) 护栏变形

c) 车辆变形

图 2-3-8　大客车碰撞试验结果

(2)在驶离点后20m范围内车辆没有越过导向驶出框边界线，导向功能良好。

表2-3-2为双层双波形梁护栏试验结论汇总表，可见护栏防护性能得到明显提高，碰撞能量达到160kJ以上。

双层波形梁护栏试验结论汇总表　　　　表2-3-2

碰撞条件测试结果	编号	试验日期（年－月－日）	碰撞车型	车辆总质量（kg）	碰撞速度（km/h）	碰撞角度（°）	碰撞能量（kJ）
	1	2013－03－20	大客车	10064	60	20.8	176
	2	2013－03－26	小客车	1513	101	20.4	72

评价项目			小型客车		大中型客车		大中型货车	
			测试结果	是否合格	测试结果	是否合格	测试结果	是否合格
阻挡功能	车辆是否穿越、翻越和骑跨试验样品		否	合格	否	合格	—	—
	试验样品构件及其脱离碎片是否侵入车辆乘员舱		否	合格	否	合格	—	—
导向功能	车辆碰撞后是否翻车		否	合格	否	合格	—	—
	车辆碰撞后的轮迹是否满足导向驶出框要求		满足	合格	满足	合格	—	—
缓冲功能	乘员碰撞速度（m/s）	纵向 x	3.1	合格	—	—	—	—
		横向 y	5.4	合格	—	—	—	—
	乘员碰撞后加速度（m/s^2）	纵向 x	103.9	合格	—	—	—	—
		横向 y	126.4	合格	—	—	—	—
护栏最大横向动态变形量 D（mm）			740		1469		—	
检测结论	该护栏经小型客车、大型客车实车碰撞试验，所检阻挡功能、导向功能、缓冲功能指标符合《公路护栏安全性能评价标准》（JTG B05－01—2013）中对小型客车、大型客车检测指标的要求							

2.3.4　基础性研究所需参数测试

图2-3-9　护栏端部锚固力测试仪器

上述实车碰撞试验过程中，除需测试护栏安全性能评价所需的护栏变形损坏情况、车辆运行状态、车辆重心处加速度以及护栏最大动态变形量等参数外，为了进行护栏端部锚固与基础埋置方式的专项研究，还需进行护栏端部锚固力、立柱折弯点以及护栏变形范围等的测试。

如图2-3-9所示，采用测力计测量车辆碰撞护栏过程中的端部锚固力。如图2-3-10所示，实车碰撞试验前标注立柱、波形梁板以及防阻块的相对位置，试验后采用直尺测量相对位置变化，获取波形梁纵向位移以及防阻块变形数据，以分析波形梁护栏变形范围，为护栏端部锚固专项研究提供基础数据。如图 2-3-11 所示，实车碰撞试验后开挖立柱基础，实测立柱折弯点位置。

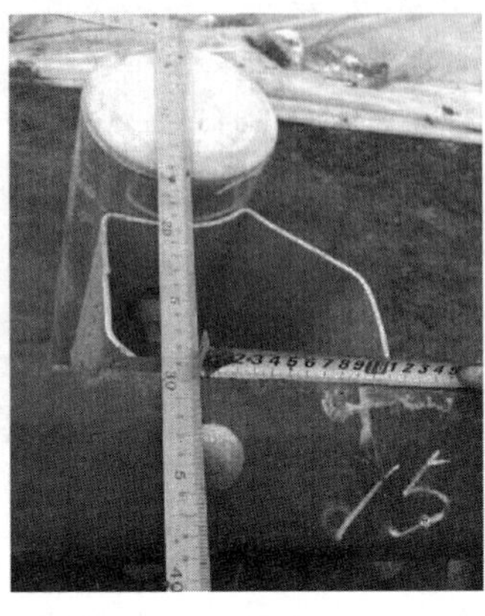

图 2-3-10　波形梁纵向位移以及防阻块变形测量

图 2-3-11　立柱折弯点位置测量

2.4　基于波形梁护栏改造方案的基础性研究

我国目前针对波形梁护栏的基础性研究相对比较欠缺，还未进行护栏端部锚固、基础埋置方式以及边坡设置对波形梁护栏安全防护性能影响的系统研究。因此本节将针对波形梁护栏的护栏端部锚固、基础埋置方式以及边坡设置进行深入研究，其成果将有利于指导升级改造后的波形梁护栏的工程实际应用。

2.4.1　基于波形梁护栏改造结构的端部锚固研究

《D81—2006 规范》中对波形梁护栏端部锚固没有提出明确要求，目前国内也未进行端部锚固对波形梁护栏防护能力影响的专门研究。本节基于波形梁护栏改造结构——双层波形梁护栏，研究分析波形梁护栏端部锚固的必要性，确定护栏防护作用范围，给出波形梁护栏端部锚固的推荐结构方案。

双层波形梁护栏安全性能评价采用小客车与大客车两种碰撞车型，大客车碰撞能量远大于小型车辆，因此，大客车碰撞主要评价护栏阻挡功能，而端部锚固对护栏防护能力的影响主要体现在阻挡功能，因此，护栏端部锚固研究采用碰撞车型为大客车。

1）端部锚固必要性

（1）端部锚固对护栏防护能力的影响

为检验波形梁护栏端部锚固对护栏防护能力的影响，以双层波形梁护栏为基础，根据大客车实车碰撞试验建立车辆碰撞护栏仿真模型，大客车碰撞条件为总质量 10t、碰撞速度 60km/h、碰撞角度 20°，双层波形梁护栏设置长度为 70m。车辆碰撞护栏时，护栏端部刚性锚固与不锚固时的碰撞结果如表 2-4-1 所示，两种工况的区别仅在于端部是否锚固。

波形梁护栏端部锚固对车辆碰撞护栏结果的影响　　表 2-4-1

项　目		车 辆 形 态	波形梁端部立柱和防阻块变形形态
碰撞前		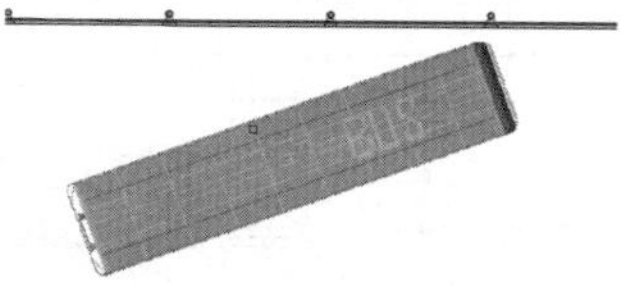	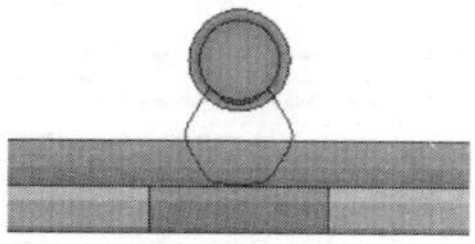
碰撞后	端部刚性锚固	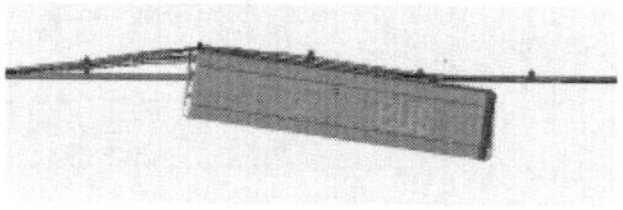	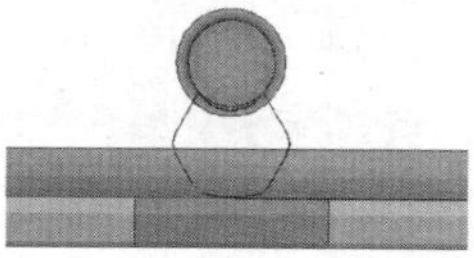
		护栏有效阻挡车辆	防阻块变形较小，波形梁板位移较小
	端部不锚固	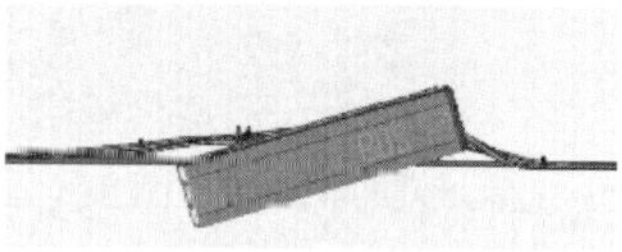	
		车辆穿越护栏	防阻块变形明显，波形梁板有较大位移

根据表 2-4-1 的分析结果可知，大客车碰撞双层波形梁护栏过程中，在碰撞荷载作用下波形梁板产生横向挠曲变形，波形梁板端部有向碰撞点方向移动的趋势，六边形防阻块极易产生扭转变形，无法对此位移进行有效约束，若波形梁板端部不锚固，则防阻块扭转变形较大，波形梁板端部有较大纵向位移，导致碰撞区域波形梁板产生较大的横向挠曲变形，从而大大降低护栏的整体防护能力，导致车辆穿越护栏。由此可见，波形梁板端部锚固对护栏防护能力有较大影响。

(2)《D81—2006 规范》规定

《074 规范》的波形梁护栏圆头式端头结构图中给出端部锚固钢丝绳设置示意图(图 2-4-1)，但现行规范《D81—2006 规范》中取消了端部锚固钢丝绳(图 2-4-2)，因此，实际工程中大部分波形梁护栏圆头式端头未设置端部锚固钢丝绳(图 2-4-3)，可能存在安全隐患，应作进一步修订完善。

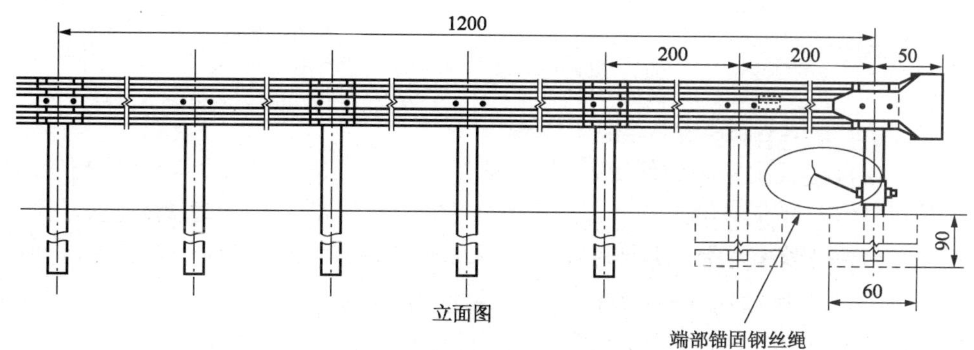

图 2-4-1　《074—2006 规范》中波形梁护栏圆头式端头结构图(尺寸单位：cm)

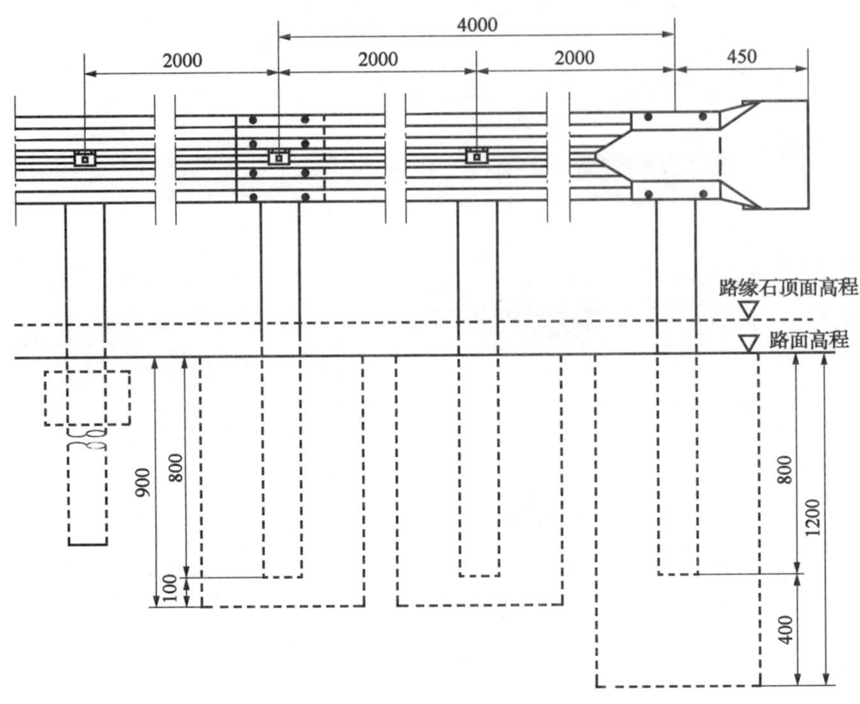

图 2-4-2 《D81—2006 规范》中波形梁护栏圆头式端头结构图(尺寸单位:mm)

图 2-4-3 实际工程应用中圆头式端头未设置端部锚固钢丝绳

(3)护栏防护作用范围

为确定双层波形梁护栏防护作用范围,在护栏端部不锚固的情况下,改变护栏设置长度,车辆碰撞护栏计算结果汇总见表 2-4-2 所示,可知当护栏端部不锚固时,增大护栏设置长度,车辆形态变化过程为穿越护栏→骑跨护栏→顺利导出(图 2-4-4),护栏设置长度达到 680m 后才能有效阻挡碰撞能量为 160kJ 的失控车辆。由此可见,双层波形梁护栏对 160kJ 大客车的防护作用范围达到 680m,从而也证明 70m 设置长度对于端部不锚固的波形梁护栏是远远不够的。

改变护栏设置长度时的车辆碰撞护栏结果 表 2-4-2

护栏设置长度(m)	护栏端部是否锚固	碰撞点位置		车辆形态
		沿碰撞方向与起点距离(m)	沿碰撞方向与终点距离(m)	
72	否	24	48	穿越护栏
104	否	36	68	穿越护栏
124	否	56	68	骑跨护栏
216	否	72	144	骑跨护栏
244	否	120	124	骑跨护栏
292	否	144	148	骑跨护栏
372	否	184	188	骑跨护栏
500	否	168	332	骑跨护栏
680	否	342	338	顺利导出
680	否	227	453	顺利导出

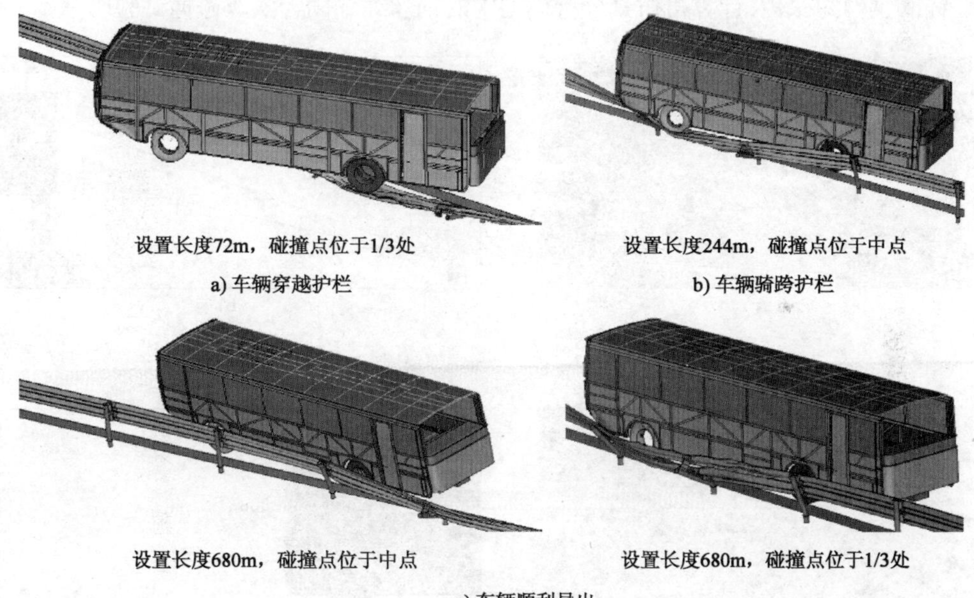

图 2-4-4 波形梁护栏端部不锚固时不同护栏设置长度的车辆碰撞护栏后形态

2)端部锚固护栏的设置长度对防护能力的影响

对于双层波形梁护栏，在护栏端部锚固的前提下，护栏设置长度分别为 244m、72m 和 50m 时，相同时刻的大客车碰撞护栏形态对比如图 2-4-5 所示。可见护栏变形以及车辆形态基本一致，由此可见，当护栏端部锚固时，若护栏设置长度能确保对碰撞车辆的阻挡和导向，护栏设置长度对其安全防护表现影响甚微。

3)端部锚固受力要求及推荐结构方案

根据实车碰撞试验测试的护栏端部锚固力，结合计算机仿真分析，给出双层波形梁护栏端部锚固的受力要求，并结合目前国内已有的波形梁护栏端头应用经验以及《D81—2006 规范》规定，给出双层波形梁护栏端部推荐结构方案。

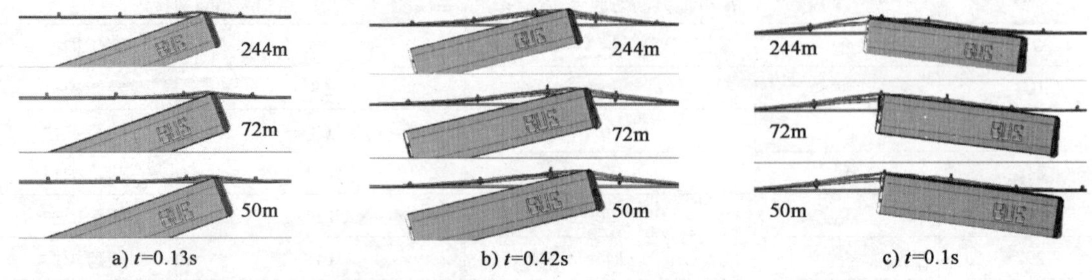

图 2-4-5　端部锚固护栏不同设置长度时车辆碰撞护栏形态对比

(1)护栏端部锚固受力要求

如图 2-4-6 和图 2-4-7 所示，护栏设置长度为 70m，双层波形梁护栏实车碰撞试验时，对护栏上游端部和下游端部的上层和下层波形梁板均采用钢丝绳进行锚固，并采用测力计测量上游端部的上层锚固钢丝绳张力，计算机仿真分析模型中的钢丝绳锚固与实车碰撞试验时基本一致。

a)

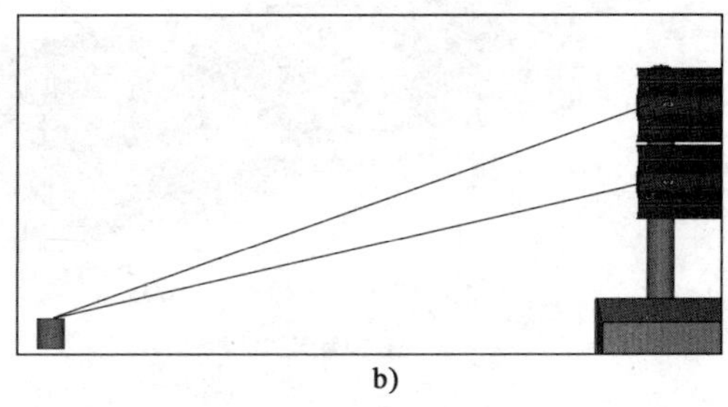

b)

图 2-4-6　上游端部锚固

a)

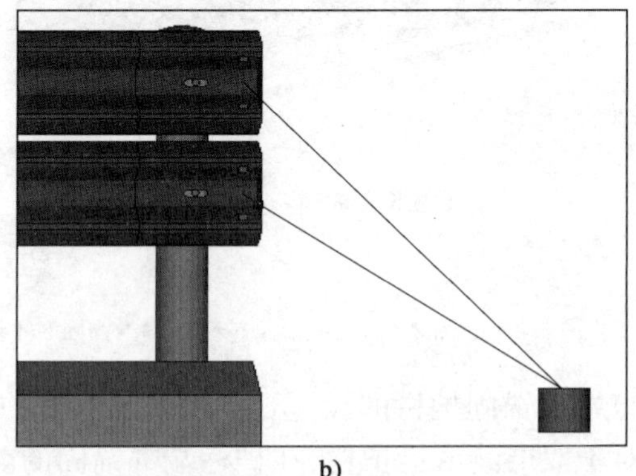

b)

图 2-4-7　下游端部锚固

端部锚固变形形态的实车碰撞试验与计算机仿真分析结果如图 2-4-8 所示，防阻块的变形形态基本一致。根据试验测试结果，防阻块纵向中心处的位移约为 7. 7cm，而仿真分析的计算结果约为 6. 0cm，误差仅为 1. 7cm。

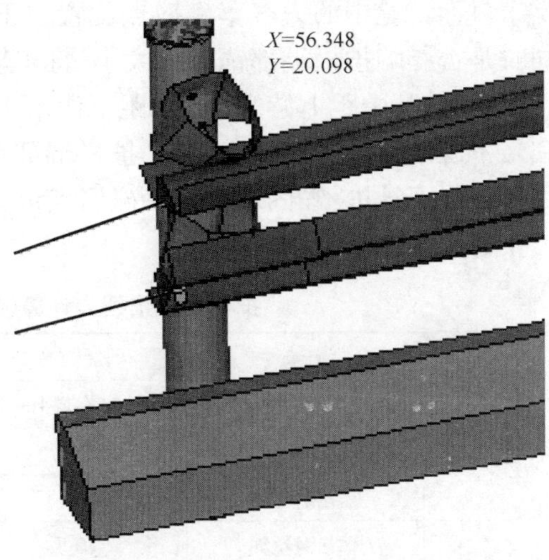

图2-4-8　端部锚固变形形态的试验与仿真结果对比

双层波形梁护栏端部钢丝绳锚固张力的仿真分析结果如图2-4-9和表2-4-3所示,试验中对上游端上方钢丝绳的张力进行了测试,测试值与计算值基本吻合。

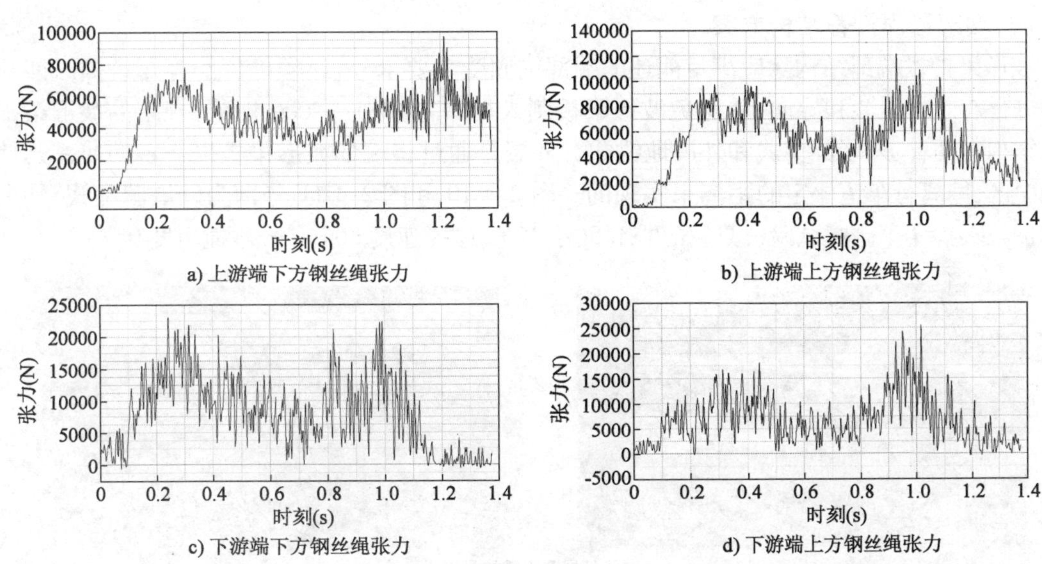

图2-4-9　双层波形梁护栏端部钢丝绳锚固张力仿真分析结果

护栏端部锚固力计算(碰撞点位于距上游端24m)　表2-4-3

钢丝绳位置		最大张力(kN)
上游端	下方钢丝绳	97
	上方钢丝绳	121
下游端	下方钢丝绳	23
	上方钢丝绳	25

实车碰撞试验中的大客车碰撞点位置位于距上游端24m位置处。为检验车辆碰撞点位置不同时是否影响护栏端部锚固力大小，将车辆碰撞点位置分别移至距上游端4m、44m以及距下游端16m，其中距上游端4m和距下游端16m分别是满足护栏对大客车阻挡和导向的最上游和最下游的碰撞点位置，计算的护栏端部钢丝绳最大张力汇总如表2-4-4所示。根据计算结果得出以下结论：锚固端与车辆碰撞点位置越接近，锚固钢丝绳张力越大；上游端的钢丝绳最大张力大于下游端钢丝绳。

护栏端部锚固力计算（钢丝绳最大张力）(kN)　　表2-4-4

钢丝绳位置		碰撞点位置			
		距上游端4m	距上游端24m	距上游端44m	距下游端16m
上游端	下方钢丝绳	104	97	49	36
	上方钢丝绳	130	121	50	45
下游端	下方钢丝绳	20	23	36	58
	上方钢丝绳	16	25	31	50

由此可见，按《D81—2006规范》规定的最小设置长度70m设置双层波形梁护栏时，端部锚固设计须满足单层波形梁板的锚固力达到130kN。

(2)端部锚固推荐结构方案

波形梁护栏端部结构除应满足前述的端部锚固受力要求外，还须确保小客车碰撞时能够对车辆进行有效的缓冲和导向，并避免波形梁板刺入车体。《D81—2006规范》规定的波形梁护栏端头结构有两种：外展圆头式和外展地锚式。外展是通过将端部波形梁板以一定的曲率延伸至路侧净区，偏离行车道一定的距离来实现的。图2-4-10和图2-4-11分别为外展圆头式、外展地锚式护栏端头实车碰撞试验(试验条件：1.5t小客车，碰撞速度80km/h，碰撞角度0°)。

a)试验外展圆头式护栏端头

b)实车碰撞过程

图2-4-10　外展圆头式护栏端头实车碰撞试验

a) 试验外展地锚式护栏端头

b) 实车碰撞过程

图 2-4-11　外展地锚式护栏端头实车碰撞试验

根据图 2-4-10 和图 2-4-11 所示的实车碰撞试验结果,车辆碰撞外展圆头式护栏端头后发生调头甩尾现象,车身损坏严重。车辆碰撞外展地锚式护栏端头后能顺利导向,驶出护栏。由此可见,虽然可通过设置钢丝绳实现外展圆头式端头对波形梁板的锚固,但由于其无法有效防护小客车,因此,不适于在实际工程中应用,推荐使用外展地锚式端头。外展地锚式端头应用于双层波形梁护栏时,相当于采用波形梁板代替实车碰撞试验中的锚固钢丝绳,《D81—2006 细则》中给出的外展地锚式端头设计如图 2-4-12 所示,其薄弱截面位于拼接螺栓连接处。

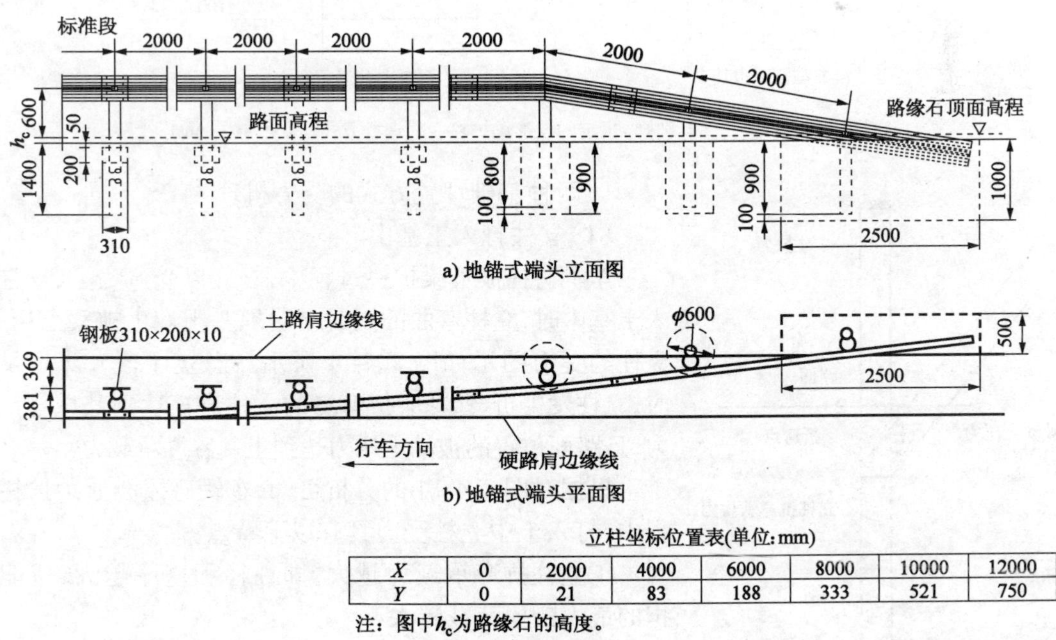

a) 地锚式端头立面图

b) 地锚式端头平面图

立柱坐标位置表(单位:mm)

X	0	2000	4000	6000	8000	10000	12000
Y	0	21	83	188	333	521	750

注：图中h_c为路缘石的高度。

图 2-4-12　《D81—2006 细则》中给出的外展地锚式端头设计(尺寸单位:mm)

双层波形梁护栏采用的拼接螺栓型号为M16（螺栓有效截面积156.7mm^2），材质为45号钢，每处8个。按抗剪强度为0.6～0.7倍的抗拉强度，45号钢抗拉强度约为600MPa，则抗剪强度约为370MPa。拼接处由拼接螺栓抗剪提供的抗剪承载力为370×8×156.7≈464（kN）。因此，其能够承担的锚固力为464kN，能够满足双层波形梁护栏端部锚固受力要求。

综上所述，双层波形梁护栏端部锚固结构推荐为《公路交通安全设施设计细则》（JTG/T D81—2006）（简称《D81—2006细则》）中给出的外展地锚式端头。

2.4.2 基于波形梁护栏改造结构的基础埋置方式研究

《D81—2006细则》规定的路基波形梁护栏立柱埋置方式包括两种：立柱打入土基中和立柱埋入混凝土中（图2-4-13）。通过计算机仿真分析结合实车碰撞试验的方法，研究立柱打入土基中和埋入混凝土中两种基础埋置方式对护栏防护性能的影响。

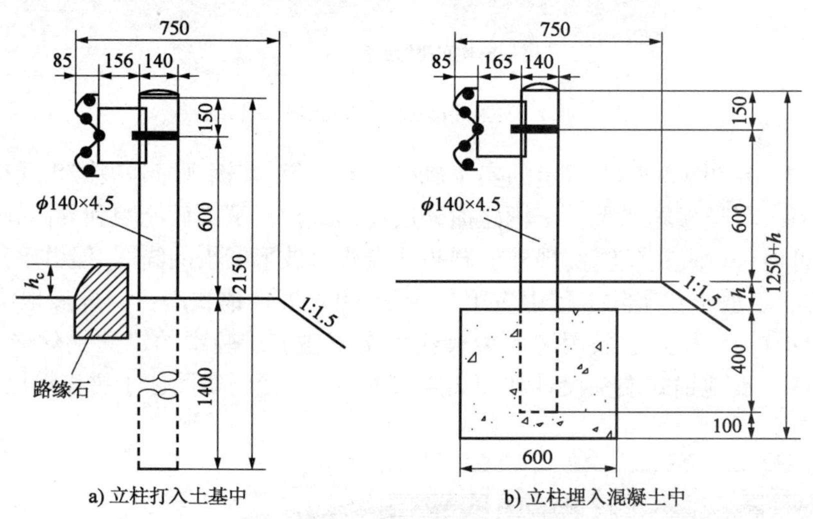

图2-4-13 《D81—2006细则》规定的波形梁护栏立柱埋置方式（尺寸单位：mm）

1）两种基础埋置方式的受力机理

（1）立柱打入土基中

车辆碰撞波形梁护栏过程中，立柱以受弯为主，立柱打入土基中时，立柱弯曲的同时会对地基土产生被动土压力，立柱的受力图示如图2-4-14所示。当立柱打入深度足够时，立柱发生折弯瞬间，折弯点的立柱弯矩达到其抗弯承载力，且路面位置的被动土压力达到土基容许承载力。

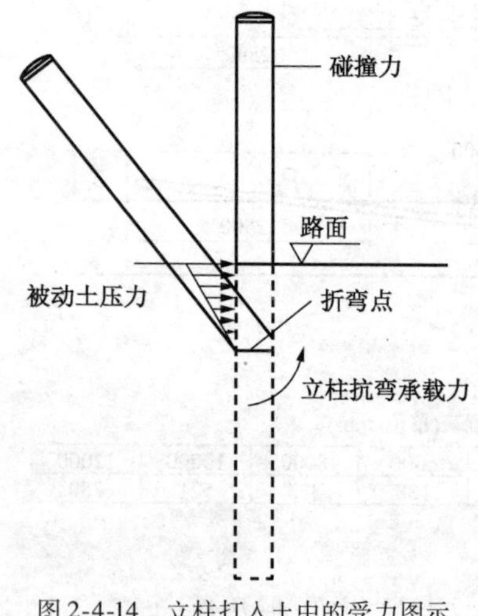

图2-4-14 立柱打入土中的受力图示

根据对图2-4-14的分析可知，车辆碰撞波形梁护栏过程中，打入土中立柱受力具有以下特点：

①立柱抗弯承载力越大，即柱径和壁厚越大，所能承担的最大碰撞荷载越大。

②实际公路土基压实度越大，土基容许承载力越大，立柱所能承担的最大碰撞荷载越大。

③立柱所能承担的最大碰撞荷载与折弯点位置没有直接关系。

④当立柱打入深度足够时,其所能承载的最大碰撞荷载与打入深度没有直接关系。

⑤当立柱打入深度足够时,土基容许承载力越小,立柱折弯点下移。

⑥当立柱打入深度足够时,只要碰撞荷载作用下能够使立柱折弯,则折弯点位置与碰撞荷载大小无关,这一点在本项目的小客车和大客车试验中得到了验证。小客车和大客车试验后对立柱折弯点位置进行测量(图2-4-15),对于不同碰撞车型试验后的不同立柱,折弯点位置均在路面以下10~12cm,由于不同碰撞车型(小客车和大客车)的不同立柱所受碰撞荷载有较大差别,但折弯点位置却极为接近。

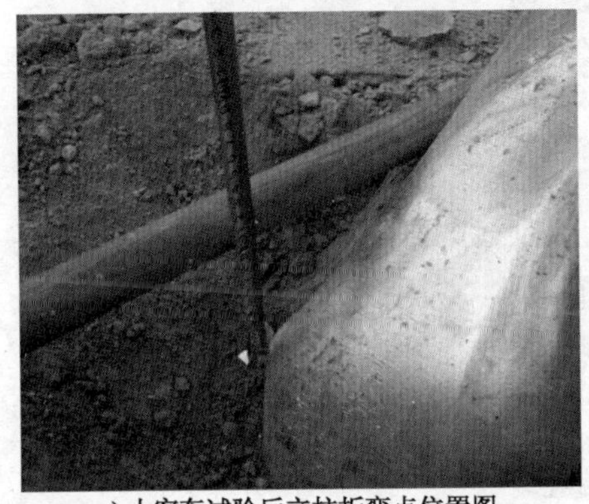
a) 小客车试验后立柱折弯点位置图

b) 大客车试验后立柱折弯点位置

图2-4-15　碰撞试验后立柱折弯点位置

(2)立柱埋入混凝土中

进行埋入混凝土中立柱构件的静力抗弯试验,试验结果如图2-4-16所示,立柱的折弯点位于混凝土基础顶面。《公路交通安全设施设计细则》(JTG/T D81—2006)在4.5.6条的条文说明中也提出:加混凝土封层后的立柱,其最大弯矩发生在地表处。由此可见,在其他条件完全相同的前提下,立柱所能承担的最大碰撞荷载只与立柱的抗弯承载力有关。

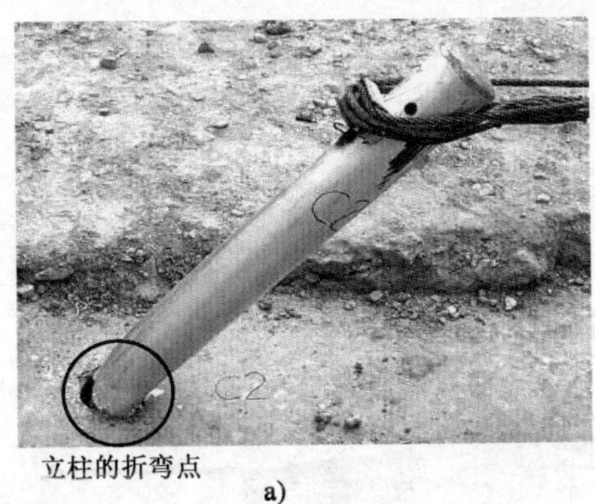

a)

b)

图2-4-16　立柱静力抗弯试验

2)基础埋置方式对波形梁护栏安全性能的影响

由于立柱打入土中和埋入混凝土中两种基础埋置方式的主要区别是立柱的折弯点不同,

改变实车碰撞试验双层波形梁护栏仿真模型的立柱折弯点，分别设为路面位置处、路面以下10cm和路面以下20cm，根据计算机仿真分析结果分析折弯点位置对护栏安全性能的影响。

（1）大客车碰撞

大客车碰撞后护栏变形以及车辆行驶轨迹对比如表2-4-5所示，可知仅改变立柱折弯点位置后护栏变形以及车辆行驶轨迹一致，说明立柱折弯点位置对大客车碰撞护栏结果影响不大。

大客车碰撞后护栏变形以及车辆行驶轨迹对比 表2-4-5

时　刻	折弯点位置	护栏变形以及车辆行驶轨迹
$t=0$s	路面	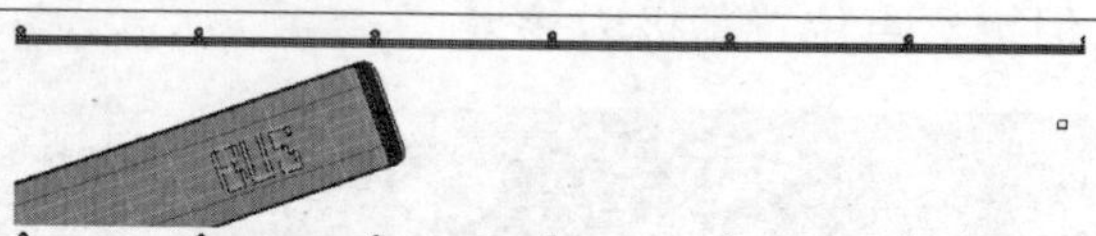
	路面以下10cm	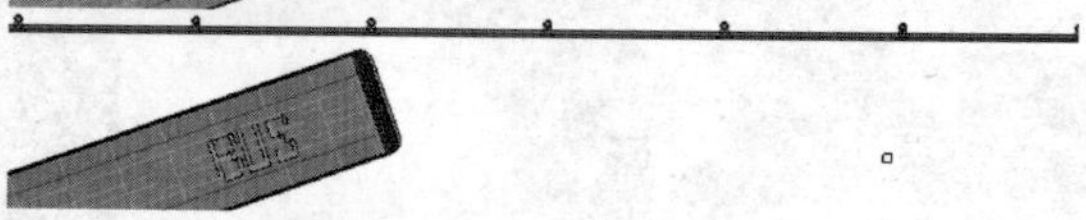
	路面以下20cm	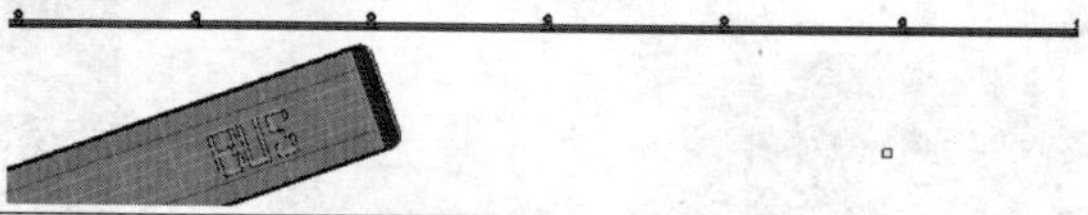
$t=0.2$s	路面	
	路面以下10cm	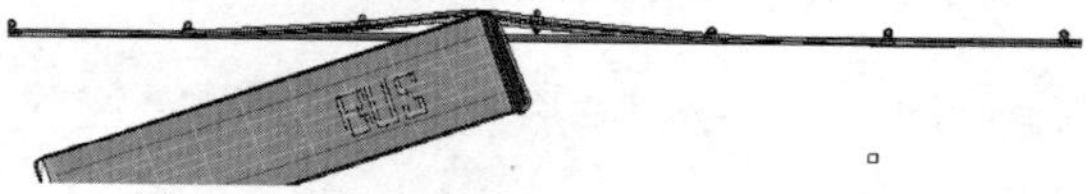
	路面以下20cm	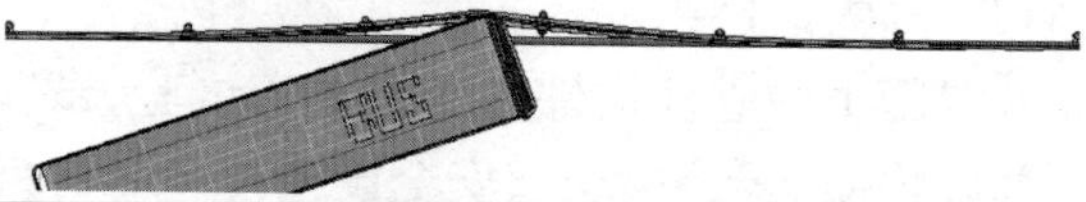
$t=0.4$s	路面	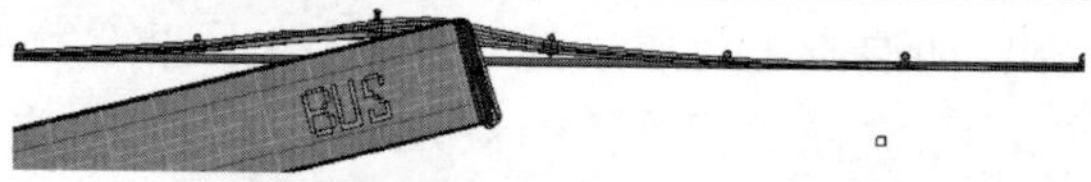
	路面以下10cm	
	路面以下20cm	
$t=0.9$s	路面	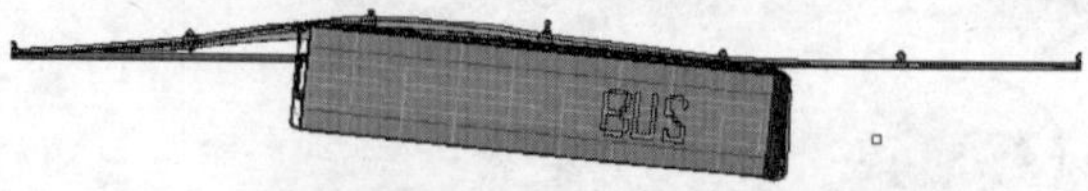
	路面以下10cm	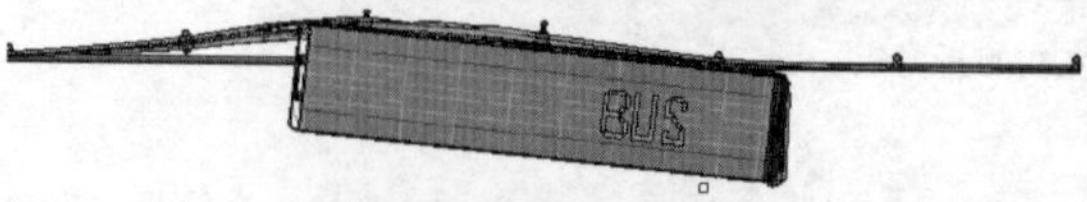
	路面以下20cm	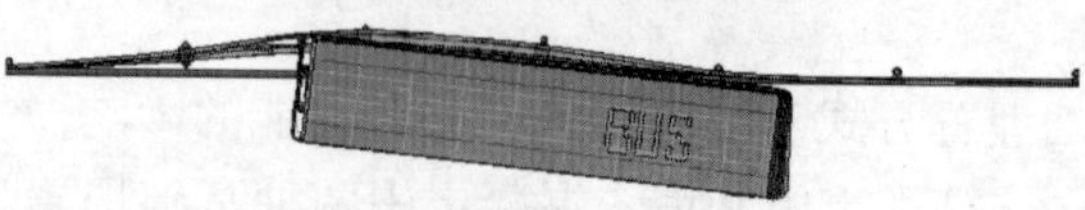

以折弯点位于路面以及路面以下 20cm 为例，同一时刻的立柱、波形梁和防阻块的变形形态以及车辆位置对比如图 2-4-17 所示，两种工况相比，折弯点位于路面位置的立柱折弯角度较大，但立柱折弯后的横向位置基本一致；折弯点位于路面位置的立柱弯曲后顶面高度偏低，由于防阻块是一种柔性结构，通过其变形协调（两种工况下防阻块变形明显不同），使立柱顶面高度的降低没有导致波形梁变形的明显不同，波形梁变形后高度以及横向位置基本一致，因此，护栏变形和车辆行驶轨迹基本一致（表 2-4-5）。

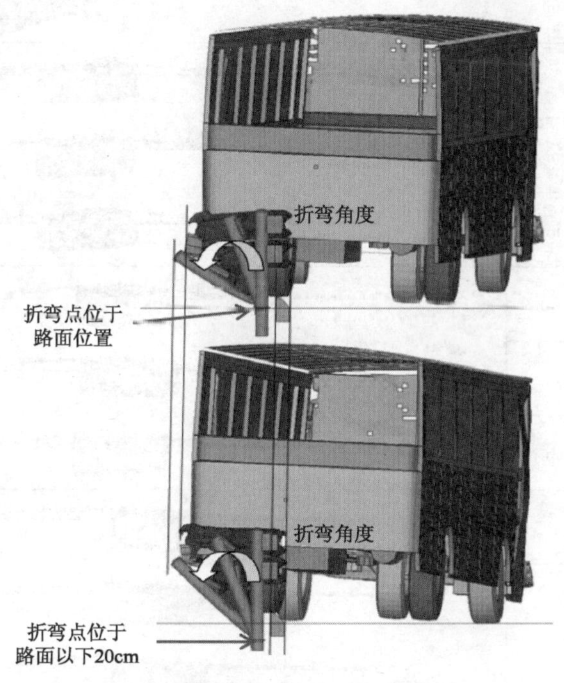

图 2-4-17　立柱、波形梁和防阻块的变形形态以及车辆位置对比

（2）小客车碰撞

小客车碰撞后护栏变形以及车辆行驶轨迹对比见表 2-4-6 所示。可知仅改变立柱折弯点位置后，护栏变形以及车辆行驶轨迹一致，说明立柱折弯点位置对小客车碰撞护栏后的护栏变形以及车辆行驶轨迹影响不大。

小客车碰撞后护栏变形以及车辆行驶轨迹对比　表 2-4-6

时　刻	折弯点位置	护栏变形以及车辆行驶轨迹
$t=0$s	路面	
	路面以下 10cm	
	路面以下 20cm	

续上表

时　刻	折弯点位置	护栏变形以及车辆行驶轨迹
$t=0.1$s	路面	
	路面以下 10cm	
	路面以下 20cm	
$t=0.2$s	路面	
	路面以下 10cm	
	路面以下 20cm	
$t=0.3$s	路面	
	路面以下 10cm	
	路面以下 20cm	
$t=0.4$s	路面	
	路面以下 10cm	
	路面以下 20cm	

改变立柱折弯点位置后小客车车体重心处 10ms 平均加速度时程曲线对比如图 2-4-18 和图 2-4-19 所示。对于护栏缓冲功能评价起控制作用的行车方向车体重心处加速度，随着立柱折弯点位置下移，总体而言，加速度峰值逐渐减小，但基本均满足加速度峰值小于 $20g$ 的要求。

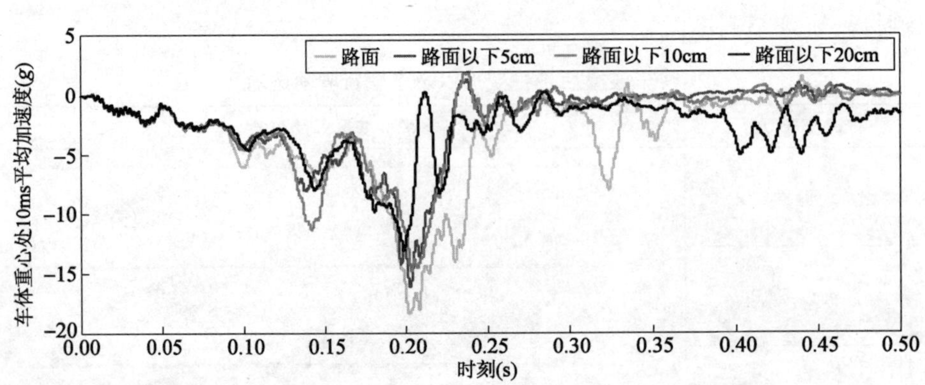

图 2-4-18　行车方向（x 方向）车体重心处 10ms 平均加速度

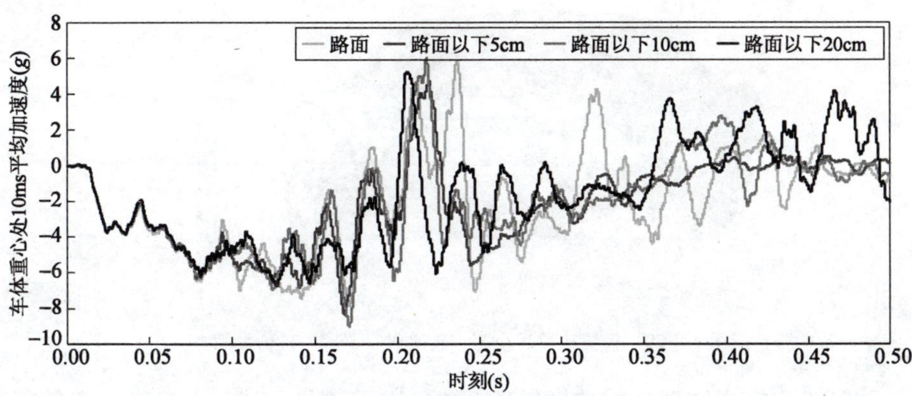

图 2-4-19　垂直于行车方向（y 方向）车体重心处 10ms 平均加速度

表 2-4-7 为改变折弯点位置时小客车碰撞护栏后的车辆形态对比，可见随着折弯点位置的下移，立柱对小客车车轮的阻挡作用逐渐减弱，因此，小客车行车方向的车体重心处加速度峰值也逐渐减小。

改变折弯点位置时小客车碰撞护栏后的车辆形态对比　　表 2-4-7

折弯点位置	路面	路面以下 5cm	路面以下 10cm	路面以下 20cm
行车方向车体重心处加速度最大时的车辆形态				

2.4.3　基于波形梁护栏改造结构的路侧边坡设置研究

双层波形梁护栏实车碰撞试验时没有设置边坡，实际工程中作为路侧护栏使用时，须考虑边坡设置对护栏安全性能的影响。

分析边坡设置对护栏安全性能影响时，重点检验车辆碰撞护栏后是否会沿边坡下滑而穿越或翻越护栏。边坡设置对护栏安全性能的影响与立柱外侧土路肩保护层厚度（即护栏立柱外边缘与路基边缘线距离）有关，该保护层厚度越小，车辆碰撞护栏后沿边坡下滑而穿越或翻越护栏的风险越大。

《D81—2006 细则》第 4.5.4 条第（1）款规定：路侧波形梁护栏立柱外侧土路肩保护层厚度不应小于 25cm。将双层波形梁护栏的试验护栏仿真模型按此要求增设边坡，即立柱外边缘与路基边缘线的水平间距设置为 25cm，边坡坡度为 1：1.5，进行小客车碰撞和大客车碰撞的计算机仿真分析，检验此边坡设置对护栏安全性能的影响。

1）小客车碰撞

设置边坡后小客车碰撞双层波形梁护栏仿真模型如图 2-4-20 所示，仅增设边坡，双层波形梁护栏其他结构参数保持不变。

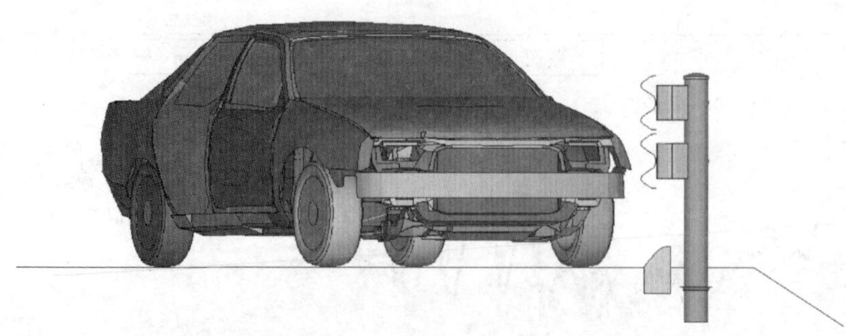

图 2-4-20 设置边坡后小客车碰撞双层波形护栏仿真模型

车辆运行姿态和轨迹仿真分析结果如表 2-4-8 所示，图 2-4-21 为小客车车轮行驶至最外侧位置，可见小客车车轮行驶至最外侧后，由于双层双波形梁板对车体的阻挡，未出现车辆沿边坡下滑而穿越或翻越护栏的现象。

设置边坡后小客车碰撞双层波形梁护栏仿真结果 表 2-4-8

时 刻	车辆运行姿态和轨迹
$t=0\text{s}$	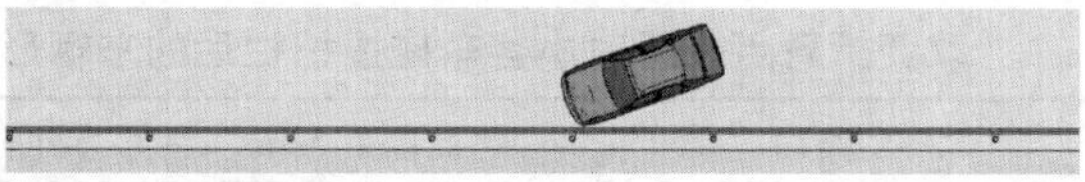
$t=0.1\text{s}$	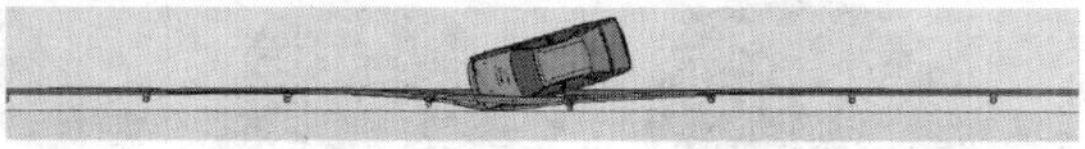
$t=0.16\text{s}$	
$t=0.25\text{s}$	
$t=0.42\text{s}$	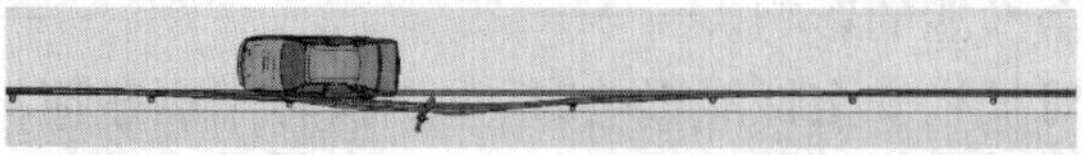
$t=0.51\text{s}$	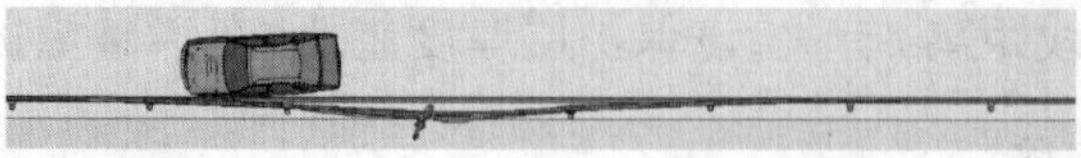

2）大客车碰撞

设置边坡后大客车碰撞双层波形梁护栏仿真模型如图 2-4-22 所示，仅增设边坡，双层波形梁护栏其他结构参数保持不变。

仿真结果如表 2-4-9 所示，图 2-4-23 为大客车车轮驶至最外侧位置，可见大客车车轮行驶至最外侧后，由于双层波形梁板对车体的阻挡，未出现车辆沿边坡下滑而穿越或翻越护栏的现象。

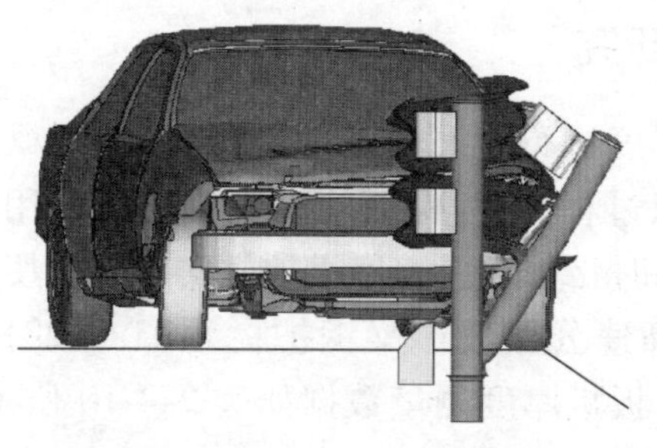

图 2-4-21　小客车车轮行驶最外侧位置

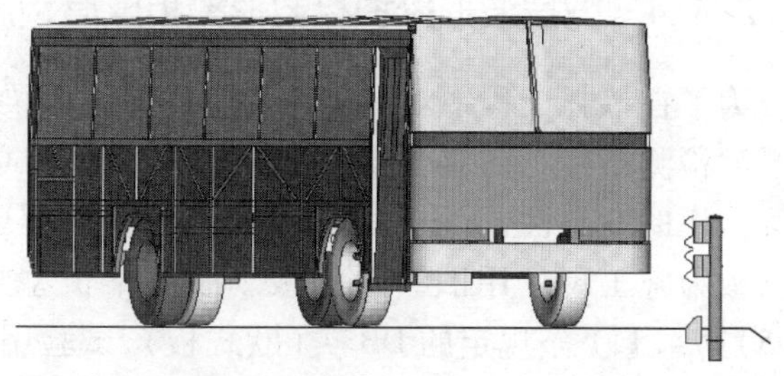

图 2-4-22　设置边坡后大客车碰撞双层波形护栏仿真模型

设置边坡后大客车碰撞双层波形梁护栏仿真结果　　表 2-4-9

时　刻	车辆运行姿态和轨迹
$t = 0.19\text{s}$	
$t = 0.33\text{s}$	
$t = 0.52\text{s}$	
$t = 1.00\text{s}$	
$t = 1.38\text{s}$	

a) 左前轮行驶至最外侧位置

b) 左后轮行驶至最外侧位置

图 2-4-23　大客车车轮行驶至最外侧位置

2.4.4 双层波形梁护栏波形梁板厚度检测指标研究

为了在依托工程中对重复再利用的旧波形梁板的厚度进行合理检测，需要给出波形梁板的厚度检测指标。在双层波形梁护栏实车碰撞试验组织过程中，为保证施工现场与试验用波形梁护栏的一致性，所用旧波形梁板从依托工程现场拆卸得到，双层波形梁护栏实车试验用波形梁板为施工现场用旧波形梁板。波形梁板型号为《高速公路波形梁钢护栏》（JT/T 281—1995）第4.1.1条规定的DB类（欧式板），试验用波形梁板板厚度测量数据如表2-4-10所示，可知试验用波形梁板厚度为2.77～3.25mm。

试验用波形梁板厚度测量数据　　表2-4-10

波形梁板总厚度（mm）	单侧镀锌层厚度（μm）	基材厚度（mm）
3.204	80	3.04
3.27	103	3.06
3.343	121	3.10
3.165	111	2.94
3.191	100	2.99
3.351	136	3.08
3.083	158	2.77
3.236	136	2.96
3.074	73	2.93
3.026	31	2.96
3.081	56	2.97
3.043	97	2.85
3.076	60	2.96
2.994	60	2.87
3.241	51	3.14
3.25	24	3.20
3.157	27	3.10
3.083	26	3.03
3.042	56	2.93
3.036	57	2.92
3.05	11	3.03
3.064	20	3.02
3.308	67	3.17
3.323	42	3.24
3.335	45	3.25
3.24	30	3.18
3.287	31	3.23

续上表

波形梁板总厚度(mm)	单侧镀锌层厚度(μm)	基材厚度(mm)
3.173	40	3.09
3.076	83	2.91
3.076	29	3.02
3.15	10	3.13
3.268	29	3.21
3.212	24	3.16
3.282	32	3.22
3.188	72	3.04
3.109	71	2.97
3.12	57	3.01
3.097	54	2.99
3.052	67	2.92
3.08	41	2.99

《高速公路波形梁钢护栏》(JT/T 281—1995)第4.1.1条规定,3mm厚波形梁板的厚度允许偏差为0.16mm,即其厚度范围为2.84~3.16mm,可见统计数据基本和《高速公路波形梁钢护栏》(JT/T 281—1995)厚度要求范围一致,建议实际工程应用中波形梁板厚度允许偏差参照相关规范执行。

2.5　基于波形梁护栏改造方案的其他加强方式

考虑波形梁护栏改造方案需具有普适性,以通过实车碰撞试验验证的波形梁护栏改造方案为基础,结合现场不同加强施工条件,给出波形梁护栏另外4种加强方式。

方式一:适用于ϕ140立柱波形梁护栏加强改造,通过施加内外套管的形式在旧双波形梁护栏上增加一道波形梁护栏板,形成双层双波护栏,如图2-5-1所示。该方式与通过碰撞试验验证的波形梁护栏改造方案(双层波形梁护栏结构)结构基本一致,区别在于经碰撞试验验证的双层波形梁护栏采用的是整体立柱,而该加强方式采用的是套管加高立柱。

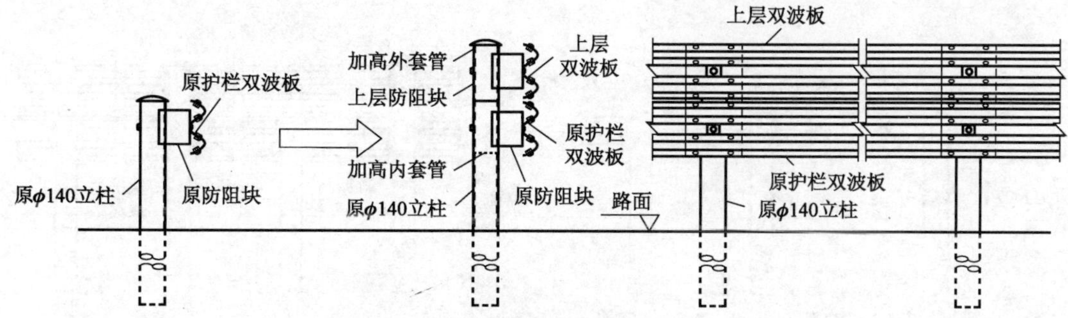

图2-5-1　原ϕ140钢管立柱不动,套管加高形成双层波形梁护栏

方式二:适用于 ϕ114 立柱波形梁护栏加强改造,通过施加内外套管的形式在旧双波形梁护栏上增加一道波形梁护栏板,形成双层双波护栏,护栏高度与通过碰撞试验验证的波形梁护栏改造方案一致,如图 2-5-2 所示。

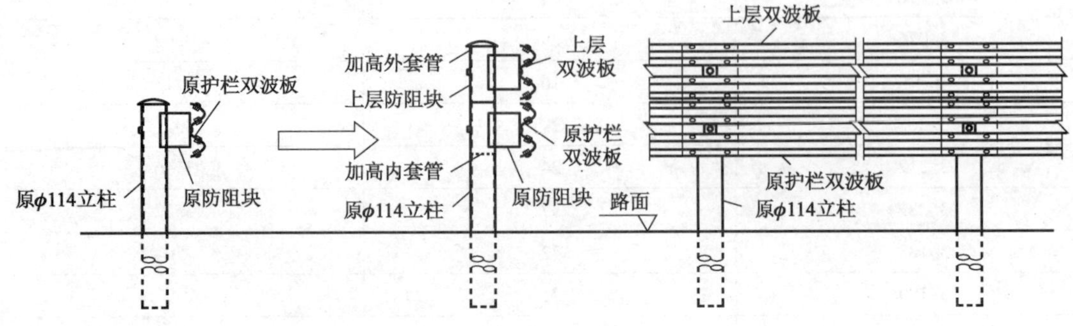

图 2-5-2　原 ϕ114 钢管立柱不动,套管加高形成双层波形梁护栏

方式三:通过在原 ϕ140 立柱之间增加一根新立柱(ϕ140),在新立柱上增设一层波形梁板,形成底层间距 2m 立柱的双层双波护栏,如图 2-5-3 所示。该方式相当于在通过碰撞试验验证的波形梁护栏改造方案基础上,将底层波形梁护栏立柱进行了加密处理。

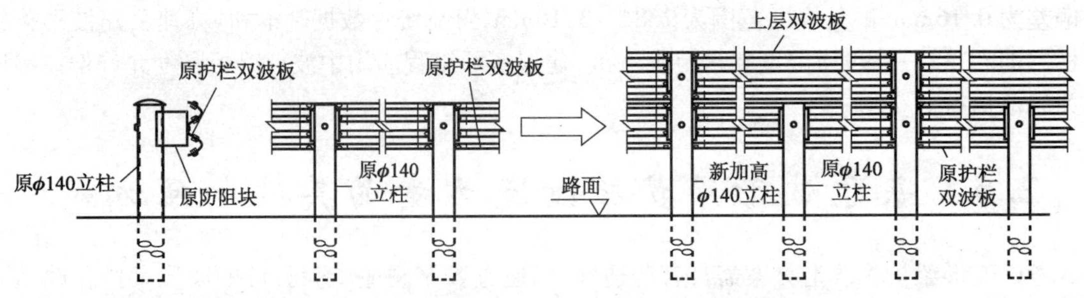

图 2-5-3　原 ϕ140 立柱之间增加一根新立柱形成双层波形梁护栏

方式四:通过在原 ϕ114 立柱之间增加一根新立柱(ϕ140),在新立柱上增设一层波形梁板,形成底层间距 2m 立柱的双层双波护栏,如图 2-5-4 所示。该方式相当于在上述加强方式二的基础上,将底层波形梁护栏立柱进行了加密处理。

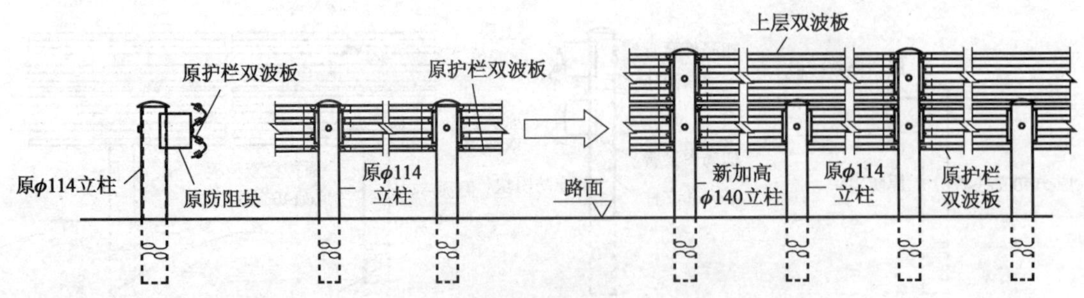

图 2-5-4　原 ϕ114 立柱之间增加一根新立柱形成双层波形梁护栏

综合 2.2 节波形梁护栏改造方案以及本节所提出的 4 种加强方式，本章针对早期建造的波形梁护栏共给出 5 种加强改造方案，能够适用于现场不同施工条件，可满足实际工程应用。

2.6　实际工程应用

本章波形梁护栏改造关键技术已成功应用于实际工程。根据施工人员反映，改造方案施工方便，通过对原护栏结构的再利用，节约大量成本，得到一致好评。图 2-6-1 为采用打桩机为原有立柱安装加高内套管，图 2-6-2 为在原波形梁护栏基础上安装上层波形梁板，并打磨及喷漆，图 2-6-3 为波形梁护栏改造示范工程照片。

图 2-6-1　立柱加高施工

图 2-6-2　安装波形梁板及打磨喷漆

图 2-6-3　波形梁护栏改造示范工程

通过一年多的应用，取得良好防护效果。据相关主管部门反映，双层波形梁护栏应用后可有效防护大型车，由于骑跨导致波形梁护栏大范围破坏的事故数量大幅度下降，波形梁护栏维修及事故赔偿费用降低了近 30%，道路安全运营水平得到明显提高。

第3章　桥梁组合式护栏改造关键技术

3.1　概　　述

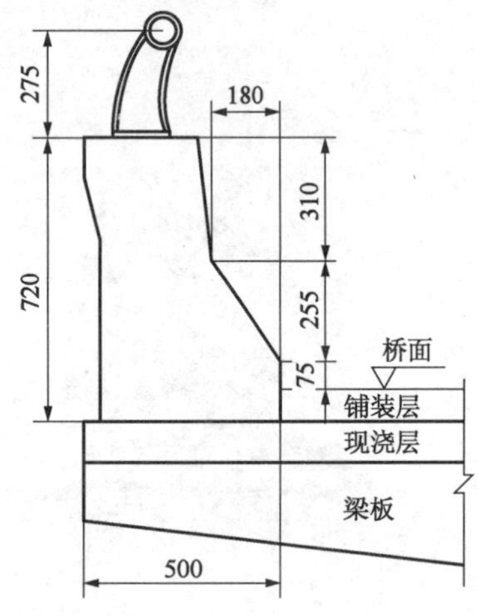

图3-1-1　早期建造的桥梁组合式护栏结构(尺寸单位:mm)

高速公路交通事故已成为影响公路运营效益的重要因素,特别对于桥梁路段,如果其护栏的安全性能存在不足,则很容易发生车辆翻越护栏坠落桥下的情况,根据统计数据表明,车辆穿越桥梁护栏的事故多与早期建造的一种桥梁组合式护栏有关,如图3-1-1所示,这种组合式桥梁护栏根据《074规范》设计,总高度为1m左右,上部是由铸钢立柱和圆管横梁组成的钢结构,下部是新泽西坡面的钢筋混凝土结构。

如图3-1-2、图3-1-3是与上述桥梁组合式护栏相关的事故案例。通过对事故进行分析,发现该桥梁组合式护栏存在明显的设计缺陷。从事故中可以看出,车辆碰撞桥梁组合式护栏后,护栏下部多完好无损,而上部的横梁和立柱破坏严重,多数被撞断且长度在10m以上(图3-1-2),说明该护栏上部结构刚度严重不足,且上下结构刚度不匹配,严重影响了护栏对车辆的阻挡功能;同时,车辆碰撞桥梁组合式护栏后,车头往往不能有效转向,这是由于立柱距离护栏迎撞面过近导致车辆发生绊阻(图3-1-3),严重影响了护栏对车辆的导向功能;此外,这种桥梁组合式护栏底部采用新泽西钢筋混凝土坡面,小客车碰撞后会沿该坡面大幅度爬升,这是在实践中发生小客车翻越该护栏的主要原因。由此可见,早期建造的这种桥梁组合式护栏具有诸多设计缺陷,存在严重安全隐患,对其进行升级改造具有必要性。

a)

b)

图3-1-2　浙江乍嘉苏高速公路嘉兴出口匝道事故

a)

b)

图 3-1-3　深圳红岭泥岗高架桥事故

在针对上述桥梁组合式护栏进行改造时，若采用完全拆除后新建桥梁护栏虽可有效提升该位置的安全防护水平，但是这种方式存在以下明显缺陷：

(1)建设周期长，且施工区人员及相应设施对正常行驶车辆造成阻碍，严重影响公路的正常运营，如图 3-1-4 所示；

(2)建设费用高，需要拆除和新建两笔费用；

(3)原桥梁护栏结构得不到再利用(图 3-1-5)，不符合“资源节约，环境友好”的建设理念。

基于以上分析，为了减少施工对道路正常运营影响，缩短施工周期，降低施工造价，节约能源及环境保护，所提出的改造设计优化方案应充分利用旧组合式桥梁护栏结构，满足“资源节约、环境友好”的需求。

图 3-1-4　护栏拆除重建严重影响公路运营

图 3-1-5　原护栏结构无法再利用

3.2　桥梁组合式护栏的安全防护目标

根据相关规范和标准确定桥梁组合式护栏的安全防护目标，包括碰撞条件与评价指标。

3.2.1　碰撞条件

我国早期建造的桥梁护栏根据《074 规范》规定确定防撞等级，如表 3-2-1 所示。桥梁组合式护栏为规定的 PL_2 和 PL_3 级，其中 PL_2 适用于高速公路和汽车专用一级公路，PL_3 级适用于桥外特别危险需要重点保护的特大桥。表 3-2-2 为《074 规范》规定的 PL_2 和 PL_3 防撞等级的桥梁护栏碰撞条件,该规范要求每种等级护栏需采用一种大(中)型车评价护栏安全性能,PL_2 防撞等级桥梁护栏可抵抗的碰撞能量为 127kJ,PL_3 防撞等级桥梁护栏可抵抗的碰撞能量为 232kJ。

《074 规范》规定的桥梁护栏防撞等级 表 3-2-1

设置地点	防撞等级	适用范围
路侧、中央分隔带	PL_1	一般公路跨越高速公路、汽车专用一级公路
	PL_2	高速公路、汽车专用一级公路
	PL_3	桥外特别危险需要重点保护的特大桥

《074 规范》规定的桥梁护栏碰撞条件 表 3-2-2

防撞等级	碰撞条件				碰撞能量(kJ)
	碰撞车型	碰撞速度(km/h)	车辆质量(t)	碰撞角度(°)	
PL_2	大型车	70	10	15	127
PL_3	大型车	80	14	15	232

早期建造的高速公路交通量较小,设置 PL_2 和 PL_3 等级的桥梁护栏可以满足安全运营需求。但随着经济的高速发展,高速公路的交通量得到大幅度提升,同时车辆大型化发展趋势明显,《074 规范》规定的护栏防撞等级已不满足近期建造的高速公路安全运营需求。为提高公路运营安全水平,2006 年原交通部颁布了《D81—2006 规范》,提高了对桥梁护栏防撞等级的要求。表 3-2-3 为《D81—2006 规范》对桥梁护栏防撞等级适用条件的规定。从表 3-2-3 可以看出,对于高速公路,车辆驶出桥外有可能造成重大事故或特大事故的路段,桥梁护栏的防撞等级为 SB 级;而车辆驶出桥外有可能造成二次重大事故或二次特大事故的路段,桥梁护栏的防撞等级为 SA 级(设计速度 100km/h 和 80km/h)和 SS 级(设计速度 120km/h)。表 3-2-4 为《D81—2006 规范》规定的 SB 级、SA 级和 SS 级防撞等级的桥梁护栏碰撞条件,该规范每种等级护栏要求采用小型车和大(中)型车两种车型评价护栏安全性能,SB 级防撞等级桥梁护栏可抵抗的碰撞能量为 280kJ,SA 级防撞等级桥梁护栏可抵抗的碰撞能量为 400kJ,SS 级防撞等级桥梁护栏可抵抗的碰撞能量为 520kJ。

《D81—2006 规范》规定的桥梁护栏防撞等级适用条件 表 3-2-3

公路等级	设计速度(km/h)	车辆驶出桥外有可能造成的交通事故等级	
		重大事故或特大事故	二次重大事故或二次特大事故
高速公路	120	SB	SS
高速公路、一级公路	100、80	SB	SA
一级公路	60	A	SB
二级公路	80、60	A	SB
三级公路	40、30	B	A
四级公路	20	B	A

《D81—2006 规范》规定的护栏碰撞条件　　表 3-2-4

防撞等级	碰撞条件				碰撞能量(kJ)
	碰撞车型	碰撞速度(km/h)	车辆质量(t)	碰撞角度(°)	
SB	小型车	100	1.5	20	—
	大型车	80	10	20	280
SA	小型车	100	1.5	20	—
	大型车	80	14	20	400
SS	小型车	100	1.5	20	—
	大型车	80	18	20	520

为了更好地保证公路护栏的安全性能,2013 年交通运输部颁布了“新标准”,该标准规定每种等级护栏采用小客车、大(中)客车、大货车三种车型评价护栏安全性能,SB 级、SA 级和 SS 级桥梁护栏可抵抗碰撞能量与《D81—2006 规范》规定相同,如表 3-2-5 所示。

“新标准”规定的护栏碰撞条件　　表 3-2-5

防撞等级	碰撞条件				碰撞能量(kJ)
	碰撞车型	碰撞速度(km/h)	车辆质量(t)	碰撞角度(°)	
SB	小客车	100	1.5	20	—
	中客车	80	10	20	280
	大货车	60	18	20	280
SA	小型车	100	1.5	20	—
	大客车	80	14	20	400
	大货车	60	25	20	400
SS	小型车	100	1.5	20	—
	大客车	80	18	20	520
	大货车	60	33	20	520

综合考虑以上规范和标准的发展历程及各规范和标准的相关规定,确定桥梁组合式护栏的碰撞条件如下:

(1)对于原有桥梁组合式护栏,依据《074 规范》规定的 PL_3 防撞等级和《D81—2006 规范》规定的 SB 防撞等级进行安全性能分析,碰撞条件如表 3-2-6 所示。

原有桥梁组合式护栏防护性能分析碰撞条件　　表 3-2-6

防撞等级	碰撞条件				碰撞能量(kJ)
	碰撞车型	碰撞速度(km/h)	车辆质量(t)	碰撞角度(°)	
PL_3	大型车	80	14	15	232
SB	小型车	100	1.5	20	—
	大型车	80	10	20	280

(2)对于桥梁组合式护栏改造结构,以《D81—2006 规范》规定的 SA 和 SS 级防撞等级为目标,进行优化设计改造,碰撞条件如表 3-2-7 所示。

桥梁护栏改造结构防护性能设计碰撞条件　　表 3-2-7

防撞等级	碰撞条件				碰撞能量(kJ)
	碰撞车型	碰撞速度(km/h)	车辆质量(t)	碰撞角度(°)	
SA	小型车	100	1.5	20	—
	大客车	80	14	20	400
	大货车	60	25	20	400
SS	小型车	100	1.5	20	—
	大客车	80	18	20	520
	大货车	60	33	20	520

3.2.2 评价指标

根据本书绪论中新老标准对护栏安全性能评价指标的对比(表 1-1-1)可知,“新标准”和“老标准”在指标上有以下特点:

(1)在阻挡功能方面,“新标准”和“老标准”规定指标内容方面基本相同,但“新标准”语言更为精炼。

(2)在缓冲功能方面,“老标准”仅采用加速度一个指标,“新标准”采用乘员碰撞速度和乘员碰撞后加速度两个指标,与美国和欧盟指标保持一致,更加完善。

(3)在导向功能方面,“老标准”的驶出角度指标仅能体现车辆刚离开护栏时刻的车辆姿态,且该指标测量时容易造成较大误差。“新标准”采用导向驶出框指标,可以对车辆离开护栏后一定距离内的车辆姿态进行合理评价,同时指标测量方便,可操作性较强。

通过以上分析可知,“新标准”对于护栏安全性能指标的规定更加合理和完善,因此对桥梁组合护栏改造结构按“新标准”指标要求进行评估论证。

3.3 原有桥梁组合式护栏安全性能分析

3.3.1 实车碰撞试验

为分析原有桥梁组合式护栏的安全防护性能,同时也为验证计算机仿真模型提供基础数据,对原有桥梁组合式护栏进行较为系统的实车碰撞试验。由于大型车辆穿越桥梁组合式护栏事故较多,重点采用大型客车和货车进行碰撞试验。

1)大客车 SB 等级碰撞试验

按 1 : 1 结构尺寸在碰撞广场上建造桥梁组合式试验护栏,试验护栏立柱和横梁之间采用套管连接方式。车辆总质量为 10t,试验车辆满足试验规程要求。试验护栏与试验车辆如图 3-3-1 所示。

按表 3-2-6 中 SB 等级碰撞要求组织实车碰撞试验:碰撞速度 80km/h,碰撞角度 20°,碰撞能量280kJ。图3-3-2为大客车碰撞桥梁组合式护栏过程图,可以看出大客车碰撞桥梁组合式护栏后,发生严重倾斜,最后发生翻车。

a)

b)

图3-3-1　试验护栏与试验车辆(大客车SB级碰撞试验)

a) 车辆倾斜

b) 车辆翻车

图3-3-2　大客车碰撞桥梁组合式护栏过程图

图3-3-3为大客车碰撞后桥梁组合式护栏变形破坏情况,可见桥梁组合式护栏底部混凝土没有明显破坏,上部钢结构在8m范围内发生变形;横梁变形较大,在立柱区域出现了口袋现象;立柱没有明显变形,但是碰撞区域立柱和混凝土墙体的连接螺栓发生破坏,致使立柱与混凝土基础发生脱离。

a) 护栏整体破坏

b) 横梁变形

c) 立柱变形

图3-3-3　大客车碰撞后桥梁组合式护栏变形破坏图

2）大货车 SB 等级碰撞试验

按 1∶1 结构尺寸在碰撞广场上建造桥梁组合式试验护栏，试验护栏立柱和横梁之间采用套管连接方式。大货车试验车辆总质量为 10t，各项参数满足试验规程要求。试验护栏和试验车辆如图 3-3-4 所示。

图 3-3-4　试验护栏与试验车辆（大货车 SB 级碰撞试验）

按表 3-2-6 中 SB 等级碰撞要求组织实车碰撞试验：碰撞速度 80km/h，碰撞角度 20°，碰撞能量 280kJ。图 3-3-5 为碰撞桥梁组合式护栏后大货车破坏情况，可见车辆发生解体性破坏，护栏构件侵入车辆乘员舱，护栏的阻挡功能不满足评价标准要求。护栏对车辆形成了严重绊阻，立柱距离护栏迎撞面过近是产生该结果的主要原因。

a)

b)

图 3-3-5　碰撞桥梁组合式护栏后大货车破坏情况

图 3-3-6　碰撞后桥梁组合式护栏破坏情况

图 3-3-6 为碰撞后桥梁组合式护栏破坏情况，可见车辆碰撞区域桥梁组合式护栏的横梁和立柱被全部撞断，进一步说明了上部钢结构相对于下部混凝土墙体的刚度相对较弱，设计存在一定的不合理性。

通过以上较为系统的碰撞试验可知，原有桥梁组合式护栏不满足护栏安全性能指标要求，达不到 SB 防撞等级。

3.3.2　计算机仿真分析

通过以上实车碰撞试验分析可知，原桥梁组合式护栏达不到《D81—2006 规范》要求的桥梁护栏最低防护等级 SB 级要求，为考察其能否达到《074 规范》中 PL_3 等级要求，采用计算机仿真技术手段对原有桥梁组合式护栏的安全性能进行分析，首先通过实车碰撞试验数据对计算机仿真模型的可靠性进行验证，然后采用经过验证的高精度计算机仿真模型对原桥梁组合式护栏进行安全性能分析。

1）计算机仿真模型可靠性验证

（1）小客车碰撞护栏仿真模型可靠性验证

图 3-3-7 为小客车碰撞某双横梁组合式护栏的仿真与试验结果对比图，可见车辆行驶轨迹、驶出角度的仿真与试验结果基本一致。

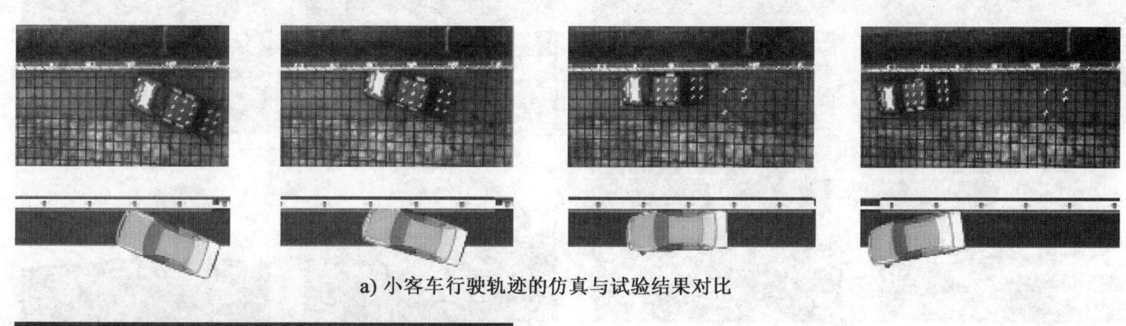

a）小客车行驶轨迹的仿真与试验结果对比

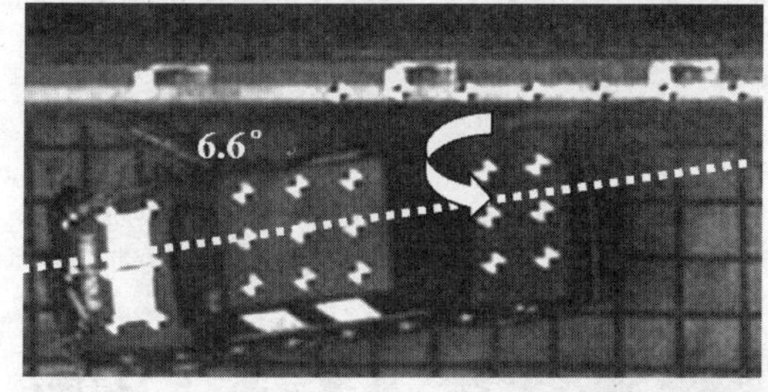

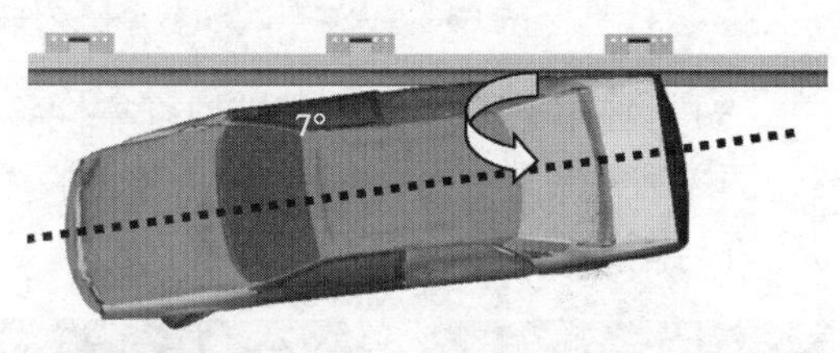

b）小客车驶出角度的仿真与试验结果对比

图 3-3-7　小客车碰撞某双横梁组合式护栏的仿真与试验结果对比图

表 3-3-1 为小客车碰撞该双横梁组合式护栏的仿真与试验结果对比表，可见仿真与试验误差最大为 6. 3%，在 10% 以内，验证了仿真模型的准确性和可靠性。

小客车碰撞该双横梁组合式护栏的仿真与试验结果对比　　表 3-3-1

参　数	评 价 指 标	碰 撞 结 果		
		试验	仿真	误差（%）
防撞性能	禁止车辆穿越、翻越、下穿护栏	符合	符合	—
	碎片不侵入驾驶室	符合	符合	—
驶出角度	小于碰撞角度的 60%，即小于 12°	6. 6°	7°	6. 1°
行驶姿态	不发生横转、调头、翻车	符合	符合	—

续上表

参数	评价指标		碰撞结果		
			试验	仿真	误差(%)
动态变形	最大动态变形量≤500mm		0mm	0mm	0
加速度	加速度最大值不大于20g	行驶方向	12.7g	11.9g	6.3
		车宽方向	16.7g	16.1g	3.6

(2)大客车碰撞护栏仿真模型可靠性验证

图3-3-8为大客车以SB级碰撞条件碰撞桥梁组合式护栏计算机仿真与实车碰撞试验结果对比图,可以看到试验与仿真的碰撞过程车身姿态基本一致。

图3-3-8 大客车以SB级碰撞条件碰撞桥梁组合式护栏仿真与试验结果对比图

(3)大货车碰撞护栏仿真模型可靠性验证

图3-3-9为大货车碰撞桥梁组合式护栏仿真与实车碰撞试验结果对比图,可以看到试验与仿真的碰撞过程车身姿态基本一致。

图3-3-9 大货车碰撞桥梁组合式护栏仿真与试验结果对比图

(4)整体式货车碰撞护栏仿真模型可靠性验证

图3-3-10为整体式货车碰撞某双横梁组合式护栏仿真与试验结果对比图,可见车辆行驶轨迹、驶出角度、车辆变形、护栏变形的仿真与试验结果基本一致,验证了仿真模型的准确性和可靠性。

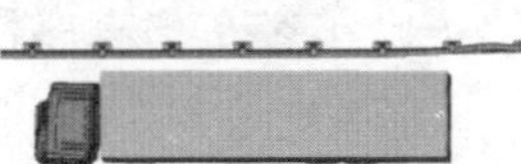

a) 车辆行驶轨迹的仿真与试验结果对比

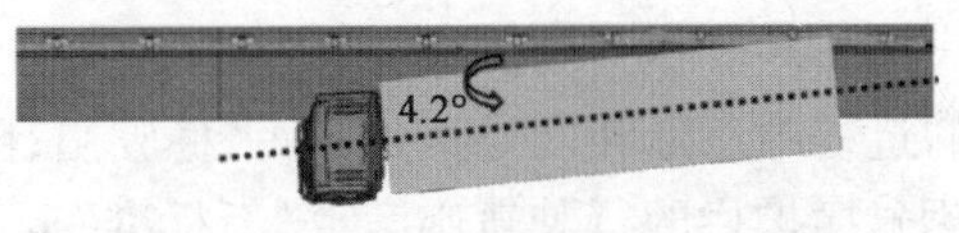

b) 车辆驶出角度的仿真与试验结果对比

c) 车辆变形的仿真与试验结果对比

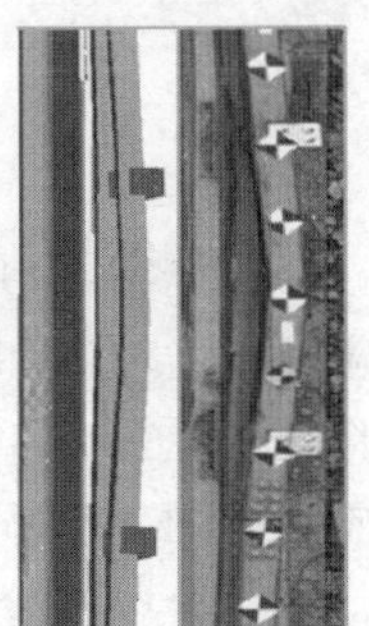

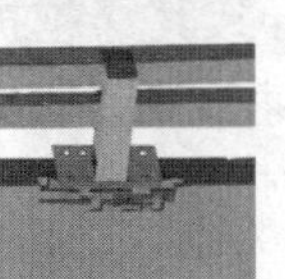

d) 车辆碰撞后护栏变形的仿真与试验对比

图 3-3-10　整体式货车碰撞某双横梁组合式护栏仿真与试验结果对比图

综上所述，通过多组仿真与试验结果对比，验证了计算机仿真模型的可靠性与准确性，为采用计算机仿真分析技术对原有桥梁组合式护栏的安全性能进行分析奠定了坚实基础。

2）护栏安全性能仿真分析

以经过实车碰撞试验验证的仿真模型为基础，建立小客车、大客车与大货车碰撞原桥梁组合式护栏的仿真模型，并对该护栏的安全性能进行分析。

（1）小客车仿真碰撞分析

《074 规范》中 PL_3 防撞等级的桥梁护栏碰撞条件仅要求采用一种大型车来评价护栏安全性能，并未给出小型车碰撞条件，因此按《D81—2006 规范》中桥梁护栏最低防撞等级 SB 级的小客车碰撞条件（车重 1.5t、碰撞速度 100km/h、碰撞角度 20°）建立车辆碰撞桥梁组合式护栏仿真模型，以评估原桥梁组合式护栏防护小客车的能力，同时探索以往事故中小客车穿越桥梁组合式护栏的原因。

图 3-3-11 为小客车碰撞护栏的仿真结果，可见小客车碰撞护栏后有一定爬升，车辆在爬升的过程中逐渐转向导正，最后平稳驶出；图 3-3-12 为小客车行驶轨迹与导向驶出框图，可见车辆碰撞护栏的行驶轨迹满足“新标准”要求；乘员碰撞速度纵向和横向分量分别为 5.66m/s、7.32m/s，乘员碰撞后加速度纵向和横向分量分别为 94.6m/s²、55.0m/s²，如图 3-3-13 所示，满足“新标准”对乘员碰撞后加速度不得大于 200m/s² 的要求。

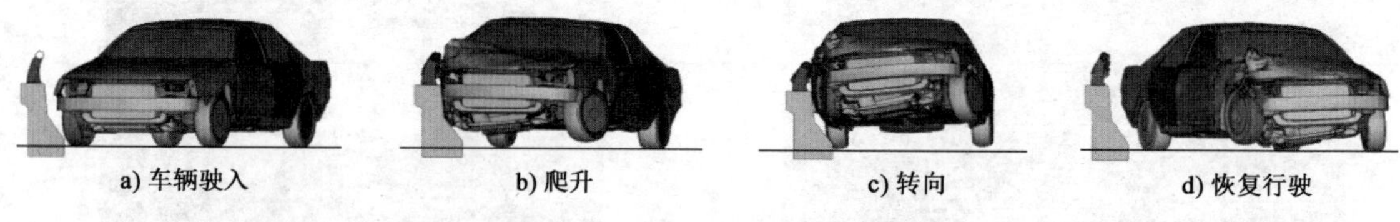

图 3-3-11　小客车碰撞护栏过程

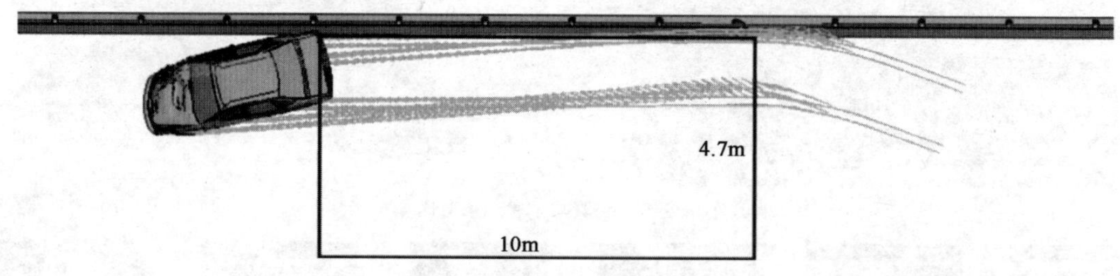

图 3-3-12　小客车行驶轨迹与导向驶出框图

根据实际事故调查发现，小客车穿越桥梁组合式护栏的事故是存在的，初步分析事故车辆碰撞角度较大和行驶速度过高是导致其穿越护栏的主要原因。采用计算机仿真技术对此进行验证，如图 3-3-14 所示，随着碰撞速度逐步增大，小客车车辆爬升后“跳车”现象也越来越明显。如图 3-3-15 所示，随着碰撞角度的增大，小客车横转也越来越明显。

综合以上分析可知，原桥梁组合式护栏能对小客车形成防护，因此小客车穿越桥梁组合式护栏事故并不常见。但是通过控制碰撞初始变量发现，碰撞速度越大，车辆越容易发生“跳车”现象；碰撞角度越大，车身越容易向后横转。由此可见，在少量发生的小型车辆穿越桥梁组合式护栏事故中，事故车辆速度过高、碰撞角度过大是导致事故的主要原因。

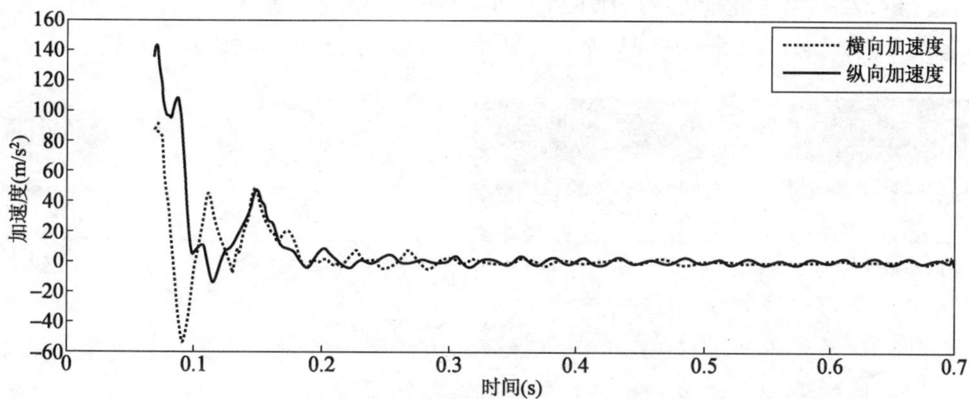

图 3-3-13　小客车碰撞桥梁组合式护栏加速度时程曲线

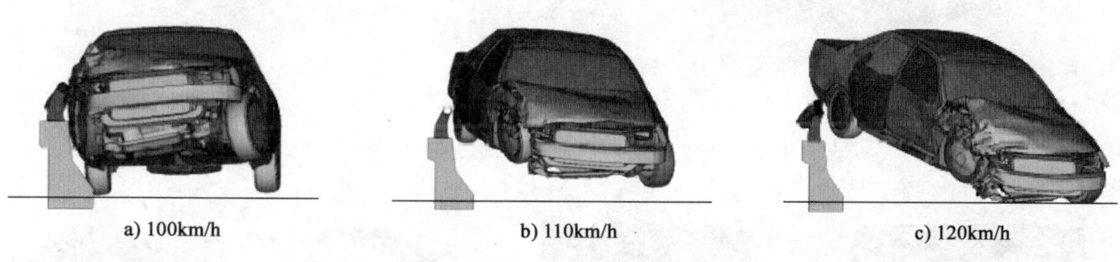

a) 100km/h　　b) 110km/h　　c) 120km/h

图 3-3-14　小客车不同速碰撞桥梁组合式护栏

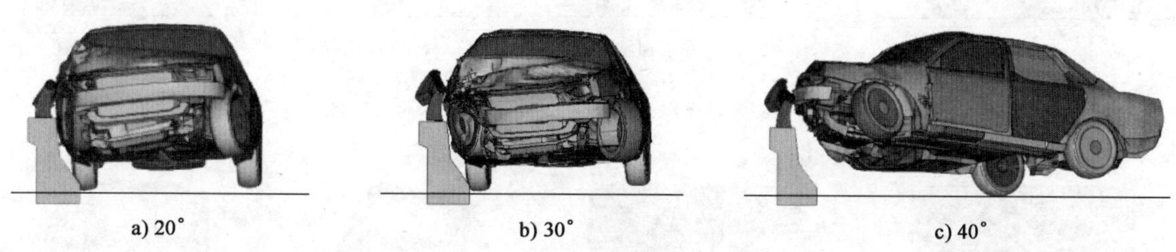

a) 20°　　b) 30°　　c) 40°

图 3-3-15　小客车不同角度碰撞桥梁组合式护栏

(2)大客车仿真碰撞分析

按表 3-2-6 中 PL_3 等级桥梁护栏碰撞条件(速度为 80km/h 的 14t 大客车,以 15°角碰撞护栏,碰撞能量 232kJ)建立大客车碰撞桥梁组合式护栏仿真模型,评估原桥梁组合式护栏防护大客车的能力,同时找到该护栏对大客车的防护极限。

图 3-3-16 为该条件下的碰撞过程图,碰撞过程中车身发生倾斜,最后车辆侧翻,不满足护栏对车辆碰撞防护性能的要求;图 3-3-17 为护栏变形图,上部钢结构受到严重破坏,多处螺栓断裂导致多个立柱与混凝土基础脱开,其中端部立柱脱开混凝土后从横梁上脱离,横梁在车头碰撞区域和车身侧翻区域同样受到很大破坏,发生严重变形。

以 PL_3 等级大客车碰撞桥梁组合式护栏仿真模型为基础,采用逐步逼近的方法经过多次仿真迭代分析，发现当碰撞能量为 209kJ 时，车辆发生侧翻，如图 3-3-18 所示；当碰撞能量为 204kJ 时，车辆顺利通过，如图 3-3-19 所示。因此 204kJ 为护栏的极限防护能量。

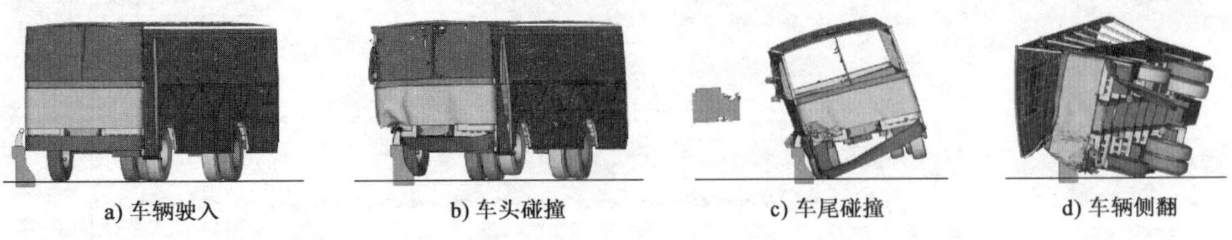

a) 车辆驶入　b) 车头碰撞　c) 车尾碰撞　d) 车辆侧翻

图 3-3-16　PL_3 等级大客车碰撞过程图

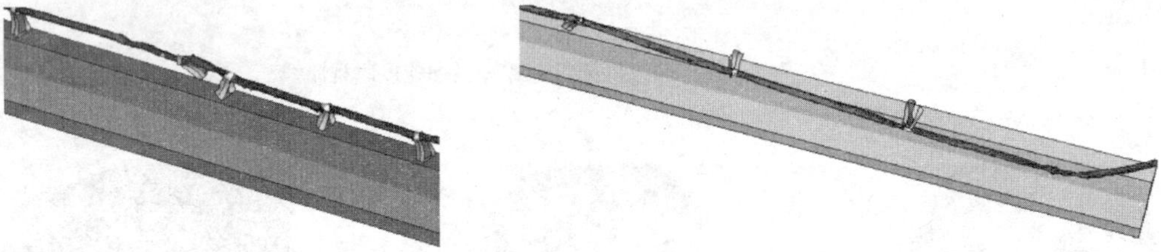

图 3-3-17　PL_3 等级大客车碰撞护栏变形图

a) 车辆驶入　b) 车头碰撞　c) 车尾碰撞　d) 车辆侧翻

图 3-3-18　大客车以碰撞能量为 209kJ 碰撞护栏过程图

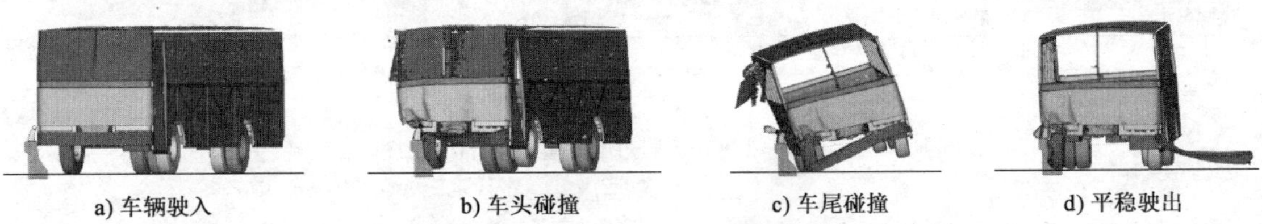

a) 车辆驶入　b) 车头碰撞　c) 车尾碰撞　d) 平稳驶出

图 3-3-19　大客车以碰撞能量为 204kJ 碰撞护栏过程图

综合以上仿真分析可知，桥梁组合式护栏不满足《074 规范》规定的 PL_3 防撞等级要求，大客车碰撞护栏后发生侧翻。护栏对大客车的极限防护能量为 204kJ。

(3) 大货车仿真碰撞分析

按表 3-2-6 中 PL_3 等级桥梁护栏碰撞条件（速度为 80km/h 的 14t 大货车，以 15°角碰撞护栏，碰撞能量 232kJ）建立大货车碰撞桥梁组合式护栏仿真模型，评估桥梁组合式护栏防护大货车的能力，同时找到桥梁组合式护栏对大货车的防护极限。

图 3-3-20 为大货车碰撞护栏仿真结果图，车辆在碰撞过程中车身严重倾斜，上部横梁插

入车体，最后发生绊阻，不满足护栏对车辆碰撞防护性能的要求；图 3-3-21 是大货车碰撞护栏变形图，碰撞区域多个立柱被破坏，螺栓多处断裂，套管严重变形。

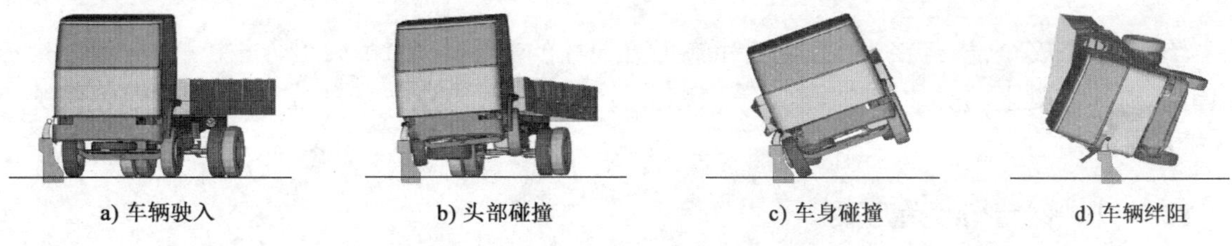

a) 车辆驶入　b) 头部碰撞　c) 车身碰撞　d) 车辆绊阻

图 3-3-20　PL_3 等级大货车碰撞护栏过程图

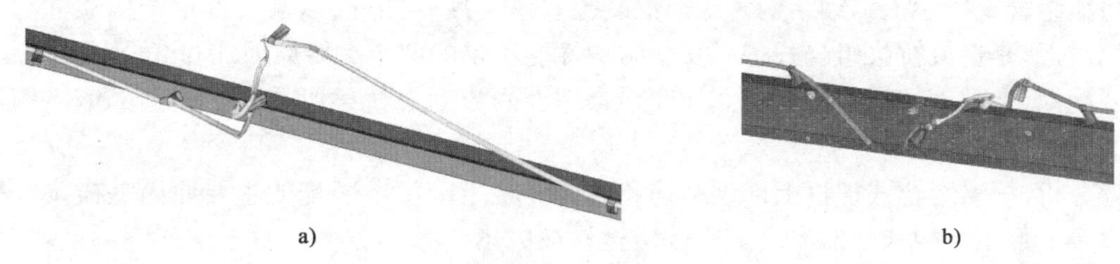

a)　b)

图 3-3-21　PL_3 等级大货车碰撞护栏变形图

以 PL_3 等级大货车碰撞桥梁组合式护栏仿真模型为基础，采用逐步逼近的方法经过多次仿真迭代分析，发现当碰撞能量为 158kJ 时，护栏上部横梁插入车体，车辆发生绊阻，如图 3-3-22 所示；当碰撞能量为 153kJ 时，车辆顺利通过，如图 3-3-23 所示。因此 153kJ 是桥梁组合式护栏对大货车的极限防护能量。

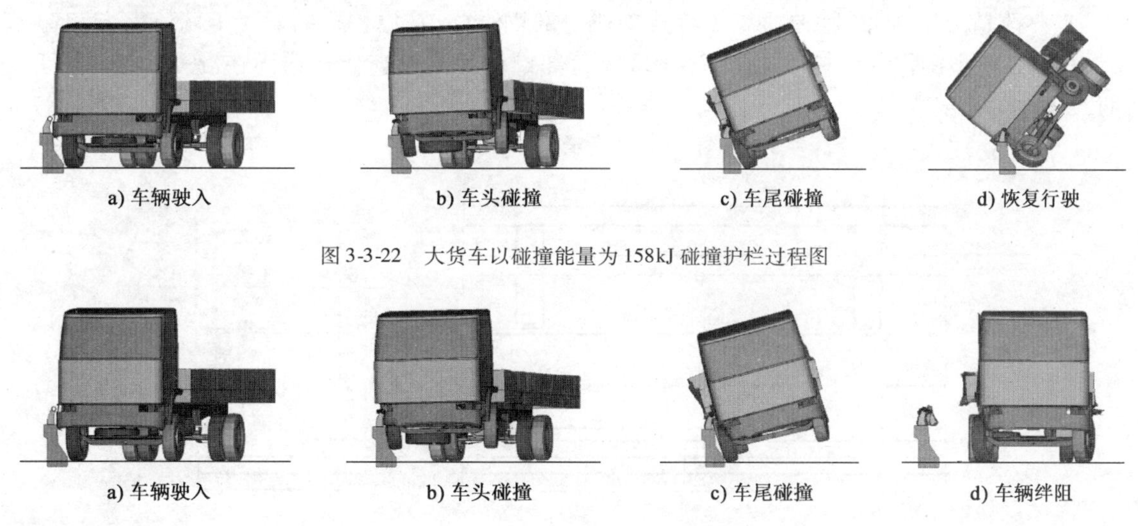

a) 车辆驶入　b) 车头碰撞　c) 车尾碰撞　d) 恢复行驶

图 3-3-22　大货车以碰撞能量为 158kJ 碰撞护栏过程图

a) 车辆驶入　b) 车头碰撞　c) 车尾碰撞　d) 车辆绊阻

图 3-3-23　大货车以碰撞能量为 153kJ 碰撞护栏过程图

综合以上仿真分析可知，桥梁组合式护栏不满足《074 规范》规定的 PL_3 防撞等级要求，大货车碰撞护栏后，上部横梁插入车体，车辆发生绊阻。桥梁组合式护栏对大货车的极限防护能量为 153kJ。

3.4 基于原有桥梁组合式护栏的升级改造方案

综合考虑安全性、经济性、景观性和施工方便性的要求，对原桥梁组合式护栏进行改造，提出钢结构和混凝土两类改造方案，并采用综合技术手段对改造方案的安全性能进行了系统的分析评估。

3.4.1 钢结构改造方案

1)方案设计

桥梁组合式护栏上部钢结构和底部混凝土基座刚度不匹配，以及上部钢结构立柱与迎撞面距离过近，是造成桥梁组合式护栏安全防护性能不足的两个重要原因，因此分别从护栏上下刚度匹配性、上部钢结构迎撞面与立柱间距合理性两方面对桥梁组合式护栏上部钢结构进行分析和改造设计。

经分析，桥梁组合式护栏上部钢结构和底部混凝土刚度不匹配的主要原因是横梁结构刚度弱以及上部钢结构和底部混凝土连接螺栓易被拔出失效两方面。对于钢横梁刚度弱，采用矩形管代替原来的圆管，有效提高结构的抗弯性能，同时为提高护栏对车辆的抗倾覆能力，采用双横梁结构，将护栏的有效高度提高到1.3m；对于上下结构连接螺栓易被拔出问题，将立柱移至混凝土墙体背部，将螺栓承受的抗拔力转换为抗剪力，同时提高螺栓强度。

上部钢结构立柱距离迎撞面过近，车辆碰撞后会产生严重绊阻，影响其导向功能，为解决此问题，在横梁和立柱之间设置防阻块，这样，既增加了立柱和迎撞面之间的距离，又方便安装。

具体改造方案为：拆除原桥梁组合式护栏上部钢结构，在原护栏的混凝土墙体上方和背部植螺栓，以H型钢作为立柱，通过混凝土墙体背部螺栓和L形连接板锚固在混凝土墙体背部，通过螺栓在背部立柱上方安装防阻块，焊接连接防阻块与方管横梁，护栏整体有效高度为1.3m，背部立柱式护栏设计结构如图3-4-1所示。

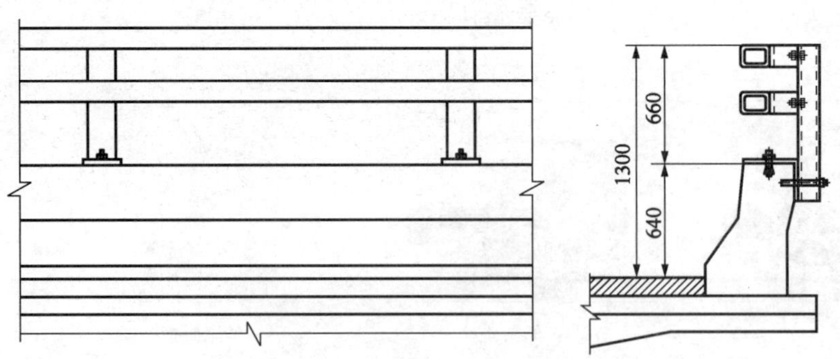

图3-4-1 背部立柱式护栏结构图(尺寸单位:mm)

2)计算机仿真安全性能评估

按照表3-2-7中SA级碰撞条件，分别建立小客车、大客车和大货车碰撞背部立柱结构护栏仿真模型，对钢结构改造方案进行安全性能评估。

(1)小客车碰撞

图 3-4-2 为小客车碰撞背部立柱式护栏的仿真结果,可见护栏能够有效防止车辆穿越、翻越和骑跨护栏,阻挡功能良好;小客车碰撞护栏过程中,车辆行驶姿态良好,车辆碰撞后的轮迹满足导向驶出框要求,导向功能良好;乘员碰撞速度纵向和横向分量分别为 4.13m/s、7.78m/s,乘员碰撞后加速度纵向和横向分量分别为 62.05m/s^2、57.53m/s^2,护栏缓冲性能良好。

a) 碰撞过程

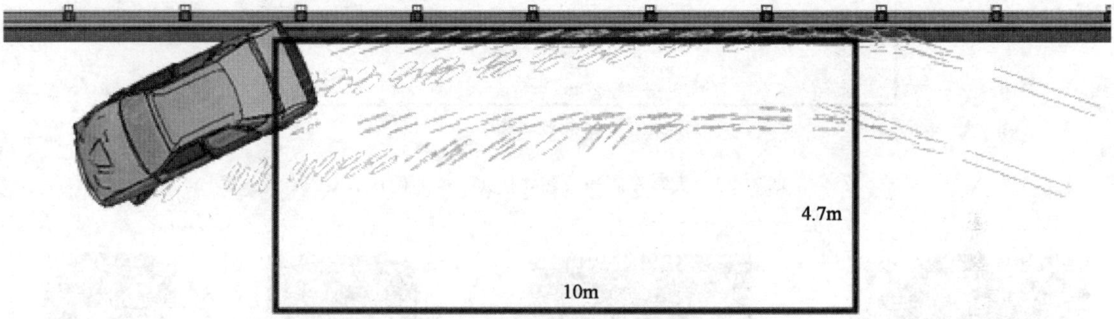

4.7m

10m

b) 行驶轨迹

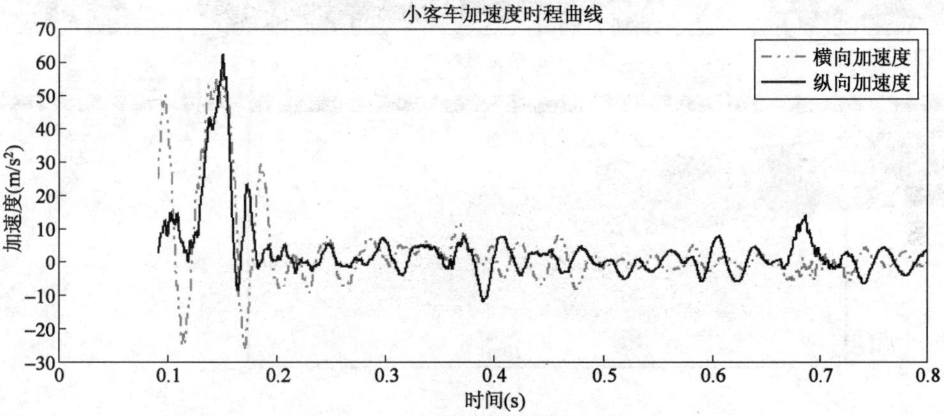

小客车加速度时程曲线

横向加速度

纵向加速度

加速度(m/s^2)

时间(s)

c) 加速度时程曲线

图 3-4-2　小客车碰撞背部立柱式护栏仿真结果

(2)大客车碰撞

图 3-4-3 为大客车碰撞背部立柱式护栏的仿真结果,可见护栏能够有效防止大型客车穿越、翻越和骑跨护栏,阻挡功能满足要求;护栏能够对大客车进行良好导向,车辆碰撞后的轮迹满足导向驶出框要求且车辆行驶姿态良好。

(3)大货车碰撞

图 3-4-4 为大货车碰撞背部立柱式护栏的仿真结果,可见护栏能有效防止大型货车穿越、翻越和骑跨护栏,阻挡功能满足要求;护栏能够对大货车进行良好导向,车辆碰撞后的轮迹满足导向驶出框要求且车辆行驶姿态良好。

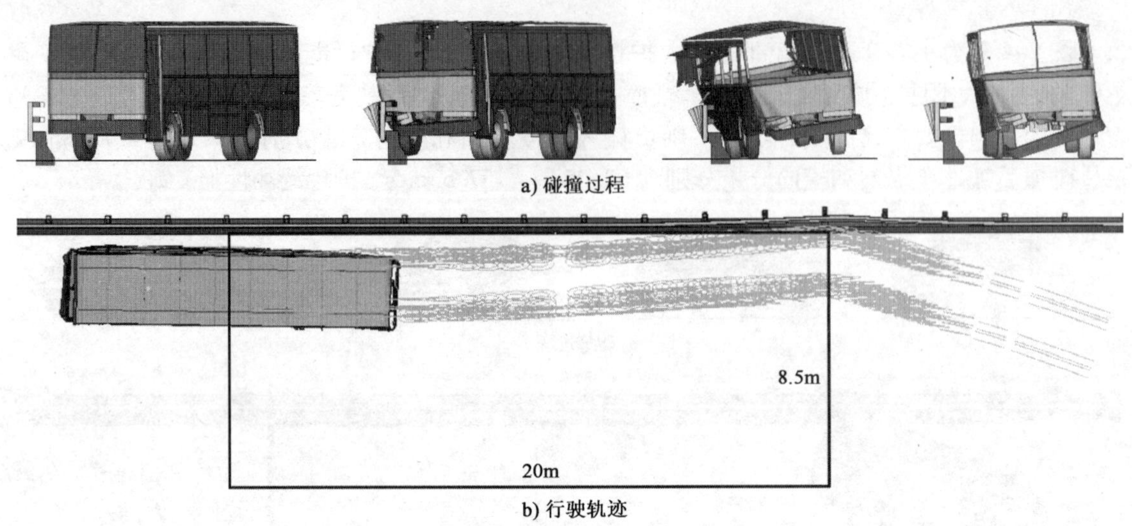

图 3-4-3　大客车碰撞背部立柱式护栏的仿真结果

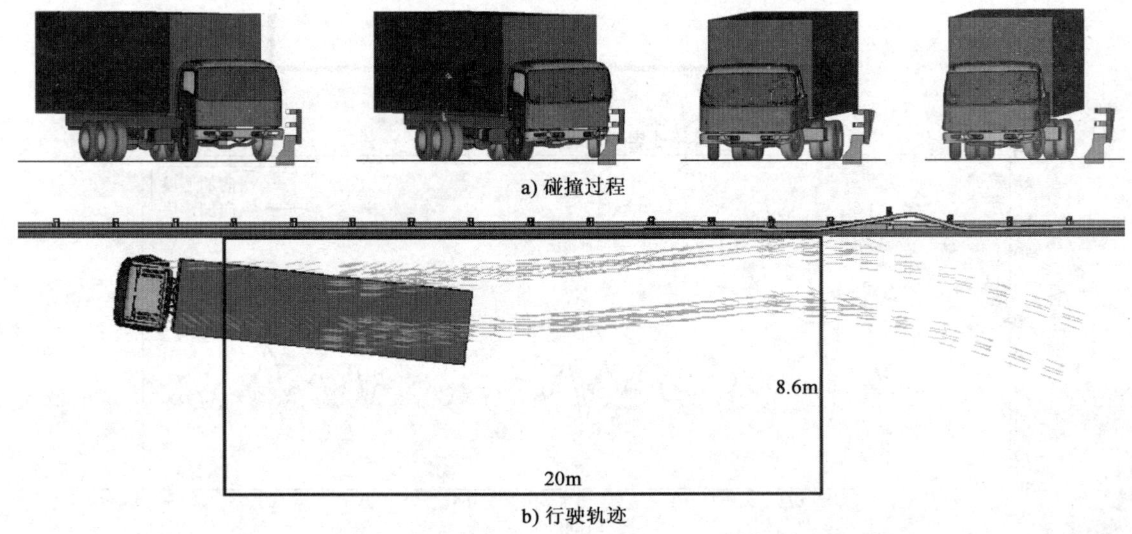

图 3-4-4　大货车碰撞背部立柱式护栏仿真结果

通过以上分析可见，三种车型碰撞背部立柱结构桥梁护栏，仿真结果各项指标均满足“新标准”SA 防撞等级要求。考虑到该结构为一种新型结构，若将其应用于依托工程中，应根据“新标准”要求采用实车足尺碰撞试验，对其安全性能进行客观评价。

3.4.2　钢筋混凝土改造方案

1）方案设计

基于钢结构改造方案得到的组合式护栏结构具有景观通透的效果，但其造价较高。钢筋混凝土护栏具有造价低、较易达到高防撞等级的特点，将原桥梁组合式护栏改造为钢筋混凝土护栏结构是较理想的选择。基于再利用原则,从安全性和施工方便性角度提出两种钢筋混凝土改造方案。由于钢筋混凝土护栏较易达到较高防撞等级,采用 SS 级防护目标进行方案设计。

(1)植筋加高式结构

以混凝土结构替换原护栏上部钢结构,采用在原有混凝土基础上植筋和浇筑混凝土的方式进行改造,并参照加强型坡面在护栏顶部迎撞面设置阻爬坎,这样可更有效防止车辆侧翻。该方案充分利用了原有混凝土结构,可有效提高护栏安全防护性能,同时节省护栏改造工程成本。

具体改造方案为:拆除桥梁组合式护栏上部钢结构,在混凝土墙体上设置混凝土加高段,加高段的竖向钢筋采用植筋方式锚固于原护栏混凝土墙体内,在加高段混凝土上方设置阻爬坎。设计加高段墙体迎撞面植筋为直径 16mm 的Ⅲ级钢筋,背部植筋与其他竖向钢筋为直径 12mm 的Ⅲ级钢筋,间距 180mm;纵向配筋为直径 12mm 的Ⅲ级钢筋 7 根。护栏路面以上有效高度为 1.1m,植筋加高式护栏设计结构如图 3-4-5 所示。

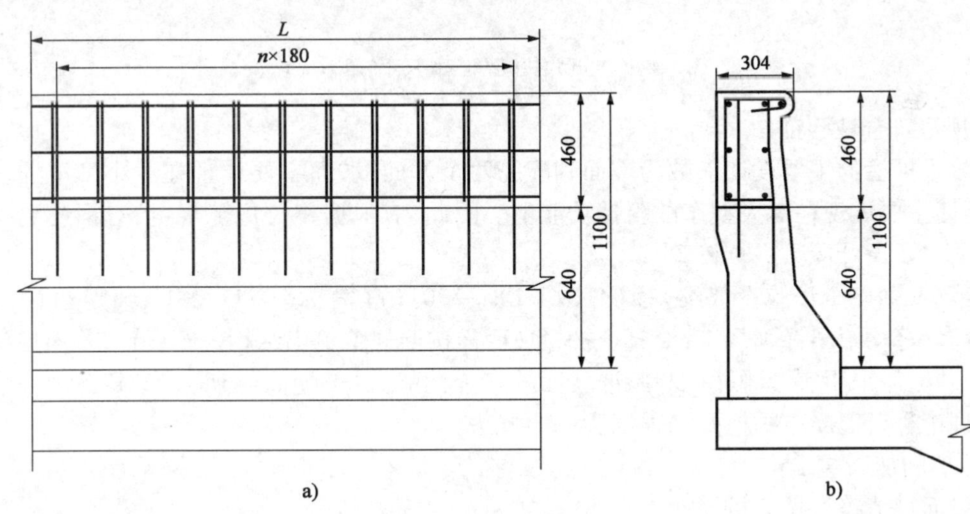

图 3-4-5　植筋加高式护栏结构图(尺寸单位:mm)

(2)包封式结构

植筋加高式护栏改造方案将原组合式护栏改造为钢筋混凝土护栏,改造后护栏的安全性能可得到有效提高,但护栏上下部分别为新浇筑混凝土和原护栏墙体混凝土,颜色略有差异,视觉效果不佳。因此在植筋加高式改造方案的基础上,提出包封式改造方案。

按照《D81—2006 细则》中 SS 级加强型坡面桥梁混凝土护栏设计墙体结构,在充分利用原有混凝土结构的基础上,通过对桥梁护栏迎撞面和顶部进行钢筋混凝土包封,达到改造的目的。由于护栏混凝土墙体迎撞面为同期浇筑,视觉效果较好。

具体改造方案为:拆除原上部钢结构,在原混凝土墙体顶部植筋,凿开原混凝土墙体底部露出原护栏筋,与包封筋焊接,再按改造后轮廓绑筋,将原混凝土墙体迎撞面由新泽西坡面更新为规范中的加强型坡面。根据以往护栏设计经验,设计新浇筑墙体迎撞面锚固钢筋为直径 16mm 的Ⅲ级钢筋,背部植筋与其他竖向钢筋为直径 12mm 的Ⅲ级钢筋,间距 180mm;纵向配筋为直径 12mm 的Ⅲ级钢筋 9 根。护栏路面以上有效高度为 1.1m,包封式护栏设计结构如图 3-4-6 所示。

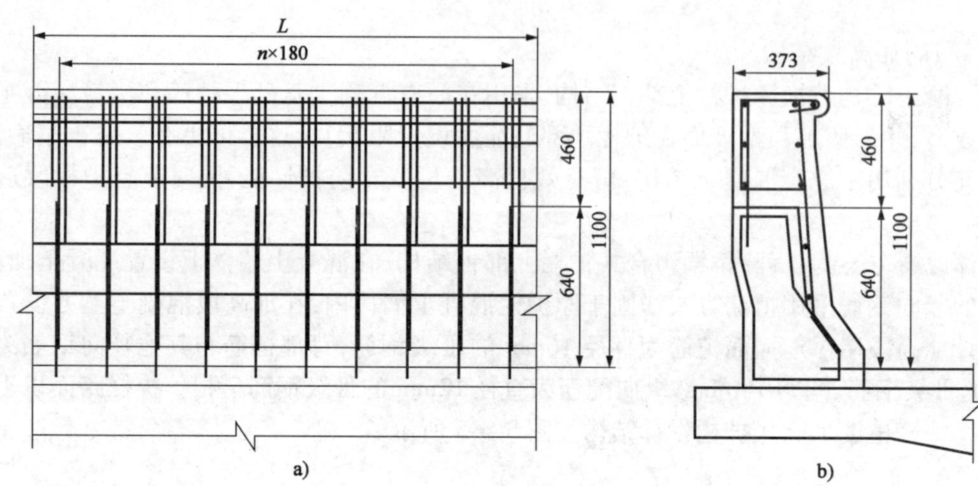

图 3-4-6　包封式护栏结构图(尺寸单位:mm)

2)规范符合性验证

混凝土护栏的主要设计参数为坡面和配筋两个方面,坡面主要体现在对小型车的缓冲保护上,配筋主要体现在对大型车的阻挡功能上。因此,应根据相关规范规定,对钢筋混凝土改造结构的主要设计参数进行校验。

《公路交通安全设施设计细则》(JTG/T D81—2017)(简称《D81—2017 细则》)中对于坡面和配筋计算均给出详细规定:混凝土护栏坡面需按照规范给出结构进行设计,若与规范所规定坡面不同,需采用实车碰撞试验验证坡面的安全性能;对于配筋,《D81—2017 细则》给出按屈服线理论进行混凝土护栏配筋强度验算的方法。

(1)植筋加高式结构

①坡面规范符合性分析

植筋加高得到的钢筋混凝土护栏坡面形式为新泽西坡面加阻爬坎的形式,这种坡面虽然与规范规定的结构形式不同,但已经经过多次实车碰撞试验验证其安全性能。试验中小车加速度指标为车辆行驶方向、车辆宽度方向和车辆高度方向分别为 $7g$、$16.9g$ 和 $6.1g$,对乘员形成良好缓冲保护,如闽华Ⅰ型桥梁护栏和凤凰型景观混凝土护栏均采用这种坡面。图 3-4-7 为实车足尺碰撞试验图片。

由于对植筋加高混凝土护栏坡面进行了实车足尺碰撞试验验证,且缓冲性能满足标准要求(车体三方向加速度小于或等于 $20g$),因此该坡面符合规范要求。

②配筋验算

根据《D81—2017 细则》,采用屈服线分析法对护栏标准段墙体配筋进行验算,其中 SS 级碰撞荷载为 520kN,分布长度为 2.4m,选取最不利的 4 个危险截面,如图 3-4-8 所示。

a. Ⅰ-Ⅰ截面抗弯承载力

按双筋矩形截面进行Ⅰ-Ⅰ截面承载力验算,$A'_s = 628\text{mm}^2$,$A_s = 1116\text{mm}^2$,$b = 1000\text{mm}$,$h =$

a) 闽华I型桥梁护栏试验

b) 凤凰型景观混凝土护栏试验

图3-4-7 实车足尺碰撞试验照片

254mm，$a'=36\text{mm}$，$a=48\text{mm}$，新浇筑部分采用Ⅲ级钢筋，原结构采用Ⅱ级钢筋，Ⅲ级钢筋设计抗拉强度为$f_{sd3}=330\text{MPa}$，Ⅱ级钢筋设计抗拉强度$f_{sd2}=300\text{MPa}$，截面Ⅰ-Ⅰ均为Ⅲ级钢筋。

$f_c bx+f'_y A'_s=f_y A_s$，则$x<2a'$，说明受压区钢筋不会达到其抗压设计强度，则抗弯承载力为：

$$M_{u1}=f_y A_s(h-a-a')=330\times1116\times(254-48-36)=62.6(\text{kN}\cdot\text{m})$$

故该计算截面的抗弯承载力为62.6kN·m。

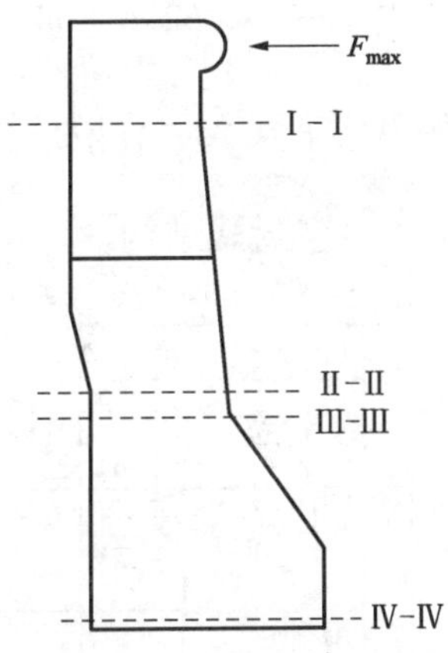

图3-4-8 护栏受力及危险截面示意图

b. Ⅱ-Ⅱ截面抗弯承载力

按双筋矩形截面进行Ⅱ-Ⅱ截面承载力验算，$A'_s=1005\text{mm}^2$，$A_s=1005\text{mm}^2$，$b=1000\text{mm}$，$h=266\text{mm}$，$a'=38\text{mm}$，$a=48\text{mm}$，截面Ⅱ-Ⅱ均为Ⅱ级钢筋，Ⅱ级钢筋设计抗拉强度$f_{sd2}=300\text{MPa}$。

$f_c bx+f'_y A'_s=f_y A_s$，则$x<2a'$，说明受压区钢筋不会达到其抗压设计强度，则抗弯承载力为：

$$M_{u1}=f_y A_s(h-a-a')=300\times1005\times(266-48-38)=54.3(\text{kN}\cdot\text{m})$$

故计算截面的抗弯承载力为54.3kN·m。

c. Ⅲ-Ⅲ截面抗弯承载力

按双筋矩形截面进行Ⅲ-Ⅲ截面承载力验算，$A'_s=1005\text{mm}^2$，$A_s=1005\text{mm}^2$，$b=1000\text{mm}$，$h=271\text{mm}$，$a'=38\text{mm}$，$a=48\text{mm}$，截面Ⅲ-Ⅲ均为Ⅱ级钢筋，Ⅱ级钢筋设计抗拉强度$f_{sd2}=300\text{MPa}$。

$f_c bx+f'_y A'_s=f_y A_s$，则$x<2a'$，说明受压区钢筋不会达到其抗压设计强度，则抗弯承载力为：

$$M_{u1}=f_y A_s(h-a-a')=300\times1005\times(271-48-38)=55.8(\text{kN}\cdot\text{m})$$

故计算截面的抗弯承载力为55.8kN·m。

d. Ⅳ-Ⅳ截面抗弯承载力

按双筋矩形截面进行Ⅳ-Ⅳ截面承载力验算，$A'_s = 1005\text{mm}^2$，$A_s = 1005\text{mm}^2$，$b = 1000\text{mm}$，$h = 451\text{mm}$，$a' = 38\text{mm}$，$a = 48\text{mm}$，截面Ⅳ-Ⅳ均为Ⅱ级钢筋，Ⅱ级钢筋设计抗拉强度$f_{sd2} = 300\text{MPa}$。

$f_c bx + f'_y A'_s = f_y A_s$，则$x < 2a'$，说明受压区钢筋不会达到其抗压设计强度，则抗弯承载力为：

$$M_{u1} = f_y A_s(h - a - a') = 300 \times 1005 \times (451 - 48 - 38) = 110(\text{kN}\cdot\text{m})$$

故计算截面的抗弯承载力为110kN·m。

e. 屈服线理论验算

屈服线发生的临界长度：

$$L_c = \frac{L_t}{2} + \sqrt{\left(\frac{L_t}{2}\right)^2 + \frac{8H(M_b + M_w)}{M_c}} = 4.42(\text{m})$$

其中，$L_t = 2.4\text{m}$；$H = 1.18 - 0.05 = 1.13\text{m}$；$M_b = 0$；

$M_w = \sum A_s \times f_t \times b = 113 \times 330 \times (208 + 141 + 141) + 113 \times 300 \times (144 + 156 + 100 + 202 + 286 + 286) = 58.07(\text{kN}\cdot\text{m})$；

$M_c = \frac{1}{4} \times (62.6 + 54.3 + 55.8 + 110) = 70.68(\text{kN}\cdot\text{m/m})$；

$R_w = \left(\frac{2}{2L_c - L_t}\right)\left(8M_b + 8M_w + \frac{M_c L_c^2}{H}\right) = 522(\text{kN}) > F_t = 520\text{kN}$，满足强度要求。

（2）包封式结构

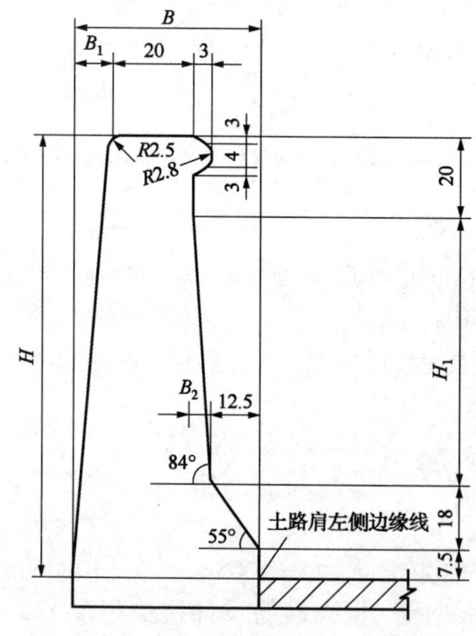

图3-4-9 规范规定加强型坡面结构图（尺寸单位：cm）

①坡面规范符合性分析

混凝土包封结构坡面形式为规范中规定的加强型坡面，如图3-4-9所示，符合规范要求。

②配筋验算

根据《D81—2017细则》，采用屈服线分析法对护栏标准段墙体配筋进行验算，其中SS级碰撞荷载为520kN，分布长度为2.4m，选取最不利的4个危险截面，如图3-4-10所示。

a. Ⅰ-Ⅰ截面抗弯承载力

按双筋矩形截面进行Ⅰ-Ⅰ截面承载力验算，$A'_s = 628\text{mm}^2$，$A_s = 1116\text{mm}^2$，$b = 1000\text{mm}$，$h = 324\text{mm}$，$a' = 36\text{mm}$，$a = 48\text{mm}$，新浇筑部分采用Ⅲ级钢筋，原结构采用Ⅱ级钢筋，截面Ⅰ-Ⅰ均为Ⅲ级钢筋。

$f_c bx + f'_y A'_s = f_y A_s$，则$x < 2a'$，说明受压区钢筋不会达到其抗压设计强度，则抗弯承载力为：

$$M_{u1} = f_y A_s(h - a - a') = 330 \times 1116 \times (324 - 48 - 36) = 88.3(\text{kN}\cdot\text{m})$$

故计算截面的抗弯承载力为88.3kN·m。

b.Ⅱ-Ⅱ截面抗弯承载力

按双筋矩形截面进行Ⅱ-Ⅱ截面承载力验算，$A_s' = 1005\text{mm}^2$，$A_s = 1116\text{mm}^2$，$b = 1000\text{mm}$，$h = 348\text{mm}$，$a' = 36\text{mm}$，$a = 48\text{mm}$，截面Ⅱ-Ⅱ背部为Ⅱ级钢筋，抗拉一侧为Ⅲ级钢筋，按照不利原则，取Ⅱ级钢筋抗拉强度$f_{sd23} = f_{sd2} = 300\text{MPa}$。

$f_c bx + f_y' A_s' = f_y A_s$，则$x < 2a'$，说明受压区钢筋不会达到其抗压设计强度，则抗弯承载力为：

$$M_{u1} = f_y A_s (h - a - a') = 300 \times 1116 \times (348 - 48 - 38) = 87.7(\text{kN}\cdot\text{m})$$

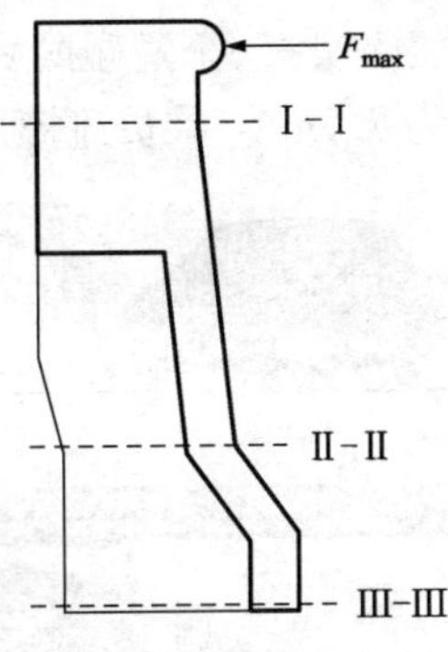

图3-4-10 护栏受力及危险截面示意图

故计算截面的抗弯承载力为87.7kN·m。

c.Ⅲ-Ⅲ截面抗弯承载力

按双筋矩形截面进行Ⅲ-Ⅲ截面承载力验算，$A_s' = 1005\text{mm}^2$，$A_s = 1005\text{mm}^2$，$b = 1000\text{mm}$，$h = 467\text{mm}$，$a' = 38\text{mm}$，$a = 148\text{mm}$，截面Ⅳ-Ⅳ均为Ⅱ级钢筋，Ⅱ级钢筋设计抗拉强度$f_{sd2} - 300\text{MPa}$。

$f_c bx \mid f_y' A_s' = f_y A_s$，则$x < 2a'$，说明受压区钢筋不会达到其抗压设计强度，则抗弯承载力为：

$$M_{u1} = f_y A_s (h - a - a') = 300 \times 1005 \times (467 - 148 - 38) = 84.7(\text{kN}\cdot\text{m})$$

故计算截面的抗弯承载力为84.7kN·m。

d.屈服线理论验算

屈服线发生的临界长度：

$$L_c = \frac{L_t}{2} + \sqrt{\left(\frac{L_t}{2}\right)^2 + \frac{8H(M_b + M_w)}{M_c}} = 4.18(\text{m})$$

其中：$L_t = 2.4\text{m}$；$H = 1.18 - 0.05 = 1.13\text{m}$；$M_b = 0$；

$M_w = \sum A_s \times f_t \times b = 113 \times 330 \times (264 + 218 + 245) + 113 \times 300 \times (144 + 226 + 170 + 202 + 286 + 286) = 71.65(\text{kN}\cdot\text{m})$；

$M_c = \frac{1}{3} \times (88.3 + 88.7 + 84.7) = 86.9\text{kN}\cdot\text{m/m}$；

$R_w = \left(\frac{2}{2L_c - L_t}\right)\left(8M_b + 8M_w + \frac{M_c L_c^2}{H}\right) = 643\text{kN} > F_t = 520\text{kN}$，满足强度要求。

通过以上分析可知，两种混凝土改造方案从坡面和配筋两方面均满足《D81—2017细则》对SS级钢筋混凝土护栏要求，可以在实际工程中应用。

3）计算机仿真安全性能评估

通过本节“2）规范符合性验证”可知，两种钢筋混凝土护栏加强方案满足规范要求，从安全角度出发，利用经过碰撞试验验证的高精度计算机仿真模型，按表3-2-7中SS级碰撞条件进行仿真计算，对两种结构安全性能作进一步评估。

（1）植筋加高式结构

①小客车碰撞

图3-4-11为小客车碰撞植筋加高式护栏的仿真结果，可见小客车碰撞护栏过程中，车辆行

驶姿态良好，车辆碰撞后的轮迹满足导向驶出框要求，乘员碰撞速度纵向分量为3.6m/s，横向分量为7.5m/s，乘员碰撞后加速度纵向分量为69m/s^2，横向分量为80m/s^2，护栏未见明显变形。

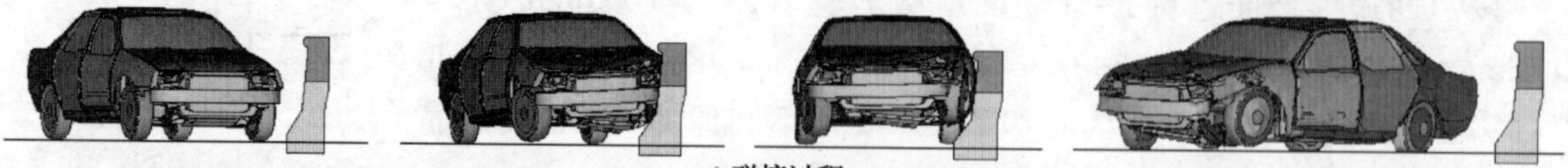

a) 碰撞过程

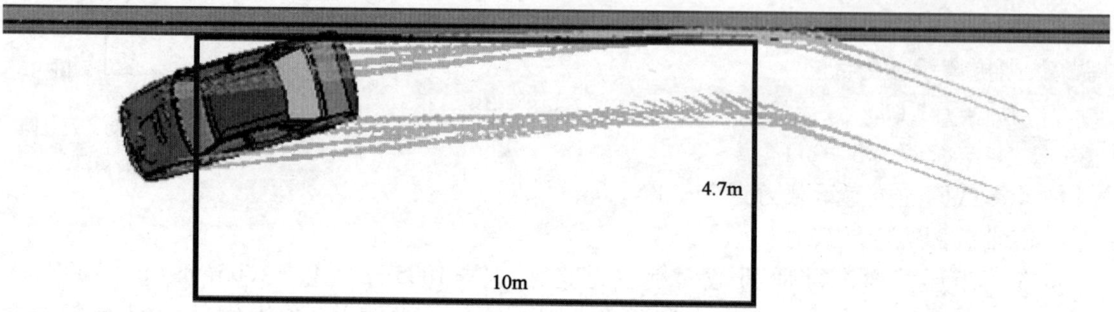

b) 行驶轨迹

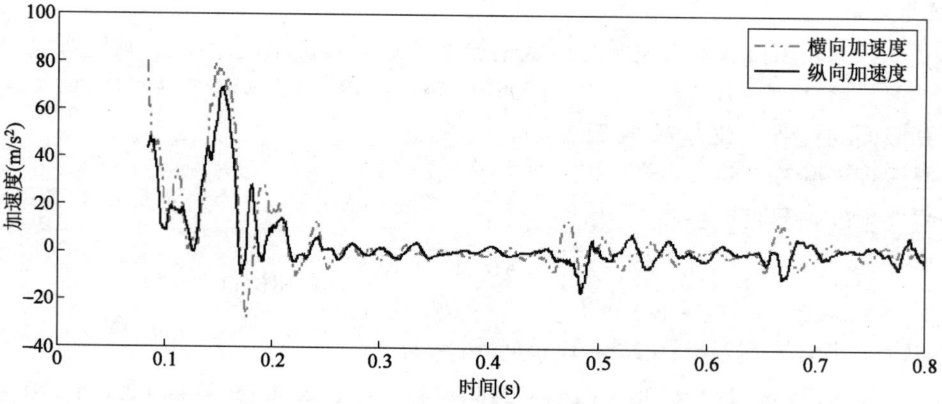

c) 小客车加速度曲线

图3-4-11　小客车碰撞植筋加高式护栏仿真结果

②大客车碰撞

图3-4-12为大客车碰撞植筋加高式护栏的仿真结果，可见大客车碰撞护栏过程中，车辆行驶姿态良好，车辆碰撞后的轮迹满足导向驶出框要求。

③大货车碰撞

图3-4-13为大货车碰撞植筋加高式护栏的仿真结果，可见大货车碰撞护栏过程中，车辆行驶姿态良好，车辆碰撞后的轮迹满足导向驶出框要求。

通过以上分析可见，三种车型碰撞植筋加高结构桥梁护栏，仿真结果各项指标均满足"新标准"SS防撞等级要求。

(2)包封式结构

①小客车碰撞

图3-4-14为小客车碰撞包封式护栏的仿真结果，可见小客车碰撞护栏过程中，车辆行驶姿态

良好，车辆碰撞后的轮迹满足导向驶出框要求，乘员碰撞速度纵向和横向分量分别为3.6m/s、7.6m/s，乘员碰撞后加速度纵向和横向分量分别为106m/s^2、136m/s^2，护栏未见明显变形。

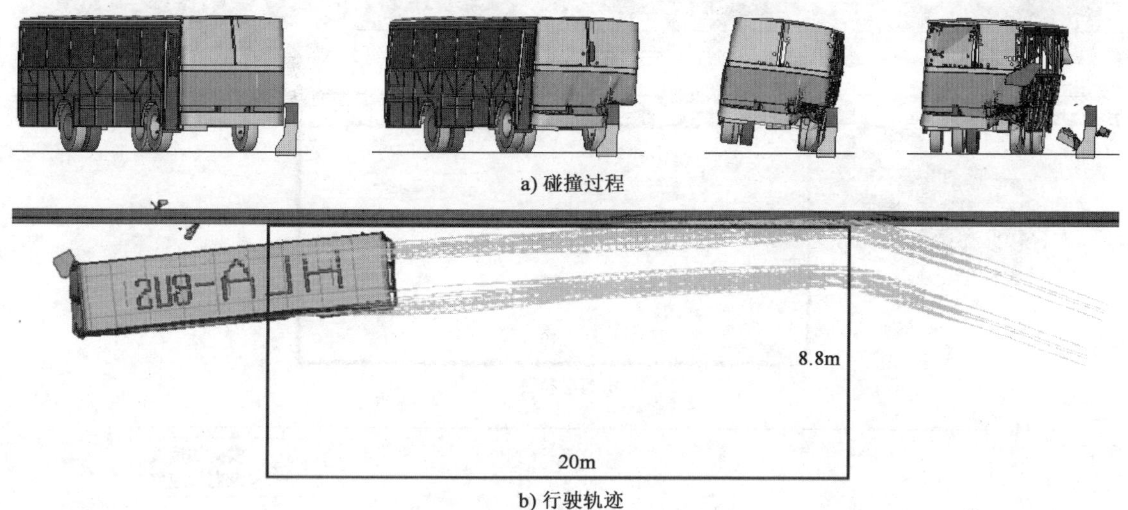

图3-4-12 大客车碰撞植筋加高式护栏仿真结果

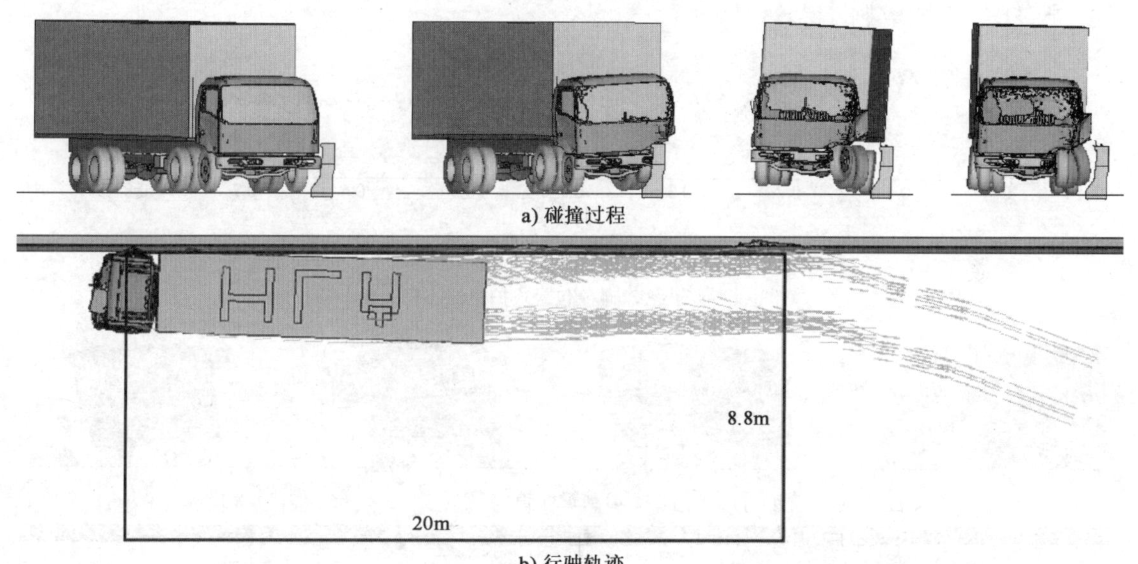

图3-4-13 大货车碰撞植筋加高式护栏仿真结果

②大客车碰撞

图3-4-15为大客车碰撞包封式护栏的仿真结果，可见大客车碰撞护栏过程中，车辆行驶姿态良好，车辆碰撞后的轮迹满足导向驶出框要求。

③大货车碰撞

图3-4-16为大货车碰撞包封式护栏的仿真结果，可见大货车碰撞护栏过程中，车辆行驶姿态良好，车辆碰撞后的轮迹满足导向驶出框要求。

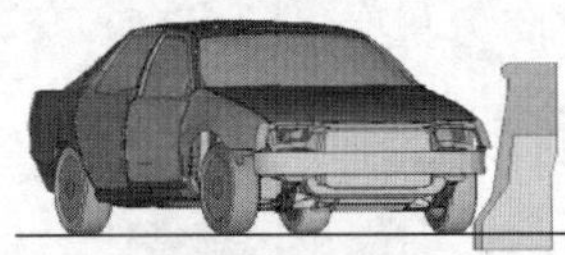
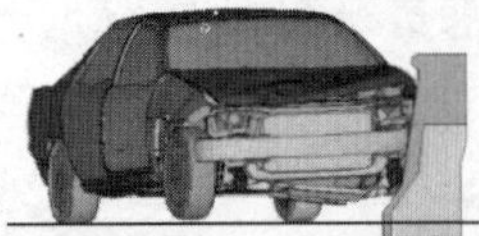
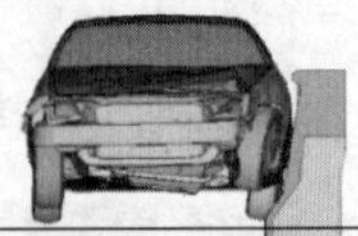

a) 碰撞过程

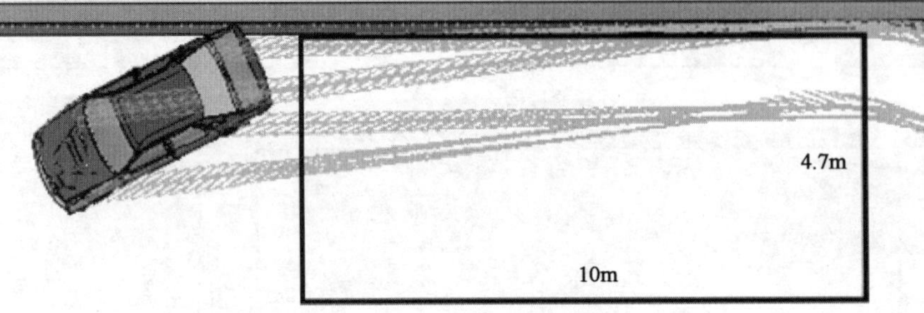

b) 行驶轨迹

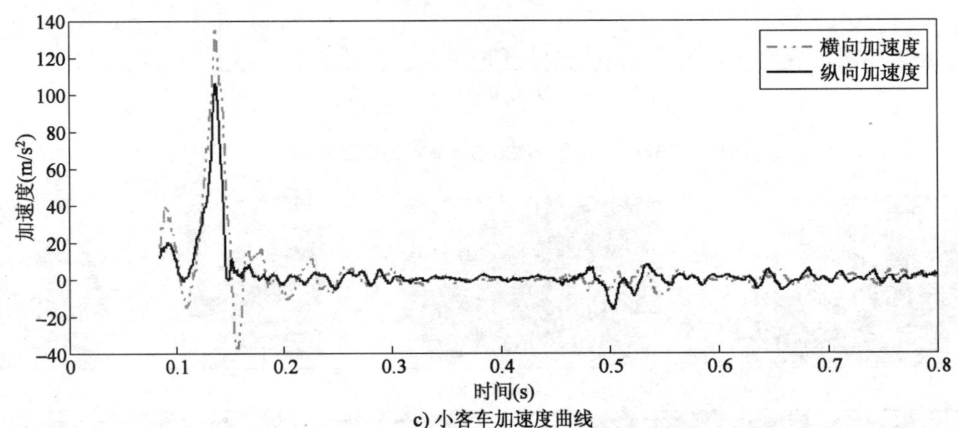

c) 小客车加速度曲线

图 3-4-14　小客车碰撞包封式护栏的仿真结果

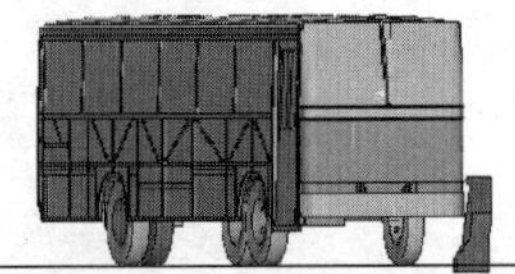

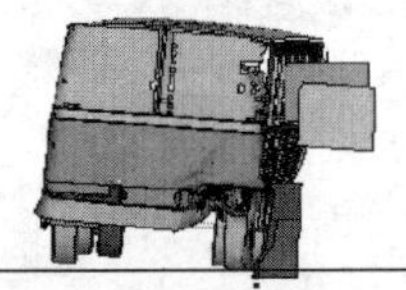
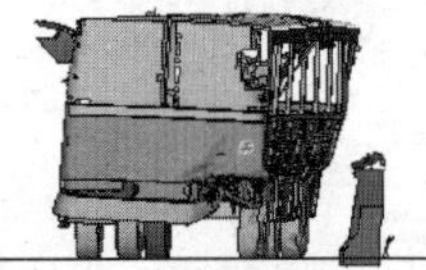

a) 碰撞过程

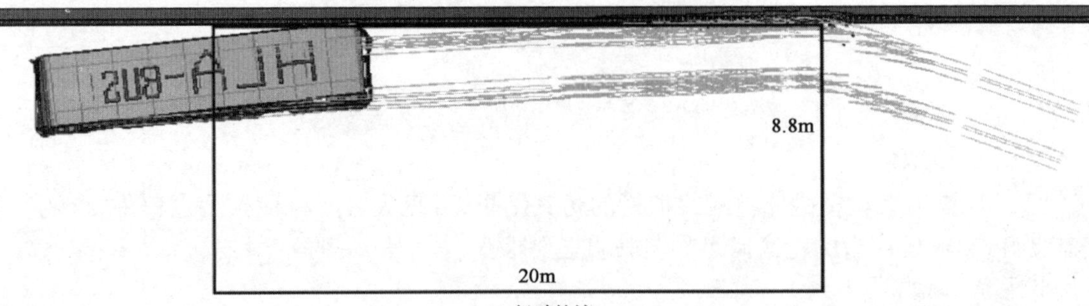

b) 行驶轨迹

图 3-4-15　大客车碰撞包封式护栏的仿真结果

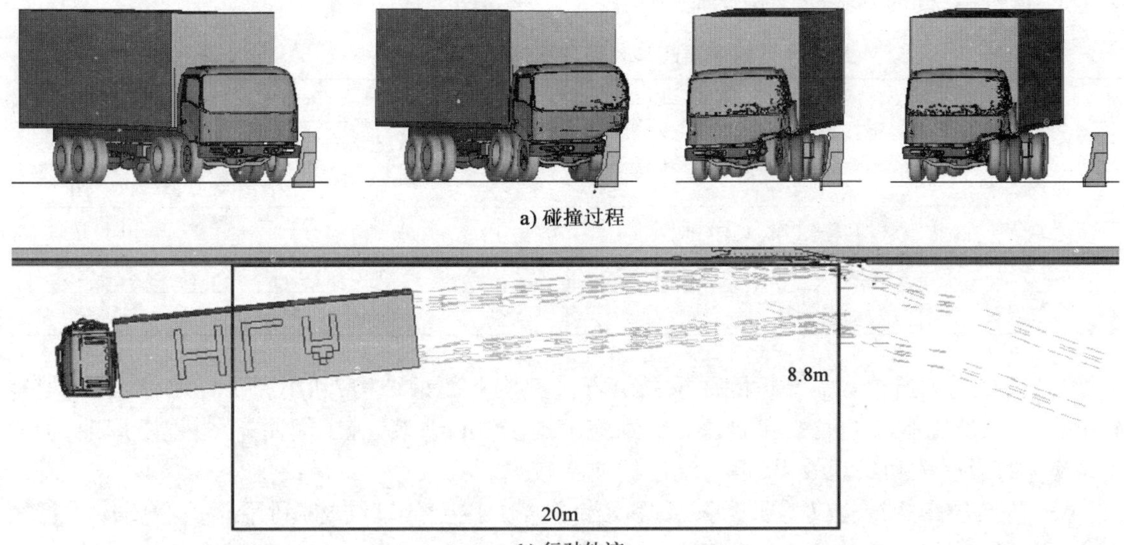

图 3-4-16　大货车碰撞包封式护栏的仿真结果

通过以上分析,可见三种车型碰撞混凝土包封结构桥梁护栏,仿真结果各项指标均满足"新标准"SS 防撞等级要求。

3.4.3　方案比选

三种改造护栏方案造价明细如表 3-4-1 所示,综合性能对比如表 3-4-2 所示。

拆除重建和改造方案造价对比(按 1km 计)　　表 3-4-1

项　　目	拆除重建	钢结构改造方案	钢筋混凝土改造方案	
			植筋加高	混凝土包封
型钢(t)	0	131.74	0	0
钢筋(t)	42.44	0	21.79	24
混凝土(m^3)	430.4	0	124.2	218
植筋胶(t)	0	0.4	0.8	0.4
拆除费(万元)	17.98	1	1	1
造价(万元)	51.41	65.87	18.65	27.04

注:1. 施工费混凝土按 800 元/m^3 计,钢结构按 5000 元/t 计,钢筋按 4000 元/t 计,植筋胶按 16000 元/t 计,护栏拆除费按 500 元/m^3 计。
2. 拆除重建指拆除原组合式桥梁护栏后重建混凝土护栏。

从经济性、施工方便、景观效果等方面,对拆除重建方案和三种改造方案的特点进行分析,得出以下结论:

(1)拆除重建可以有效提高的高速公路桥梁护栏的安全防护能力,提升景观效果,但是桥梁组合式护栏在拆除过程中需凿除原护栏的墙体,同时要保留护栏与桥梁的连接钢筋,施工作

业量大，造价高，同时对桥梁结构产生一定影响，存在安全隐患。

拆除重建和改造方案综合性能对比　　表 3-4-2

项目改造	拆除重建	钢结构改造方案	钢筋混凝土改造方案	
			植筋加高	混凝土包封
景观效果	景观效果好	景观效果好	景观效果一般	景观效果好
设置条件	保留护栏与桥梁连接钢筋	无	无	占用 10cm 路面
施工简便性	施工复杂	施工简便	施工简便	施工简便
施工周期	长	较短	短	较短

（2）钢结构改造方案需要拆除原桥梁组合式护栏上部钢结构，利用原护栏墙体，进行植螺栓，再将工厂加工制成的横梁和立柱运输到施工现场进行拼装，施工简便，节省施工周期，护栏具有较好的通透性和景观效果，但是钢结构成本较高。

（3）植筋加高式结构仅需要拆除原桥梁组合式护栏上部钢结构，利用原护栏墙体进行植筋浇筑混凝土加高，新旧混凝土表面颜色略有差异，但施工简便，施工周期较短，成本最低，因此推荐采用该方案。

（4）包封式结构需拆除原桥梁组合式护栏上部钢结构，利用原护栏墙体，进行植筋，将原护栏墙体迎撞面及顶面整体包封，施工周期较短，成本较低，外观如新，但需要侵占 10cm 的路面。

3.5 实际工程应用

本章针对旧桥梁组合式护栏提出三种加强改造结构，其中植筋加高式结构为推荐改造方案，该方案目前已成功应用于相应工程中。除本章给出的改造方案，仍有部分组合式桥梁护栏采用拆除重建的方式加强护栏，本小节对拆除重建方案和植筋加高结构改造方案在实际工程中的应用情况进行介绍和简单对比。

3.5.1 拆除重建

拆除重建仍需保留旧护栏的基础连接和钢筋，混凝土基座上部均需破碎拆除，施工过程中采用人工风镐凿毛的方式进行，该过程所需工期长，占地面积大，需占用相邻车道，且施工过程可能对桥梁造成不利影响，具有安全风险；凿除完毕后施工现场产生大料废弃材料，需进行清理，同时这些废弃的混凝土材料不可回收利用，造成大量的材料浪费。如图 3-5-1 所示为破碎原护栏混凝土后的施工现场，可以看到原护栏的纵筋与竖筋均出现不同程度的变形，对重建的混凝土护栏强度略有影响。新护栏建成投入使用可到达较好的防护效果，外形较为美观，如图 3-5-2 所示，但每座桥梁单幅护栏施工周期约需两个月，严重影响高速公路的正常运营。

3.5.2 植筋加高结构改造

植筋加高结构改造是在原护栏混凝土基座的基础上进行的，通过植筋方式增加混凝土墙体高度，并改造为混凝土护栏，施工过程需封闭硬路肩。图 3-5-3 为工人用电钻打植筋孔的照片，打孔位置可能会与原混凝土基座内构造筋或保留的立柱位置发生冲突，此时可对打孔位置进行微调，但应保持总体的植筋密度不低于设计值。钢筋植入完成后，可通过拉拔试验进一步验证植筋强度是否满足要求，如图 3-5-4 所示为济南段大上坡植筋拉拔试验现场。表 3-5-1 的数据显示，植筋强度均满足设计强度要求。

图 3-5-1　旧护栏凿除

图 3-5-2　拆除重建后的护栏

图 3-5-3　工人用电钻打植筋孔

图 3-5-4　济南段大上坡植筋拉拔试验现场

济南段大上坡植筋拉拔试验数据统计　　表 3-5-1

序　号	规　格	埋深(mm)	设计值(MPa)	实际值(MPa)	失效形式
1	ϕ12 HRB400	200	33.06	52.59	钢筋拉断
2	ϕ12 HRB400	200	33.06	55.38	钢筋拉断
3	ϕ16 HRB400	260	58.78	78.94	混凝土破坏
4	ϕ16 HRB400	260	58.78	80.27	混凝土破坏

打孔后利用植筋胶植筋，然后再对竖向、纵向钢筋进行绑扎，如图 3-5-5 所示；在保留立柱处的钢筋绑扎情况如图 3-5-6 所示。钢筋绑扎好后即可支模板，如图 3-5-7 所示，仅需在加高部分

支立模板即可。支模完成后浇筑混凝土，如图 3-5-8 所示，需要注意的是必须在混凝土强度达到设计强度的 80% 方可拆除模板(图 3-5-9)，拆除模板后可对护栏进行修补(图 3-5-10)，混凝土应在浇筑完毕后 12h 内加以覆盖和浇水，浇水养护时间不得小于 7d，若天气寒冷时，需采取覆盖塑料薄膜等保温措施。最后完成的护栏如图 3-5-11 所示，该改造方案减少了拆除旧混凝土时可能对桥梁造成的不利影响；充分利用原护栏结构，减少材料浪费；每座桥梁单幅护栏的施工周期约为 8d，大大缩短的施工周期，减小了因为护栏施工对高速公路运营产生的影响。

图 3-5-5　钢筋绑扎

图 3-5-6　保留立柱处的钢筋绑扎情况

图 3-5-7　支模板

图 3-5-8　浇筑混凝土

图 3-5-9　拆除混凝土

图 3-5-10　拆模后的修补

图 3-5-11　完成的植筋加高结构桥梁混凝土护栏

3.5.3　工程对比

根据原桥梁组合式护栏采用拆除重建方案和植筋加高结构的不同施工情况，对两种方案施工周期、施工区域等情况进行对比，如表 3-5-2 所示。通过对比，植筋加高方案除略有色差外均优于拆除重建方案，对于色差问题可考虑采用涂装等方法解决。

拆除重建与植筋加高施工对比　　表 3-5-2

对比项	拆除重建	植筋加高结构
原护栏	拆除原护栏墙体，保留护栏基础和构造筋	保留原护栏，顶部进行凿毛处理
单座桥单侧护栏施工周期	60 天	8 天
施工过程车道占用情况	占用相邻的一条车道	封闭硬路肩
对桥梁结构影响	拆除过程可能造成不利影响	几乎无影响
景观效果	较好	略有色差

根据原桥梁组合式护栏采用拆除重建方案和植筋加高结构的不同设计方案，对两种方案的造价进行对比，如表 3-5-3 所示。通过对比可知，拆除重建每 1km 造价 51.41 万元，而植筋加高结构每 1km 造价仅需 18.65 万元，经济效益显著。

拆除重建与植筋加高造价对比（按 1km 计）　　表 3-5-3

对比项	拆除重建	植筋加高结构
型钢（t）	0	0
钢筋（t）	42.44	21.79
混凝土（m^3）	430.4	124.2
植筋胶（t）	0	0.8
拆除费（万元）	17.98	1
造价（万元）	51.41	18.65

注：施工费混凝土按 800 元/m^3 计，钢筋按 4000 元/t 计，植筋胶按 16000 元/t 计，护栏拆除费按 500 元/m^3 计。

第4章 跨铁路桥梁护栏改造关键技术

4.1 概 述

在高速公路中存在一些跨越铁路的特殊危险路段，在该路段一旦发生车辆穿越护栏坠落桥下的事故，不仅会造成事故车辆自身损失，还会导致铁路运营的中断，更有甚者会引起火车与事故车辆相撞的特大恶性二次事故，由此造成的社会经济损失难以估量。根据近年来对我国交通事故调查统计，高速公路跨铁路路段由于护栏防护能力不足造成车辆坠桥的恶性交通事故已经发生多起(图4-1-1～图4-1-4)，可见跨铁路路段需设置安全可靠的高防撞等级桥梁护栏，这对于维护该路段公路与铁路运营安全至关重要。相关的事故案例如下：

事故案例一(图4-1-1)：2013年10月18日，深圳一重约26t的箱式货车在南山兴海路往月亮湾大道匝道上掉落，铁路桥面砸出一段约10m的缺口，导致铁路交通中断。

图4-1-1 重型货车坠桥砸断铁路

事故案例二(图4-1-2)：2010年6月26日，在广西柳城县通往古砦乡公路上的泗巷铁路立交桥处，一辆由十五坡往柳城方向行驶的五菱微型小客车，撞开立交桥护栏坠入桥下约8m高铁路，与一辆从融安往柳州方向的货运列车相撞，造成小客车上四名男子3死1伤。

事故案例三(图4-1-3)：2006年2月8日，来自长沙市芙蓉区的厢式冷藏小货车，撞断了107国道万人亭公铁立交桥的护栏，坠入京广线上下行线之间，与刚出站的旅客列车机车相撞，货车卡入机车下部，导致京广铁路上行线行车中断。事故造成货车驾驶员和1名同行乘客当场身亡，60多趟客车晚点。

事故案例四(图4-1-4)：2005年12月13日，320国道因汽车坠入湘黔线K494+750处，撞上护栏后侧翻至下方铁路上，使货运列车的8节车厢横七竖八地颠覆在铁轨上，而且货运列车的机车头已严重损毁，中断湘黔线铁路运输20小时34分钟，造成严重社会影响。

图 4-1-2　小客车冲出高速路桥坠落铁路与货运列车相撞

图 4-1-3　小货车冲出高速公路桥侧坠落铁路

图 4-1-4　大货车冲出高速路桥坠落湘黔线铁路

跨铁路桥梁护栏不仅要求能够有效拦截车辆,还需要对护栏背部防落物网、交通标志等设施进行保护。如图 4-1-5 所示,若车辆碰撞护栏后发生较大侧倾,有可能直接碰撞防落物网等设施,而一旦破损物坠落桥下,除造成事故车辆人员伤亡外,若砸中铁路高压线(铁路路段往往设置高压电线,如图 4-1-6 所示)将严重影响公路及铁路安全运营,若砸中铁路或正在运行的火车,则后果不堪设想,因此跨铁路桥梁护栏除应对事故车辆具有高等级防护能力外,还宜具有减小车辆碰撞护栏时侧倾的功能。目前原有跨铁路桥梁护栏不仅防撞等级有所不足,更无法对护栏背部配套设施进行有效防护,故需要对跨铁路桥梁路段护栏进行升级改造。

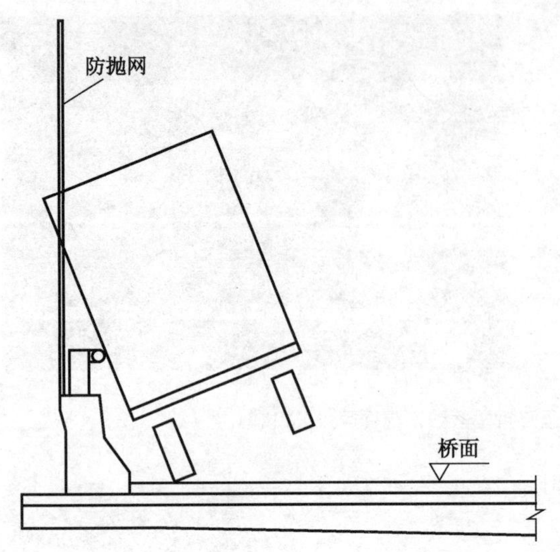

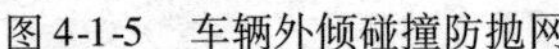

图 4-1-5　车辆外倾碰撞防抛网

图 4-1-6　铁路路段高压电线

由于铁路交通是一种相对封闭且运输量密集的交通系统，一旦发生运营中断，不仅会引起客流及货物积压，而且会引起路网上其他关联车站与路线的运营秩序混乱及客流滞留，影响巨大。因此考虑到铁路运营的连续性，对于跨铁路桥梁护栏的改造应具有施工方便性，在有条件的情况下，需在不影响铁路运营的前提下进行。

4.2　跨铁路桥梁护栏的安全防护目标

根据相关规范与标准确定跨铁路桥梁护栏的安全防护目标，包括碰撞条件和评价指标。

4.2.1　碰撞条件

由 3.2 节可知，《D81—2006 规范》中提出了提升桥梁护栏防撞等级的要求。根据表 3-2-2 对桥梁护栏防撞等级适用条件的规定：对于设计速度为 120km/h 的高速公路，车辆驶出桥外有可能造成二次重大事故或二次特大事故的路段，其桥梁护栏的防撞等级应为 SS 级。考虑在跨铁路桥梁路段，若桥梁护栏防撞等级不足，可能发生车辆穿越或翻越桥侧护栏坠落桥下的事故，不仅会造成事故车辆自身损失，还会导致铁路运营的中断，更有甚者会引起火车与事故车辆相撞的特大恶性二次事故，因此将跨铁路桥梁护栏防撞等级确定为《D81—2006 规范》中最高防撞等级 SS 级。根据“新标准”对护栏不同防撞等级对应碰撞试验条件的规定，SS 级护栏碰撞条件如表 4-2-1 所示。

“新标准”规定 SS 级护栏碰撞条件　　表 4-2-1

防护等级	碰撞条件			
	碰撞车型	车辆质量(t)	碰撞速度(km/h)	碰撞角度(°)
SS 级	小型客车	1.5	100	20
	大型客车	18	80	20
	大型货车	33	60	20

4.2.2　评价指标

跨铁路桥梁路段对护栏防护性能提出了特殊要求：护栏不仅应具备高等级防护功能，还应具有使车辆低侧倾、防侧翻的功能，以防止车辆发生较大外倾直接碰撞防落物网等设施。基于以上分析，跨铁路桥梁护栏不仅应满足“新标准”中一般评价指标要求（表1-1-1），还应满足特殊指标要求，即失控车辆碰撞护栏后产生的最大动态外倾当量值（$\mathrm{VI_n}$）应小于防抛设施与桥梁护栏之间的距离，最大动态外倾当量值应按下式计算：

$$\mathrm{VI_n} = \mathrm{VI} + (4.2 - V_{\mathrm{H}})\sin\alpha \tag{4-2-1}$$

式中：$\mathrm{VI_n}$——大中型车辆（包括特大型客车）的车辆最大动态外倾当量值（m）；

VI——车辆最大动态外倾值（m）；

V_{H}——试验车辆总高（m）；

α——试验车辆外倾角度（°）。

4.3　原有跨铁路桥梁护栏安全性能分析

图4-3-1为早期建造的一种跨铁路桥梁护栏结构，可见其与第3章中所述原有桥梁组合式护栏结构基本一致，高度同样在1m左右，上部是由H形立柱与圆管横梁组成的钢结构，下部是完全相同的钢筋混凝土结构，因此根据前面对原有桥梁组合式护栏安全性能分析结果（实车碰撞试验与计算机仿真分析），初步分析该跨铁路桥梁护栏的防护性能同样存在不足，防护等级达不到SB级。考虑到跨铁路桥梁护栏安全性能指标不仅包括防撞能力，还包括使车辆具有低侧倾功能指标，因此采用经碰撞试验验证的高精度计算机仿真模型对设置防落物网的原有跨铁路桥梁护栏安全性能进行系统分析。通过确定原护栏的防护能力为接下来进行跨铁路桥梁护栏改造奠定基础。

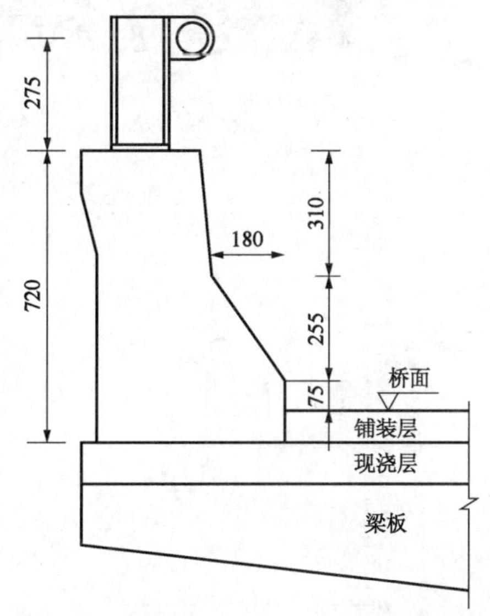

图4-3-1　早期建造的一种跨铁路桥梁护栏结构（尺寸单位：mm）

1）小客车仿真碰撞分析

建立小客车（按防撞等级SB级碰撞条件：车辆总质量1.5t，碰撞速度100km/h，碰撞角度20°）碰撞原有跨铁路桥梁护栏仿真模型，以评估该护栏对小客车的防护性能，主要分析护栏对小客车的阻挡功能、缓冲功能及导向功能。

图4-3-2为小客车碰撞原有跨铁路桥梁护栏模型的仿真过程，可见小客车碰撞护栏后出现一定爬升，在爬升的过程中逐渐转向导正，最后平稳驶出。图4-3-3为碰撞后护栏变形图，可见护栏整体破坏较小，未出现护栏构件及其脱离件侵入车辆乘员舱的现象。综上分析，该护栏对上述碰撞条件小客车的阻挡功能满足评价标准要求。

图4-3-4为小客车碰撞原有跨铁路桥梁护栏加速度时程曲线，乘员碰撞后加速度纵向和

横向分量分别为65.7m/s²、72.9m/s²，满足“新标准”对乘员碰撞后加速度不得大于200m/s²的要求，乘员碰撞速度纵向和横向分量分别为7.6m/s，4.0m/s，满足“新标准”不得大于12m/s的要求，说明该护栏对上述碰撞条件小客车的缓冲功能满足评价标准要求。

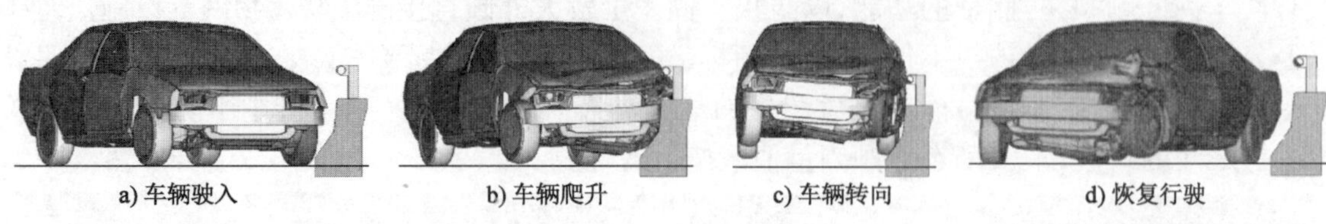

图4-3-2 小客车碰撞过程

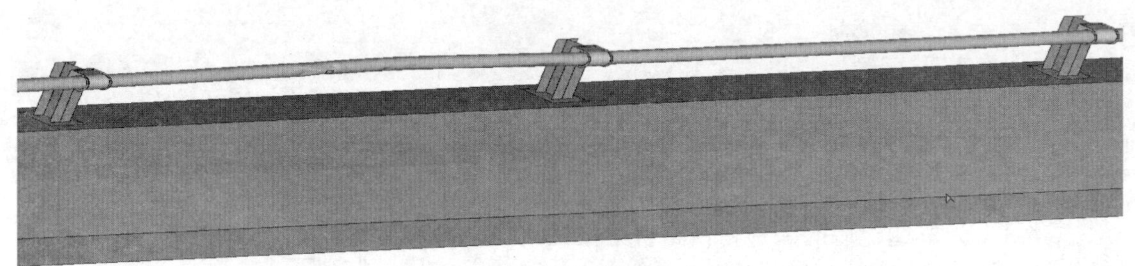

图4-3-3 小客车碰撞护栏变形图

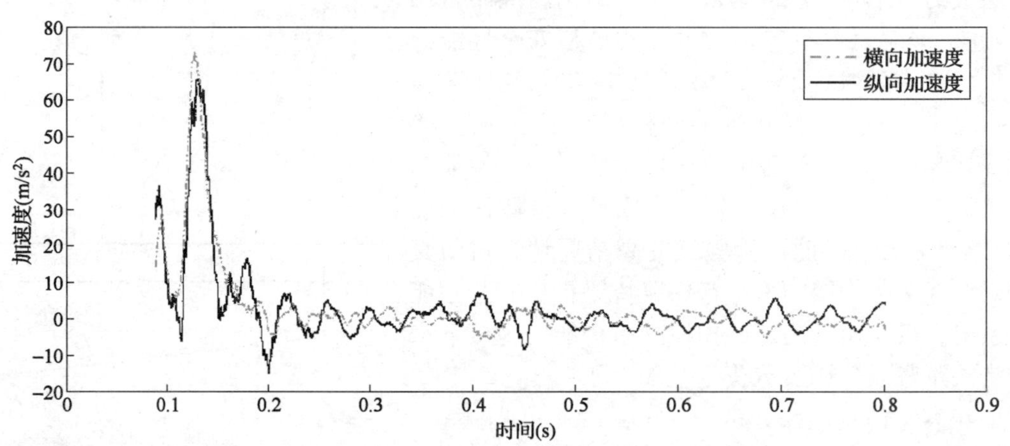

图4-3-4 小客车碰撞原有跨铁路桥梁护栏加速度时程曲线

图4-3-5为小客车行驶轨迹与导向驶出框图，可见小客车碰撞原有跨铁路桥梁护栏的行驶轨迹满足“新标准”对导向驶出框的要求。

2）大客车仿真碰撞分析

建立大客车（按防撞等级SB级碰撞条件：车辆总质量10t，碰撞速度80km/h，碰撞角度20°）碰撞原有跨铁路桥梁护栏仿真模型，以评估该护栏对大客车的防护性能，主要分析护栏对大客车的阻挡功能、导向功能以及减小车辆外倾功能。

图4-3-6为大客车碰撞原有跨铁路桥梁护栏模型的仿真结果，碰撞过程中车身发生外倾，

最后车辆侧翻；图4-3-7为该桥梁护栏受到车辆撞击后的变形情况，上部钢结构受到严重破坏，多处螺栓断裂导致多个立柱与混凝土基础脱开，横梁在车头碰撞区域和车身侧翻区域受到很大破坏，发生严重变形。可见仿真计算与之前所述试验结果一致，进一步验证了仿真模型的准确性。

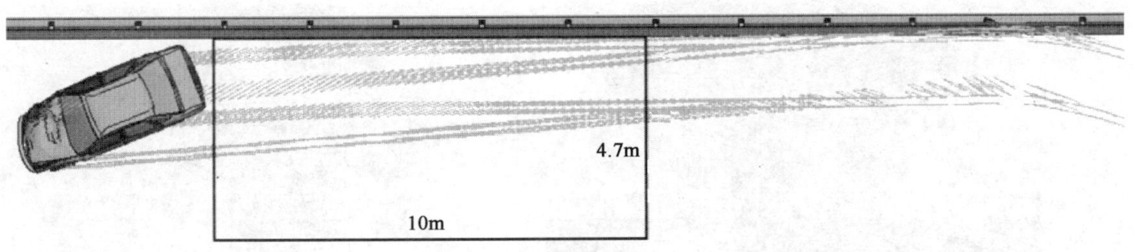

图4-3-5　小客车行驶轨迹与导向驶出框

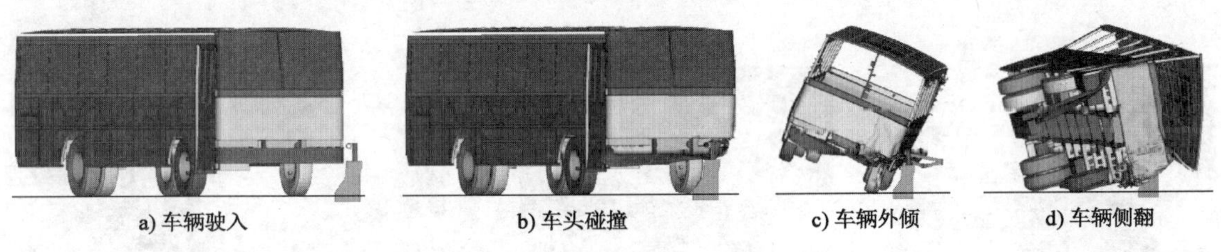

图4-3-6　大客车碰撞过程

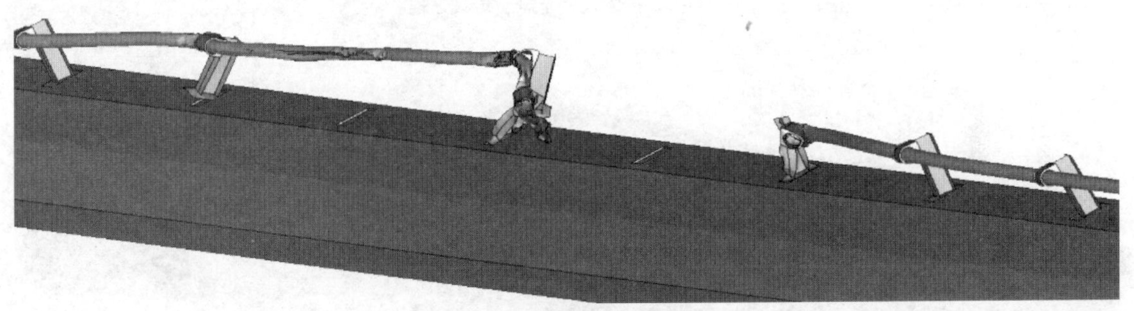

图4-3-7　大客车碰撞护栏变形图

以建立的大客车碰撞原有跨铁路桥梁护栏仿真模型为基础，在护栏背部增设防抛设施并进行仿真计算，图4-3-8为其仿真结果，可见防抛设施受到彻底毁坏，说明该护栏无法对其配套设施形成有效防护。

3）整体式货车仿真碰撞分析

建立整体式货车（按防撞等级SB级碰撞条件：车辆总质量18t，碰撞速度60km/h，碰撞角度20°）碰撞原有跨铁路桥梁护栏仿真模型，以评估该护栏对整体式货车的防护性能，主要分析护栏对整体式货车的阻挡功能、导向功能以及减小车辆外倾功能。

图4-3-9为整体式货车碰撞原有跨铁路桥梁护栏模型的仿真结果，碰撞过程中车身发生倾斜，最后车辆侧翻；图4-3-10为该桥梁护栏受到车辆撞击后的变形情况，可见上部钢结构受

到严重破坏，多处螺栓断裂导致多个立柱与混凝土基础脱开，横梁在车头碰撞区域和车身侧翻区域受到很大破坏，发生严重变形。可见仿真计算与之前所述试验结果一致，再次验证了仿真模型的准确性。

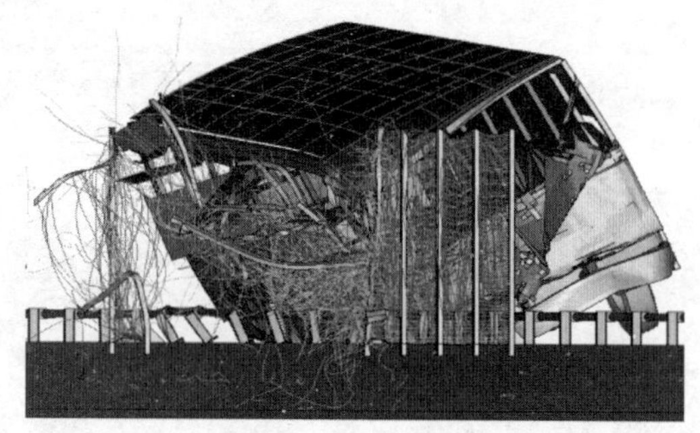

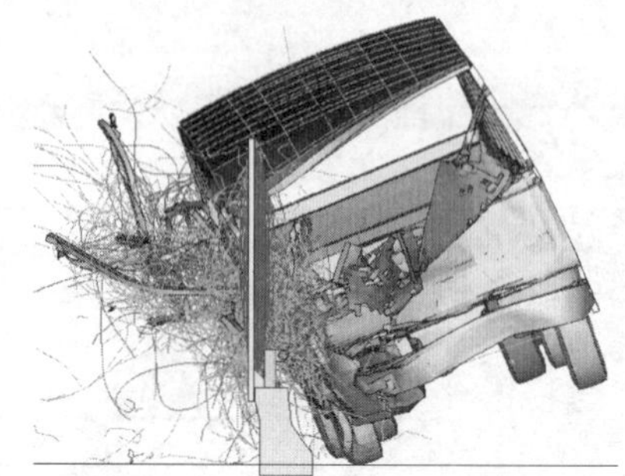

图 4-3-8　大客车撞坏护栏配套防抛设施仿真结果

a) 车辆驶入

b) 车头碰撞

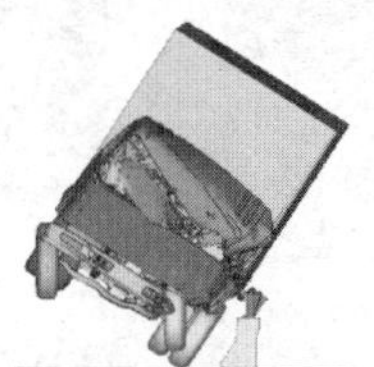

c) 车辆外倾

d) 车辆侧翻

图 4-3-9　整体式货车碰撞仿真过程

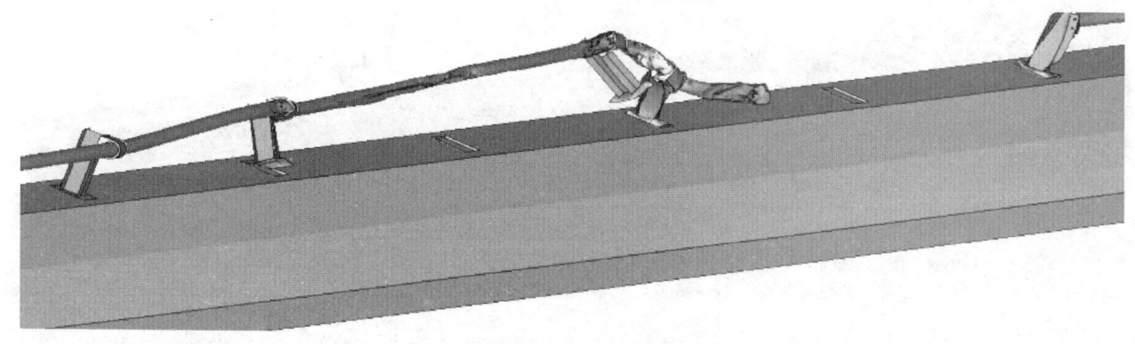

图 4-3-10　整体式货车碰撞护栏变形图

以建立的整体式货车碰撞原有跨铁路桥梁护栏仿真模型为基础，在护栏背部增设防抛设施并进行仿真计算，图 4-3-11 为仿真结果，可见防抛设施受到彻底毁坏，说明该护栏无法对其配套设施形成有效防护。

综上所述，原有跨铁路桥梁护栏可有效防护标准碰撞条件下的小客车（1.5t 小客车、碰撞角度 20°、碰撞速度 100km/h），但无法有效防护标准碰撞条件下的大客车（10t 大客车、碰撞角度 20°、碰撞速度 80km/h）与整体式货车（18t 整体式货车、碰撞角度 20°、碰撞速度 60km/h），护栏安全防护指标不满足"新标准"SB 等级要求，同时原有跨铁路桥梁护栏对于大型车（大客

车与整体式货车)的减小侧倾功能较差,不满足跨铁路桥梁护栏特殊安全性能指标。

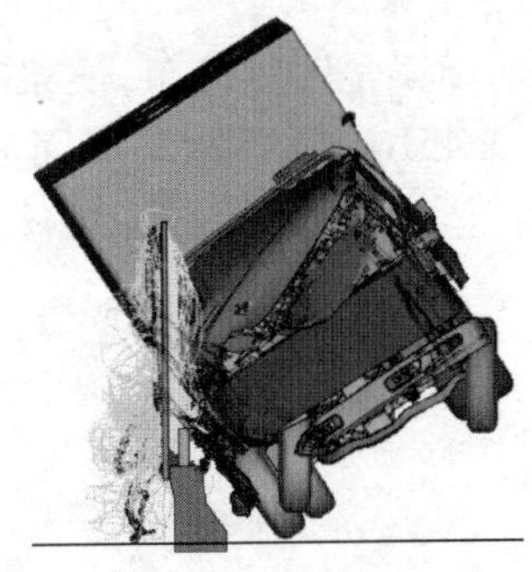

图4-3-11　整体式货车撞坏护栏配套防抛设施仿真结果

4.4　跨铁路桥梁护栏改造方案

为了使跨铁路桥梁护栏满足高等级防护功能以及减小车辆外倾功能的需求,根据跨铁路桥梁路段不同设置条件,对原有跨铁路桥梁护栏结构进行优化改造,分别提出增设护栏与植筋加高的改造方案。

4.4.1　增设高防撞等级型钢护栏方案

1)方案设计

为不影响桥下铁路正常运营,提出增设一道护栏的改造方案。考虑型钢护栏具有自重轻、车辆碰撞后外倾量小的特点,在原有跨铁路桥梁护栏内侧增设经实车试验验证的高防撞等级型钢护栏(图4-4-1),以降低车辆穿越护栏冲出桥外、防落物网受损坠落桥下的事故概率,从而保障高速公路与铁路安全运营。该方案可保留原桥梁护栏和防落物网等设施不变,且对桥下铁路运营几乎没有影响,但由于需要占用部分桥面宽度,因此增设高防撞等级型钢护栏方案适用于桥面宽度允许该种设计的跨铁路桥梁路段。

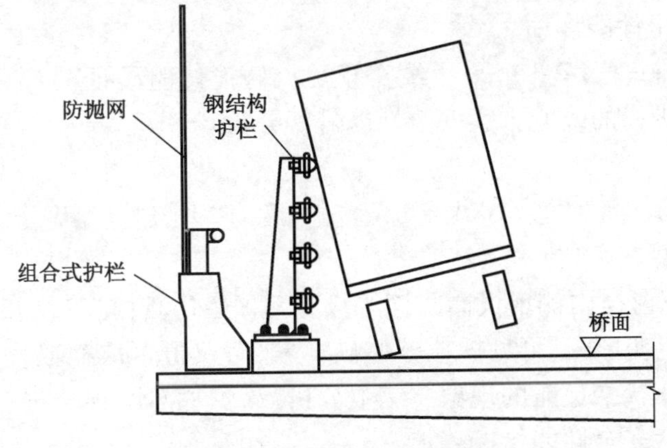

图4-4-1　跨铁路桥梁护栏改造思路示意图

图4-4-2为设置于原有跨铁路桥梁护栏内侧的高防撞等级型钢护栏基本结构：护栏总高1.5m，下部基座高150mm，底宽500mm，横梁迎撞面与基座迎撞面平齐；金属梁柱结构由横梁，立柱组成，横梁呈四排分布，横梁净间距为230mm，下横梁中心距基座顶面290mm；立柱为斜H形，由Q345B材质钢板焊接而成，立柱中心线间距为2m；预埋螺栓采用M30，立柱与横梁连接螺栓、横梁拼接螺栓均采用M22。

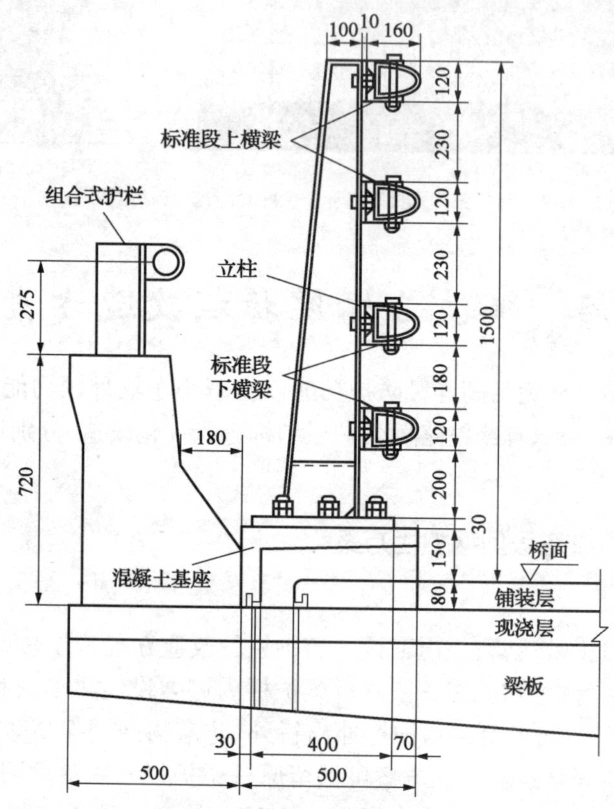

图4-4-2　高防撞等级型钢护栏基本结构（尺寸单位：mm）

2）计算机仿真安全性能评估

根据标准碰撞条件（表4-2-1），采用经实车足尺碰撞试验验证的计算机仿真模型对内侧增设高防撞等级型钢护栏的改造方案安全性能进行分析。

（1）小客车碰撞

按总质量为1.5t，碰撞速度为100km/h，碰撞角度为20°，建立小客车碰撞内侧增设高防撞等级型钢护栏仿真模型。

图4-4-3为小客车碰撞内侧增设高防撞等级型钢护栏仿真模型过程，可见车辆平稳驶出。图4-4-4为碰撞后护栏变形图，可见护栏整体破坏较小，仅最下层横梁发生变形，未出现护栏构件及其脱离件侵入车辆乘员舱的现象。综上分析，该护栏对上述碰撞条件小客车的阻挡功能满足跨铁路桥梁护栏安全性能指标要求。

图4-4-5为小客车碰撞内侧增设高防撞等级型钢护栏仿真模型加速度时程曲线，乘员碰

撞后加速度纵向和横向分量分别为 79.3m/s^2、52.2m/s^2，满足“新标准”对乘员碰撞后加速度不得大于 200m/s^2 的要求，乘员碰撞速度纵向和横向分量分别为 7.5m/s、6.3m/s，满足“新标准”不得大于 12m/s 的要求，说明该护栏对上述碰撞条件小客车的缓冲功能满足跨铁路桥梁护栏安全性能指标要求。

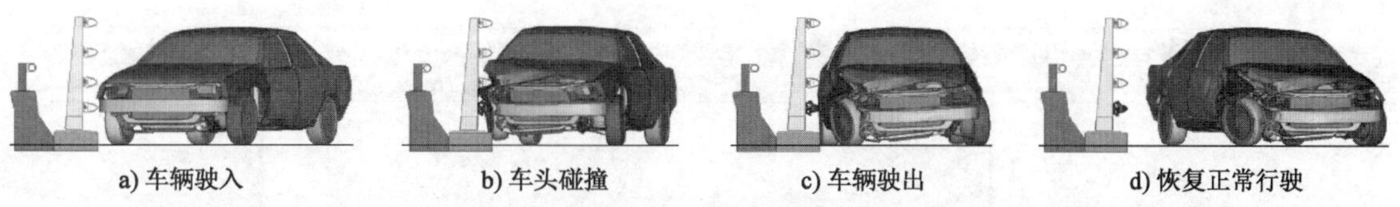

图 4-4-3 小客车碰撞内侧增设高防撞等级型钢护栏仿真过程

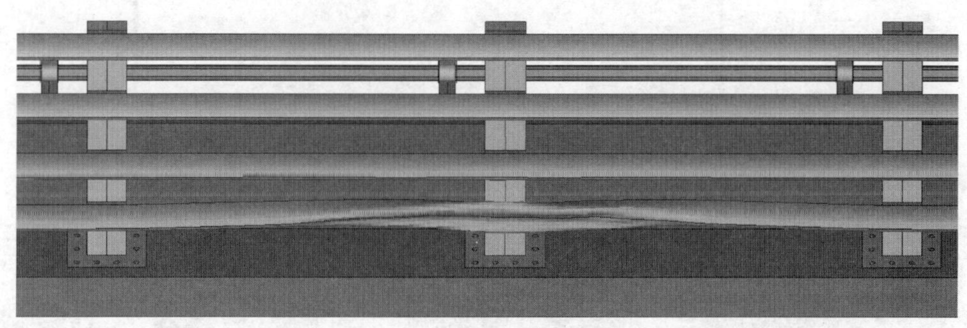

图 4-4-4 小客车碰撞后内侧增设高防撞等级型钢护栏变形图

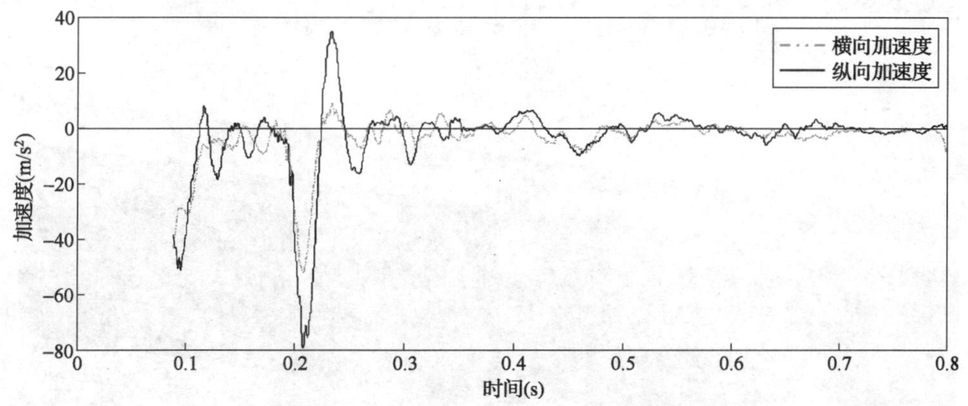

图 4-4-5 小客车碰撞内侧增设高防撞等级型钢护栏加速度时程曲线

图 4-4-6 为小客车行驶轨迹与导向驶出框图，可见小客车碰撞内侧增设高防撞等级型钢护栏的行驶轨迹满足跨铁路桥梁护栏安全性能指标对导向驶出框的要求。

（2）大客车碰撞

按总质量 18t，碰撞速度为 80km/h，碰撞角度为 20°，建立大客车碰撞内侧增设高防撞等级型钢护栏仿真模型。

图 4-4-7 为大客车碰撞内侧增设高防撞等级型钢护栏仿真模型过程，可见护栏防车辆侧

翻效果显著,车辆外倾量较小,可平稳驶出。图 4-4-8 为大客车碰撞后内侧增设高防撞等级型钢护栏变形图,可见护栏整体破坏不大,仅最下层横梁发生损坏,未出现护栏构件及其脱离件侵入车辆乘员舱的现象。综上分析,该护栏对上述碰撞条件大客车的阻挡功能满足跨铁路桥梁护栏安全性能指标要求。

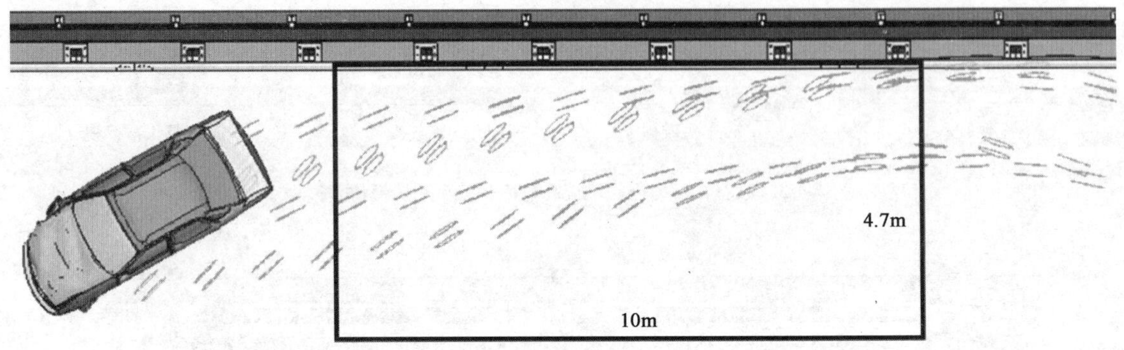

图 4-4-6　小客车行驶轨迹与导向驶出框

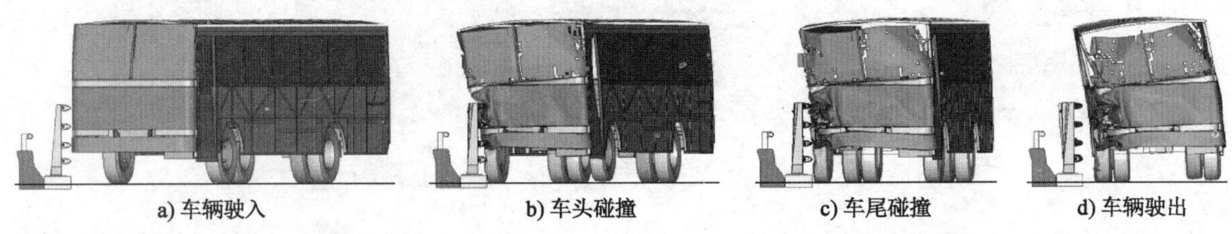

图 4-4-7　大客车碰撞内侧增设高防撞等级型钢护栏仿真过程

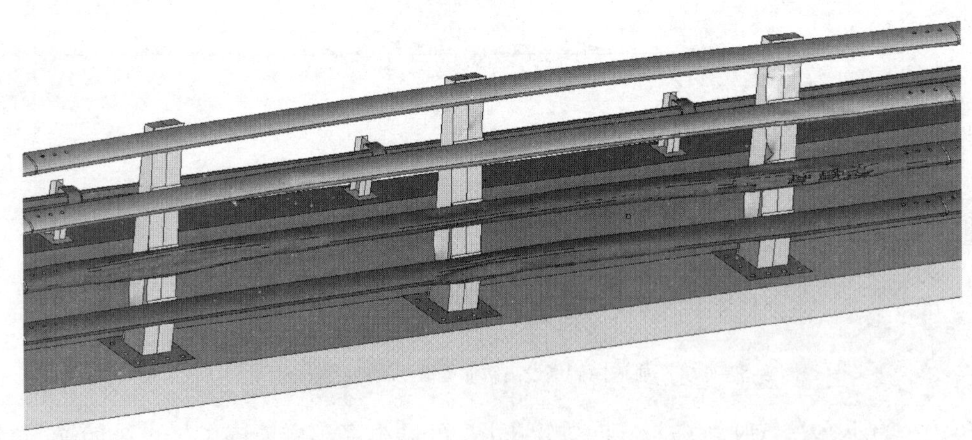

图 4-4-8　大客车碰撞后内侧增设高防撞等级型钢护栏变形

图 4-4-9 为大客车行驶轨迹与导向驶出框图,可见大客车碰撞内侧增设高防撞等级型钢护栏的行驶轨迹满足跨铁路桥梁护栏安全性能指标对导向驶出框的要求。

图 4-4-10 为内侧增设高防撞等级型钢护栏方案减小车辆外倾效果,可见大客车碰撞护栏

过程中外倾量较小,有效避免了撞击护栏配套防抛设施,因此该方案满足跨铁路桥梁护栏特殊安全性能指标要求。

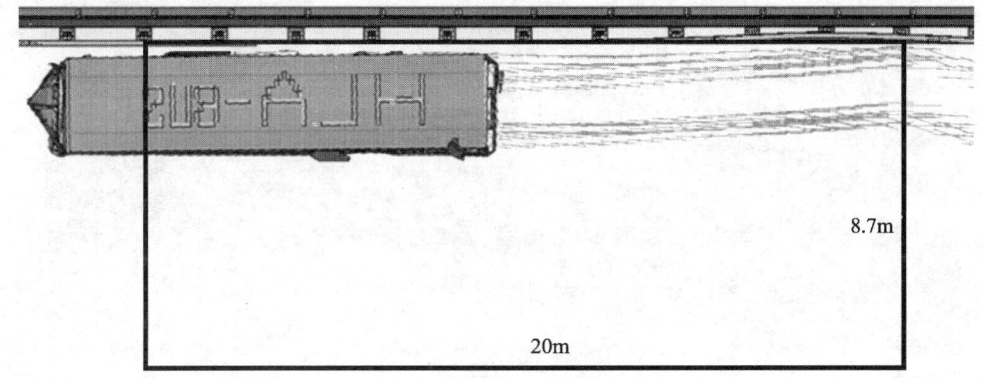

图 4-4-9 大客车行驶轨迹与导向驶出框

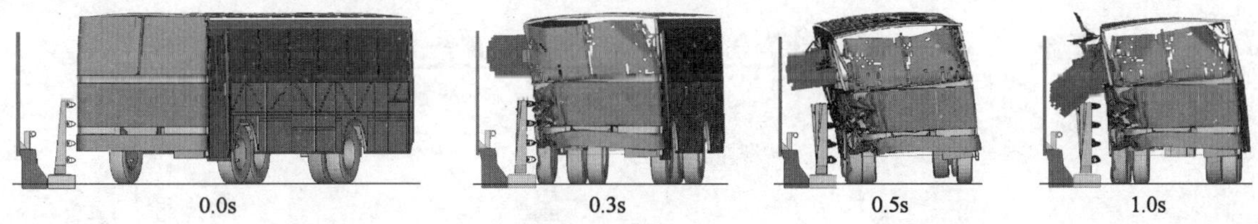

图 4-4-10 内侧增设高防撞等级型钢护栏方案减小大客车外倾效果

(3)整体式货车碰撞

按总质量为33t,碰撞速度为60km/h,碰撞角度为20°,建立整体式货车碰撞内侧增设高防撞等级型钢护栏仿真模型。

图 4-4-11 为整体式货车碰撞内侧增设高防撞等级型钢护栏仿真模型过程,可见护栏防车辆侧翻效果显著,车辆外倾量较小,可平稳驶出。图 4-4-12 为整体式货车碰撞后内侧增设高防撞等级型钢护栏变形图,可见护栏横梁发生变形,未出现护栏构件及其脱离件侵入车辆乘员舱的现象。综上分析,该护栏对上述碰撞条件整体式货车的阻挡功能满足跨铁路桥梁护栏安全性能指标要求。

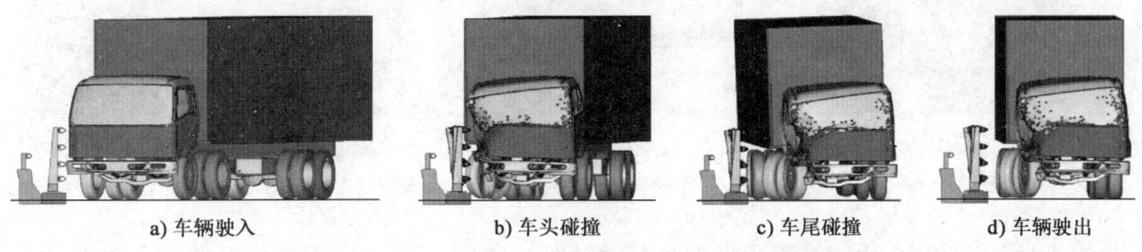

图 4-4-11 整体式货车碰撞内侧增设高防撞等级型钢护栏过程

图 4-4-13 为整体式货车行驶轨迹与导向驶出框图,可见整体式货车碰撞内侧增设高防撞等级型钢护栏的行驶轨迹满足跨铁路桥梁护栏安全性能指标对导向驶出框的要求。

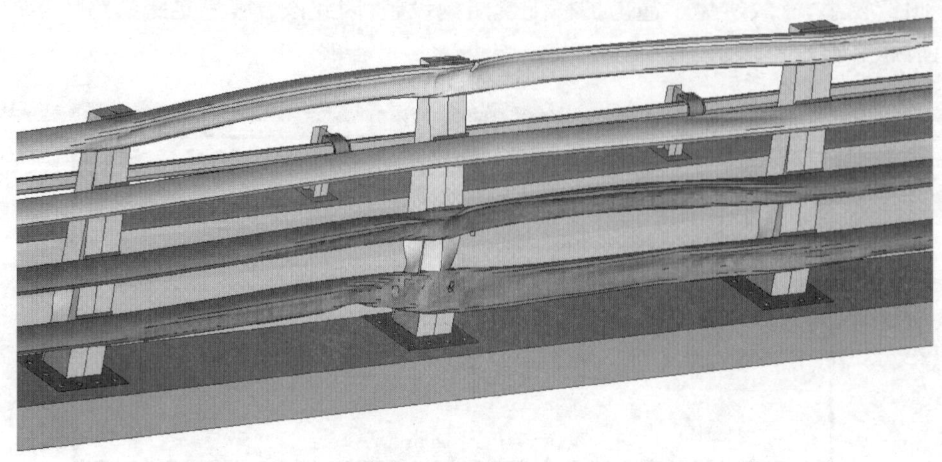

图 4-4-12　整体式货车碰撞后内侧增设高防撞等级型钢护栏变形图

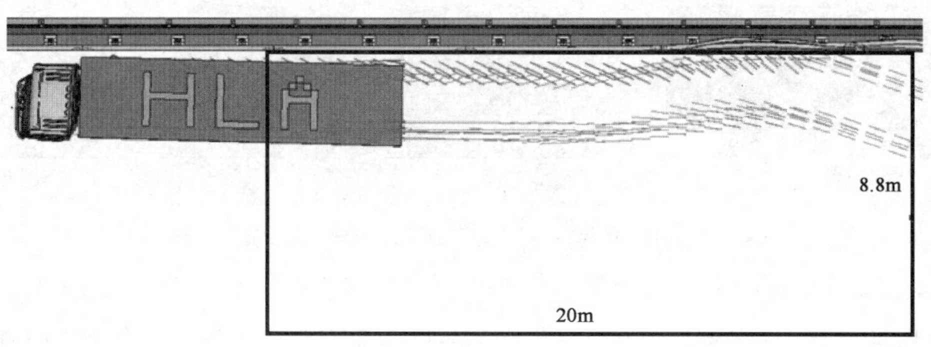

图 4-4-13　整体式货车行驶轨迹与导向驶出框

图 4-4-14 为内侧增设高防撞等级型钢护栏方案减小车辆外倾效果,可见整体式货车碰撞护栏过程中外倾量较小,有效避免了撞击护栏配套防抛设施,因此该方案满足跨铁路桥梁护栏特殊安全性能指标要求。

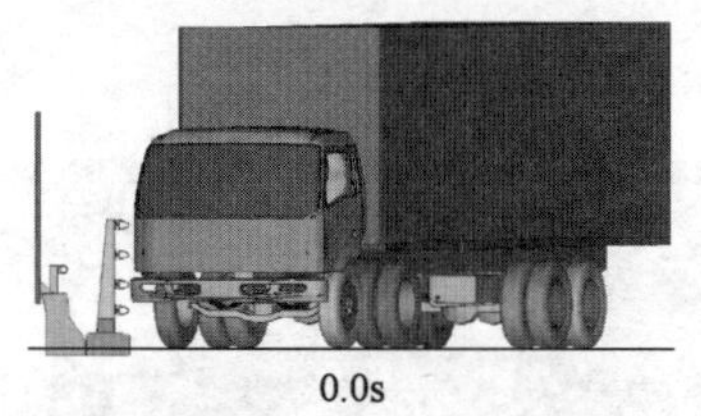

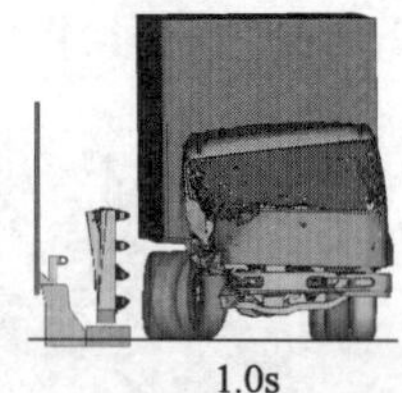

图 4-4-14　内侧增设高防撞等级型钢护栏方案减小整体式货车外倾效果

综上所述,通过采用经试验验证的高精度计算机仿真模型对内侧增设高防撞等级型钢护栏改造方案的安全性能进行分析,结果表明:小客车、大客车、整体式货车碰撞护栏后各项指标均满足跨铁路桥梁护栏安全性能指标要求,护栏防撞等级达 SS 级(防护能量≥520kJ),且具有较好的减小车辆外倾功能,可有效降低车辆发生侧翻的概率。

3）实车碰撞试验

根据标准碰撞条件（表4-2-1），对上述方案采用的高防撞等级型钢护栏进行实车足尺碰撞试验，以下为主要试验结果。

（1）小客车碰撞护栏结果

图4-4-15为小客车碰撞护栏行驶轨迹图，可见小客车碰撞护栏后平稳驶出，并恢复到正常行驶姿态；小客车没有穿越、翻越或骑跨护栏；试验护栏构件及脱离件没有侵入车辆乘员舱。

图4-4-15　小客车碰撞护栏行驶轨迹图

图4-4-16为小客车横向与纵向的乘员碰撞后加速度原始数据曲线，对加速度数据进行滤波处理后，乘员碰撞后纵向与横向加速度10ms平均值的最大值分别为37.3m/s²、70.6m/s²，均小于200m/s²；乘员纵向与横向碰撞速度分别为5.1m/s、8.4m/s，均小于12m/s。

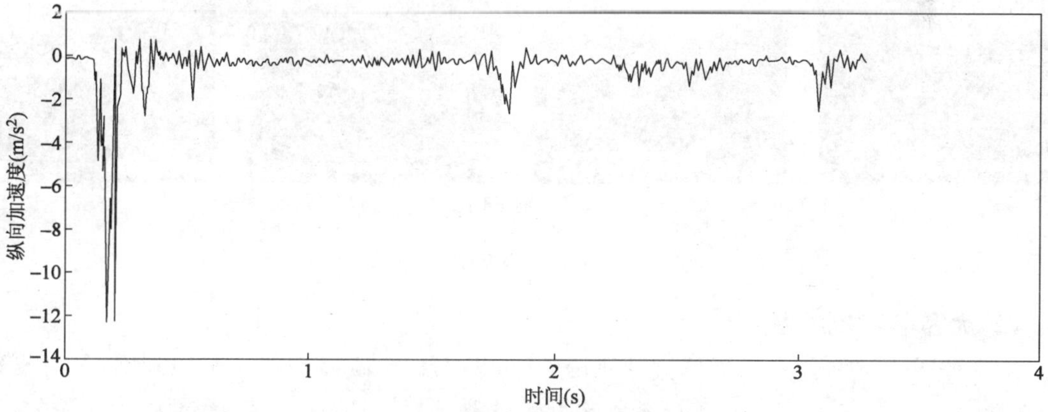

纵向加速度(m/s²)

时间(s)

a）横向乘员碰撞后加速度

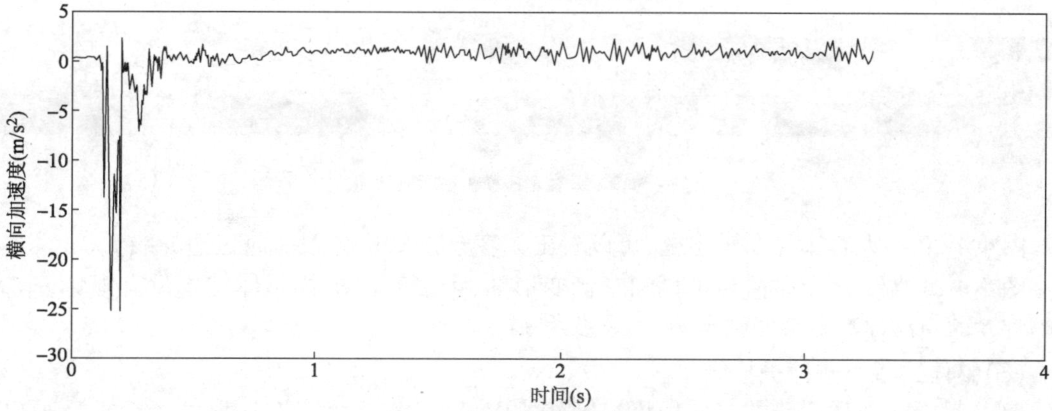

横向加速度(m/s²)

时间(s)

b）纵向乘员碰撞后加速度

图4-4-16　小客车横向与纵向的乘员碰撞后加速度原始数据曲线

图4-4-17为小客车导向驶出框图，可见小客车在10m内没有越过边界线 F。

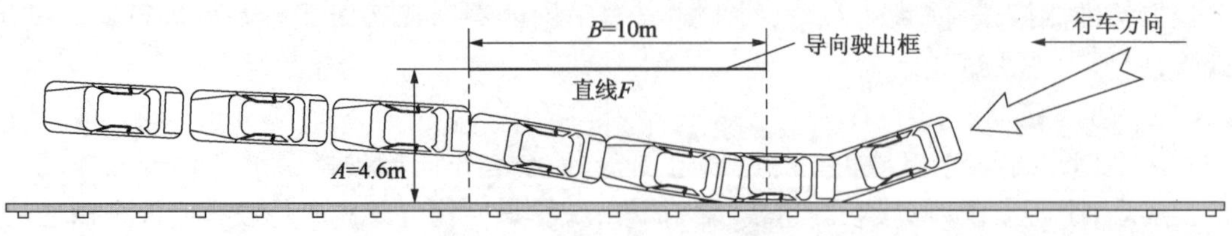

图4-4-17　小客车导向驶出框

图4-4-18为小客车碰撞后护栏和车辆变形图，可以看出护栏没有明显变形，无结构性损坏；车辆前机盖变形损坏，车辆乘员舱保持完整，说明护栏结构能够对乘员形成良好保护。

a) 护栏变形图

b) 车辆变形图

图4-4-18　小客车碰撞后护栏和车辆变形

(2) 大客车碰撞护栏结果

图4-4-19为大客车碰撞护栏行驶轨迹图，可见大客车碰撞护栏后平稳驶出，并恢复到正常行驶姿态；大客车没有穿越、翻越和骑跨护栏；试验护栏构件及脱离件没有侵入车辆乘员舱。

图4-4-19　大客车碰撞护栏行驶轨迹

图4-4-20为大客车导向驶出框，可以看出大客车在20m内没有越过边界线 F。

图4-4-21为大客车碰撞后护栏和车辆变形图，可以看出护栏整体结构没有损坏，车辆前保险杠左前角破损并部分脱落。

(3) 整体式货车碰撞护栏结果

图4-4-22为整体式货车碰撞护栏行驶轨迹图，可见整体式货车碰撞护栏后平稳驶出，并恢复到正常行驶姿态；整体式货车没有穿越、翻越和骑跨护栏；试验护栏构件及脱离件没有侵入车辆乘员舱。

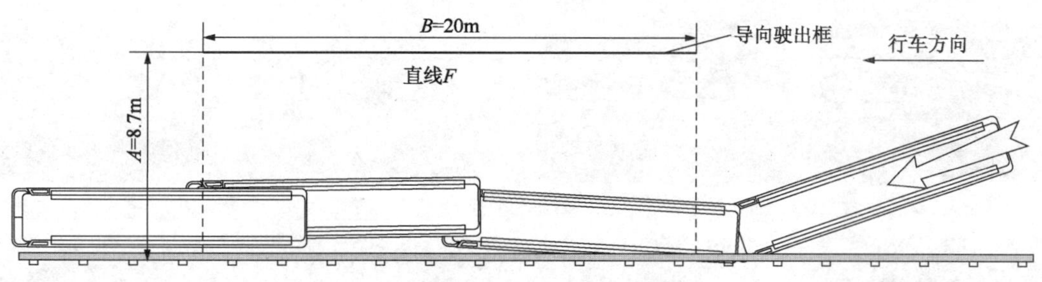

图 4-4-20　大客车导向驶出框

图 4-4-21　大客车碰撞后护栏和车辆变形

图 4-4-22　整体式货车碰撞护栏轨迹

图 4-4-23 为整体式货车导向驶出框，可以看出整体式货车在 20m 内没有越过边界线 F。

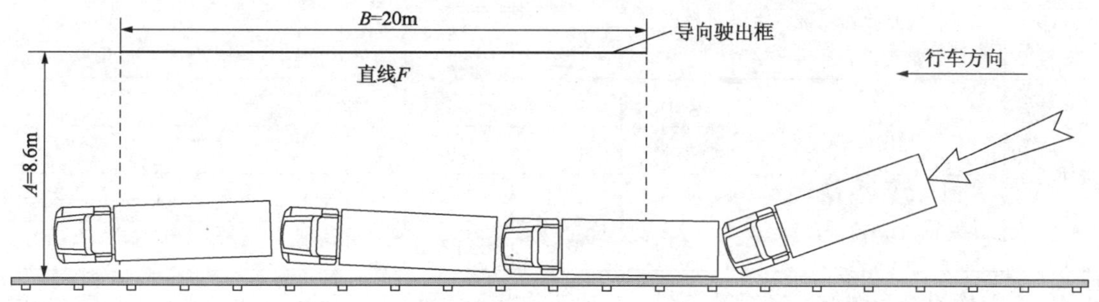

图 4-4-23　整体式货车导向驶出框

图 4-4-24 为整体式货车碰撞后护栏和车辆变形图，可以看出护栏整体结构没有损坏，货车前保险杠脱落。

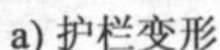

a) 护栏变形

b) 车辆变形

图 4-4-24　整体式货车碰撞后护栏和车辆变形

通过实车碰撞试验验证，可见高防撞等级型钢护栏的安全性能各项指标均满足评价标准要求（表 4-4-1），防撞等级可达 SS 级；同时，根据表 4-4-1 中试验数据可知，大客车与大货车的车辆最大动态外倾当量值 VI_n 分别为 380mm、410mm，均远小于高防撞等级型钢护栏与原有跨铁路桥梁护栏背部构筑物的间距（约 1m），因此，增设高防撞等级型钢护栏方案同样满足跨铁路桥梁护栏的特殊安全性能指标要求。

车辆碰撞护栏各项指标与评价标准对比表　　表 4-4-1

<table>
<tr><th colspan="3" rowspan="2">评 价 项 目</th><th colspan="2">小型客车</th><th colspan="2">大型客车</th><th colspan="2">大型货车</th></tr>
<tr><th>测试结果</th><th>是否合格</th><th>测试结果</th><th>是否合格</th><th>测试结果</th><th>是否合格</th></tr>
<tr><td rowspan="2">阻挡功能</td><td colspan="2">车辆是否穿越、翻越和骑跨试验护栏</td><td>否</td><td>合格</td><td>否</td><td>合格</td><td>否</td><td>合格</td></tr>
<tr><td colspan="2">试验护栏构件及其脱离件是否侵入车辆乘员舱</td><td>否</td><td>合格</td><td>否</td><td>合格</td><td>否</td><td>合格</td></tr>
<tr><td rowspan="2">导向功能</td><td colspan="2">车辆碰撞后是否翻车</td><td>否</td><td>合格</td><td>否</td><td>合格</td><td>否</td><td>合格</td></tr>
<tr><td colspan="2">车辆碰撞后的轮迹是否满足导向驶出框要求</td><td>满足</td><td>合格</td><td>满足</td><td>合格</td><td>满足</td><td>合格</td></tr>
<tr><td rowspan="4">缓冲功能</td><td rowspan="2">乘员碰撞速度（m/s）</td><td>纵向</td><td>5.1</td><td>合格</td><td>—</td><td>—</td><td>—</td><td>—</td></tr>
<tr><td>横向</td><td>8.4</td><td>合格</td><td>—</td><td>—</td><td>—</td><td>—</td></tr>
<tr><td rowspan="2">乘员碰撞后加速度（m/s^2）</td><td>纵向</td><td>37.3</td><td>合格</td><td>—</td><td>—</td><td>—</td><td>—</td></tr>
<tr><td>横向</td><td>70.6</td><td>合格</td><td>—</td><td>—</td><td>—</td><td>—</td></tr>
<tr><td colspan="3">护栏最大横向动态变形值 D（mm）</td><td colspan="2">0</td><td colspan="2">280</td><td colspan="2">140</td></tr>
<tr><td colspan="3">护栏最大横向动态位移外延值 W（mm）</td><td colspan="2">520</td><td colspan="2">520</td><td colspan="2">520</td></tr>
<tr><td colspan="3">车辆最大动态外倾值 VI（mm）</td><td colspan="2">—</td><td colspan="2">250</td><td colspan="2">280</td></tr>
<tr><td colspan="3">车辆最大动态外倾当量值 VI_n（mm）</td><td colspan="2">—</td><td colspan="2">380</td><td colspan="2">410</td></tr>
</table>

4.4.2　植筋加高方案

对于桥面宽度不允许增设高防撞等级型钢护栏的路段,可通过提高原有跨铁路桥梁护栏有效高度来达到提升其安全性能的目的。钢筋混凝土结构较型钢结构具有造价低且更易达到高防撞等级的优点,因此将原跨铁路桥梁组合式护栏改造为钢筋混凝土护栏是较理想的选择。

基于再利用原则,从安全性和施工方便性的角度出发,采用SS级防撞等级进行方案设计,以钢筋混凝土结构替换原护栏上部钢结构,并参照《D81—2006细则》中加强型坡面在护栏顶部迎撞面设置阻爬坎,以降低车辆侧翻的概率;同时,对防落物网进行优化布置,使其远离护栏迎撞面,具体设置位置需要进行计算确定(详见4.7.2节),如图4-4-25所示。该方案充分利用了原有混凝土结构,可有效提高护栏安全防护性能,同时节省护栏改造工程成本,但由于施工过程难免对桥下铁路运营造成 定影响,需与铁路部门协调施工。

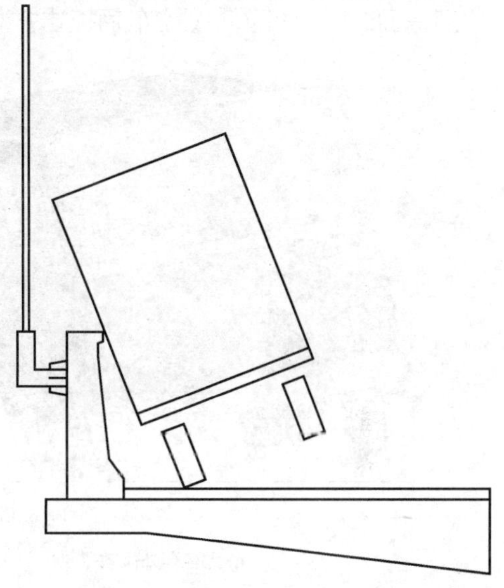

图4-4-25　护栏改造加强示意图

由于原有跨铁路桥梁护栏结构与第3章给出的原桥梁组合式护栏结构基本一致,均采用相同的钢筋混凝土基础,因此针对跨铁路桥梁护栏提出的植筋加高具体改造方案与3.4.2节提出的方案相同,设计结构见图4-4-26,详细内容见第3章3.4.2节。

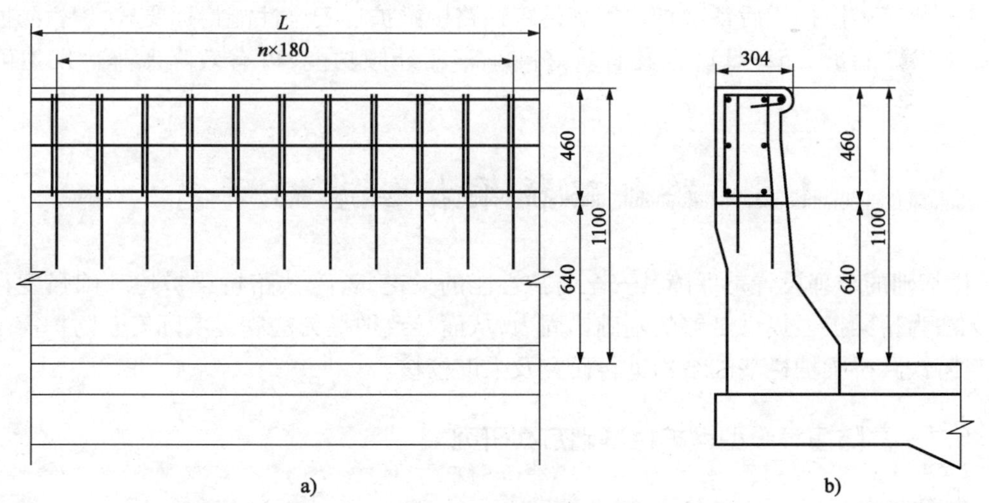

图4-4-26　植筋加高式护栏结构图(尺寸单位:mm)

对于植筋加高方案的规范符合性以及安全防护性能均已在第3章进行了系统验证,但考虑跨铁路桥梁护栏还需要满足减小车辆外倾的特殊指标要求,因此本小节采用高精度仿真技术手段对植筋加高方案的减小车辆外倾功能进行验证。

图 4-4-27 为植筋加高方案桥梁护栏的减小大型车(包含大客车与大货车)外倾效果,可见大客车最大外倾角为 18.3°,最大动态外倾值 VI = 902mm;大货车最大外倾角为 16.7°,最大动态外倾值 VI = 886mm。相比改造前(发生侧翻)车辆外倾量明显减小,大大降低了车辆发生侧翻的事故概率;基于以上大型车碰撞护栏仿真分析的车辆外倾值,可为防落物网与植筋加高桥梁护栏的设计间距提供数据支持(详见 4.7.2 节),通过对防落物网进行优化布置,使其远离护栏迎撞面,可有效降低失控车辆撞击护栏配套防抛设施的风险。

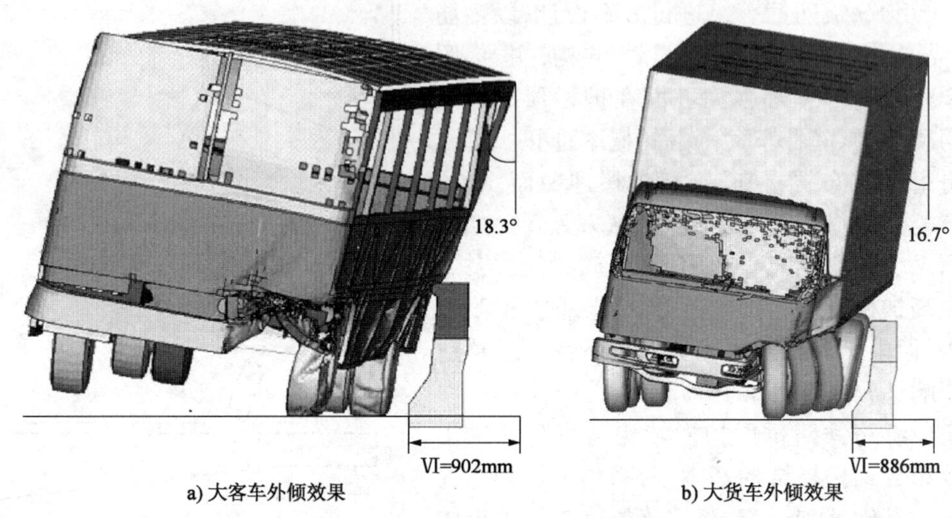

a) 大客车外倾效果　　b) 大货车外倾效果

图 4-4-27　大型车碰撞植筋加高桥梁护栏最大侧倾图

综上所述,通过对植筋加高方案桥梁护栏的安全性能进行分析,结果表明:小客车、大客车、整体式货车碰撞护栏后各项指标均满足跨铁路桥梁护栏安全性能指标要求,护栏防撞等级达 SS 级(防护能量≥520kJ),且具有较好减小车辆外倾功能,可有效降低车辆发生侧翻的概率。

4.5　跨铁路桥梁护栏基础研究

护栏基础的合理设置是保障其安全防护性能的关键,若跨铁路桥梁护栏基础强度存在不足,则无法为桥梁护栏提供足够的基础锚固力,从而导致护栏无法满足实际安全防护需求。因此,需对跨铁路桥梁护栏基础结构进行研究及强度校核。

4.5.1　高防撞等级型钢护栏基础方案研究

1)方案设计

图 4-5-1 为高防撞等级型钢护栏基础的设计方案:护栏下部混凝土基座设有 8 根型号为 M30 的预埋螺栓,可对其上部钢结构起到连接锚固作用,同时预埋螺栓根部穿过锚固垫板并设置螺帽以防止螺栓脱开;混凝土基座竖向配筋为直径 16mm、间距 150mm 的Ⅲ级钢筋,且通过植筋方式使竖筋深入现浇层以下 240mm,纵向配筋为 6 根直径 12mm 的Ⅲ级钢筋。

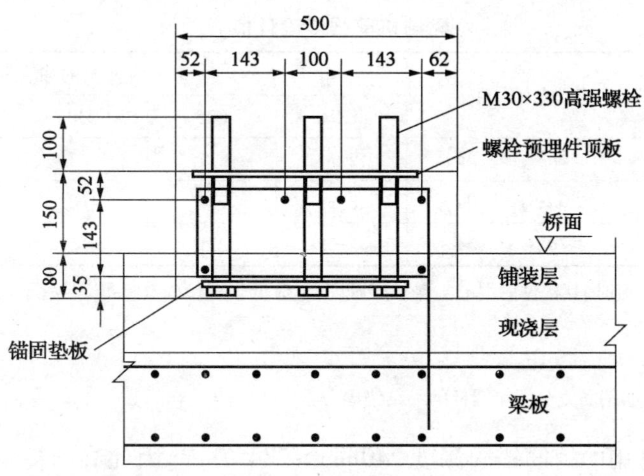

图4-5-1　高防撞等级型钢护栏基础设计方案(尺寸单位:mm)

2)规范符合性验证

高防撞等级型钢护栏基础的关键设计参数包括植筋深度和配筋,两者均对桥梁护栏的安全防护性能起到至关重要的作用,因此,应根据相关规范规定,对高防撞等级型钢护栏基础的主要设计参数进行验证。

(1)植筋锚固深度分析

根据《混凝土结构加固设计规范》(GB 50367—2013)15.2.3节中规定:植筋的基本锚固深度应满足下面公式:

$$l_s = 0.2\alpha_{spt} d f_y / f_{bd} \tag{4-5-1}$$

式中:α_{spt}——为防止混凝土劈裂引用的计算系数,按表4-5-1(规范中表15.2.3)确定;

d——植筋公称直径(mm);

f_y——钢筋抗拉强度;

f_{bd}——植筋用胶黏剂的黏结抗剪强度设计值(N/mm²),按表4-5-2(规范中表15.2.4)的规定值采用。

考虑混凝土劈裂影响的计算系数 α_{spt}　　表4-5-1

混凝土保护层厚度(mm)		25		30		35	≥40
箍筋设置情况	直径 ϕ(mm)	6	8或10	6	8或10	≥6	≥6
	间距 s(mm)	在植筋锚固深度范围内,s不应大于100mm					
植筋直径 d(mm)	≤20	1.00		1.00		1.00	1.00
	25	1.10	1.05	1.05	1.00	1.00	1.00
	32	1.25	1.15	1.15	1.10	1.10	1.05

注:当植筋直径介于表列数值之间时,可按线性内插法确定 α_{spt}。

将钢筋直径 $d = 16$mm、抗拉强度 $f_y = 330$MPa、系数 $\alpha_{spt} = 1.0$,以及黏结抗剪强度 $f_{bd} = 4.5$N/mm² 代入上述公式:

$$l_s = 0.2 \times 1.0 \times 16 \times 330 / 4.5 = 234.7(\text{mm})$$

黏结抗剪强度设计值 f_{bd} 表 4-5-2

胶黏剂等级	构造条件	基材混凝土的强度等级				
		C20	C25	C30	C40	≥C60
A 级胶或 B 级胶	$s_1 \geqslant 5d$；$s_2 \geqslant 2.5d$	2.3	2.7	3.7	4.0	4.5
A 级胶	$s_1 \geqslant 6d$；$s_2 \geqslant 3.0d$	2.3	2.7	4.0	4.5	5.0
	$s_1 \geqslant 7d$；$s_2 \geqslant 3.5d$	2.3	2.7	4.5	5.0	5.5

注：1. 当使用表中的 f_{bd} 值时，其构件的混凝土保护层厚度，不应低于现行国家标准《混凝土结构设计规范》(GB 50010)的规定值；

2. s_1 为植筋间距；s_2 为植筋边距；

3. f_{bd} 值仅适用于带肋钢筋或全螺纹螺杆的黏结锚固。

可见设计方案采用的植筋锚固深度 240mm > 234.7mm，因此高防撞等级型钢护栏基础方案的植筋锚固深度满足规范要求。

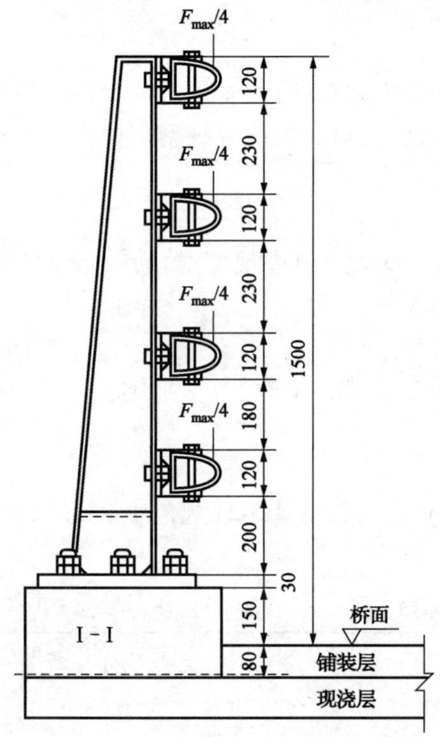

图 4-5-2 高防撞等级型钢护栏受力示意图(尺寸单位：mm)

(2)基础连接筋验算

根据桥梁混凝土护栏配筋强度验算方法对高防撞等级型钢护栏基础连接筋进行验算。图 4-5-2 为高防撞等级型钢护栏的受力示意图，并选取护栏基础与梁板连接位置的 Ⅰ-Ⅰ 截面为验算截面，Ⅰ-Ⅰ 截面宽度为 $h = 500\text{mm}$。

碰撞力产生的截面总弯矩为：

$$M_{Ⅰ\text{-}Ⅰ} = \frac{F_{max}}{4} \times (H_{钢Ⅰ} + H_{钢Ⅱ} + H_{钢Ⅲ} + H_{钢Ⅳ})$$

$$= \frac{430}{4} \times (0.52 + 0.82 + 1.17 + 1.52)$$

$$= 433.3(\text{kN} \cdot \text{m})$$

碰撞力在 Ⅰ-Ⅰ 截面的有效分布宽度为：

$$a_{Ⅰ\text{-}Ⅰ} = D + 2 \times H_{Ⅰ\text{-}Ⅰ}$$

式中：$H_{Ⅰ\text{-}Ⅰ}$——截面以上钢筋混凝土墙体的高度，取 0.23m；

D——下部钢筋混凝土墙体所受碰撞荷载的分布宽度，根据《D81—2006 细则》，取 $D = 5\text{m}$。

则：$a_{Ⅰ\text{-}Ⅰ} = D + 2 \times H = 5 + 2 \times 0.23 = 5.46(\text{m})$

碰撞力在 Ⅰ-Ⅰ 截面单位宽度产生的弯矩为：

$$M_{Ⅰ\text{-}Ⅰ单位宽度} = \frac{M_{Ⅰ\text{-}Ⅰ}}{a_{Ⅰ\text{-}Ⅰ}} = \frac{433.3}{5.46} = 79.4(\text{kN} \cdot \text{m})$$

现浇层与护栏墙体连接筋为直径 16mm Ⅲ级钢筋，纵向间距 150mm，钢筋保护层厚度为 45mm，按单筋矩形截面进行 Ⅰ-Ⅰ 截面承载力验算，$A_s = 1339\text{mm}^2$，$b = 1000\text{mm}$，$h = 500\text{mm}$，$a = 53\text{mm}$。

$$x = \frac{f_y A_s}{f_c b} = \frac{330 \times 1339}{13.8 \times 1000} = 32(\text{mm})$$

$$M_{u2} = f_y A_s\left(h - a - \frac{x}{2}\right) = 330 \times 1339 \times \left(500 - 53 - \frac{32}{2}\right)$$

$$= 190.4(\text{kN} \cdot \text{m}) > 79.4\text{kN} \cdot \text{m}\ \text{满足要求。}$$

综上分析,高防撞等级型钢护栏的基础连接筋强度满足规范要求。

3)基于计算机仿真的预埋螺栓强度验证

采用经实车碰撞试验验证的高精度计算机仿真模型,根据车辆碰撞护栏仿真计算结果中提取的螺栓轴力和剪力,对护栏预埋螺栓强度进行校核。

图4-5-3为大客车碰撞高防撞等级型钢护栏过程中预埋螺栓受轴力与剪力最大的位置。图4-5-4为受最大轴力与最大剪力预埋螺栓的受力时程曲线,可见轴力最大值为333.6kN,剪力最大值为185.2kN,均发生在车厢尾部碰撞护栏横梁时刻。

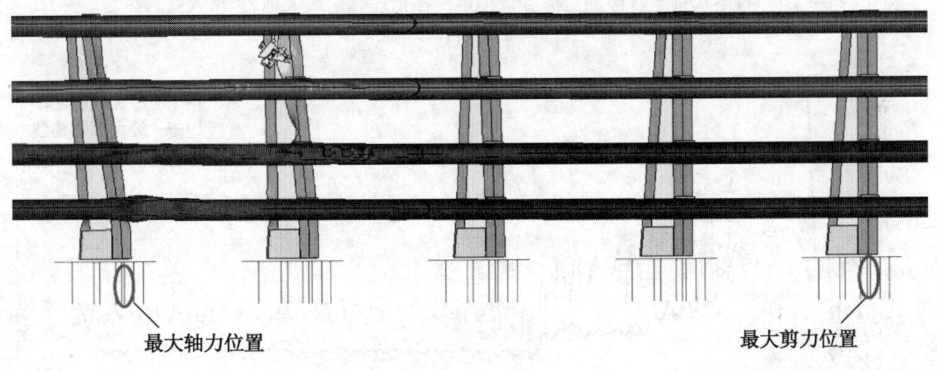

图4-5-3　大客车碰撞时预埋螺栓最大轴力、最大剪力位置

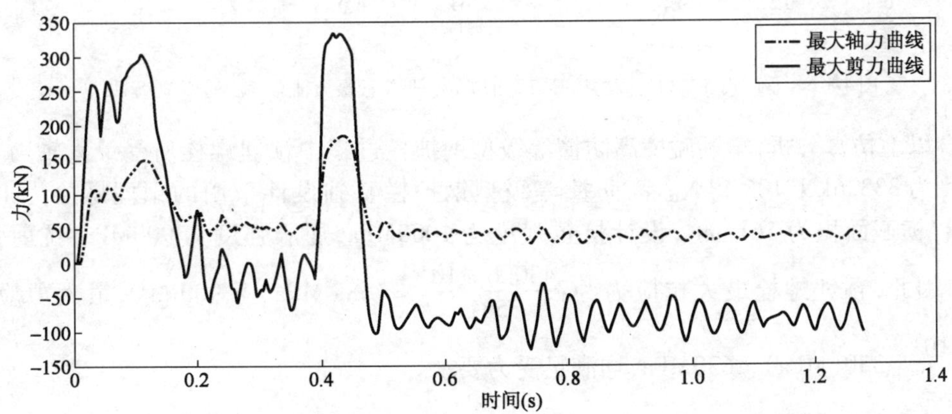

图4-5-4　大客车碰撞时预埋螺栓最大轴力、最大剪力时程曲线

图4-5-5为整体式货车碰撞高防撞等级型钢护栏过程中预埋螺栓最大轴力与最大剪力的位置。图4-5-6为整体式货车碰撞高防撞等级型钢护栏时受最大轴力与最大剪力预埋螺栓的受力时程曲线,可见轴力最大值为300kN,发生在车厢前部碰撞护栏上部横梁时刻;剪力最大值为177.7kN,发生在车厢前部轮胎碰撞护栏下部横梁时刻。

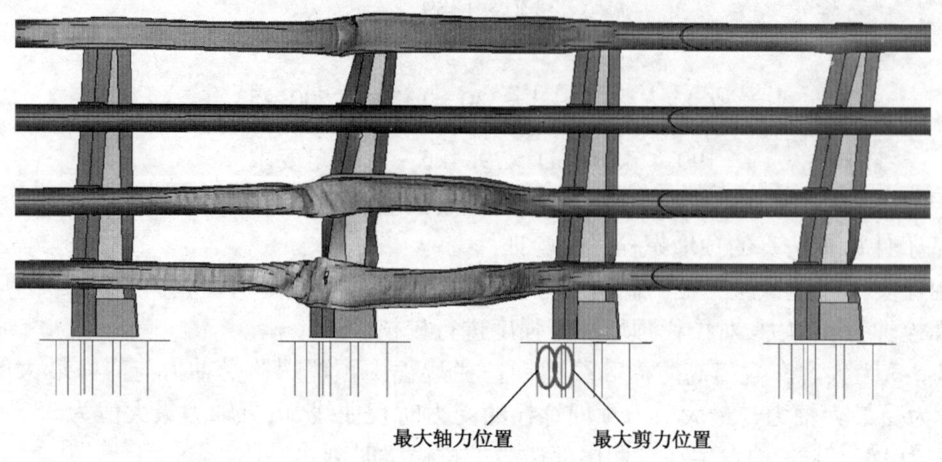

图 4-5-5 整体式货车碰撞高防撞等级型钢护栏预埋螺栓最大轴力、最大剪力位置

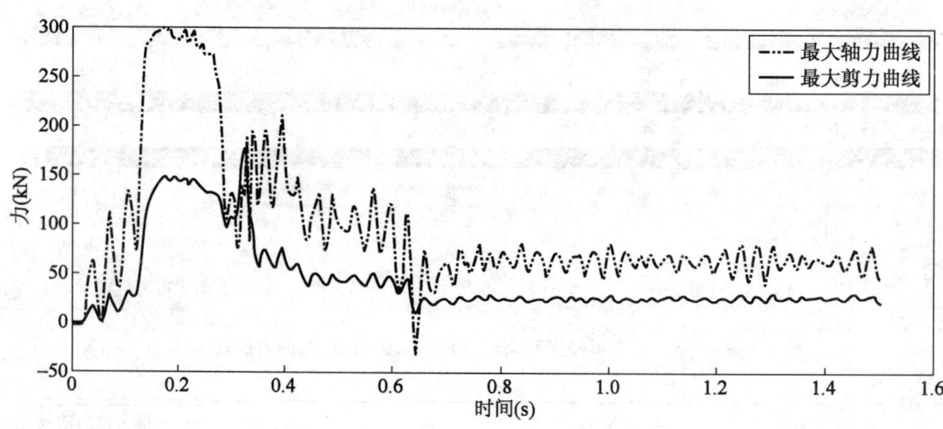

图 4-5-6 整体式货车碰撞高防撞等级型钢护栏预埋螺栓最大轴力、最大剪力时程曲线

综合以上仿真分析,车辆碰撞高防撞等级型钢护栏过程中预埋螺栓所受最大轴力与最大剪力分别为 333. 6kN、185. 2kN。高防撞等级型钢护栏基础设计采用的预埋螺栓为 10. 9 级 M30,螺栓横截面积为 561mm^2,设计抗拉强度为 1000MPa,屈服强度为 900MPa,抗剪强度为 630MPa,因此,预埋螺栓最大拉应力为:$\frac{430.6\times10^3}{561}=768(\mathrm{MPa})<900\mathrm{MPa}$,最大剪应力为:$\frac{185.2\times10^3}{561}=330(\mathrm{MPa})<630\mathrm{MPa}$,均满足受力要求。

4. 5. 2 植筋加高护栏基础方案研究

根据 4. 5. 1 节可知,植筋加高方案的护栏基础保持了原有跨铁路桥梁护栏基础设计,但由于护栏高度的增加,使车辆碰撞时护栏的受力位置上移(图 4-5-7),从而导致护栏底部基础所受弯矩增加,因此从安全角度出发,根据桥梁混凝土护栏配筋强度验算方法对植筋加高护栏基础连接筋进行验算。

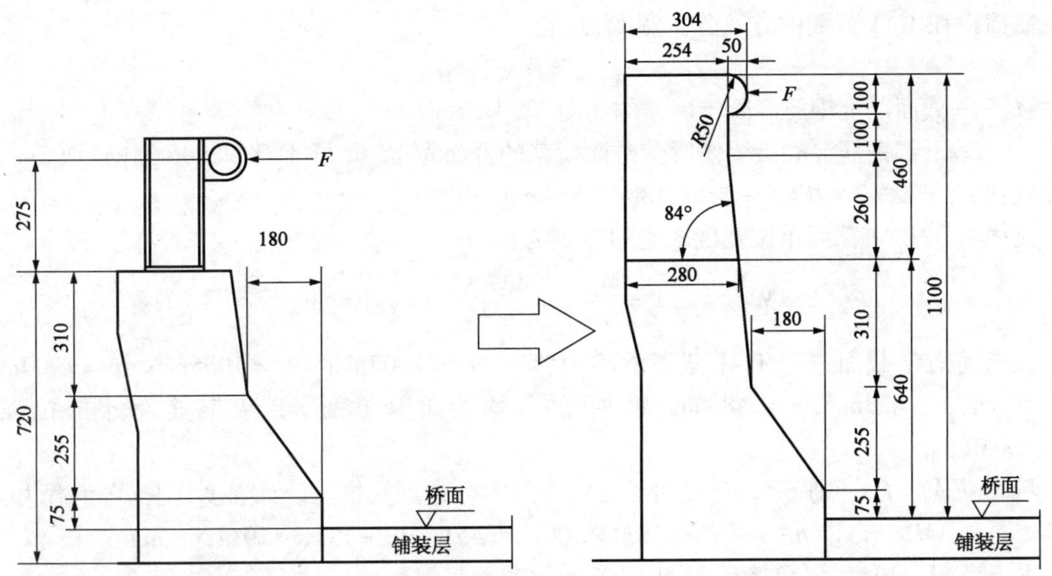

图 4-5-7　植筋加高方案较原护栏所受碰撞力位置提高(尺寸单位:mm)

图 4-5-8 为植筋加高护栏方案的受力示意图,并选取护栏基础与梁板连接位置的Ⅰ-Ⅰ截面为验算截面,Ⅰ-Ⅰ截面宽度为 $h=451\text{mm}$。

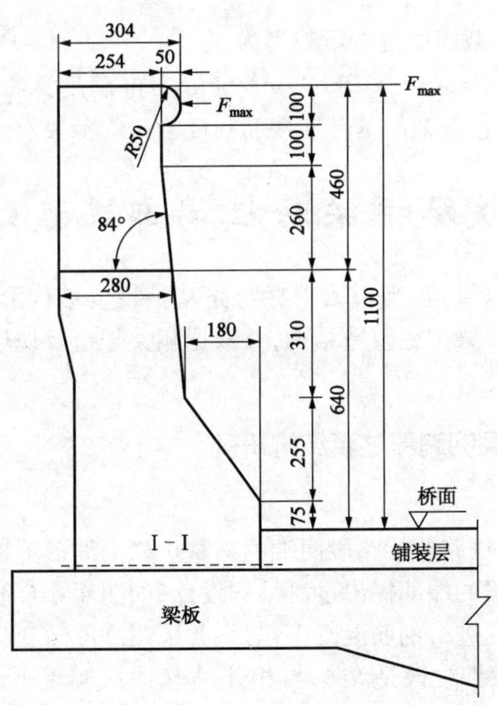

图 4-5-8　植筋加高护栏方案受力示意图(尺寸单位:mm)

碰撞力产生的截面总弯矩为:

$$M_{\text{Ⅰ-Ⅰ}}=F_{\max}\times H_{\text{混}}=430\times1.13=485.9(\text{kN}\cdot\text{m})$$

碰撞力在Ⅰ-Ⅰ截面的有效分布宽度为：

$$a_{\text{I-I}} = D + 2 \times H$$

式中：H——截面以上钢筋混凝土墙体的高度，取1.18m；

D——下部钢筋混凝土墙体所受碰撞荷载的分布宽度，根据《D81—2006细则》取5m。

则：$a_{\text{I-I}} = D + 2 \times H = 5 + 2 \times 1.18 = 7.36(\text{m})$

碰撞力在Ⅰ-Ⅰ截面单位宽度产生的弯矩为：

$$\text{M}_{\text{I-I单位宽度}} = \frac{\text{M}_{\text{I-I}}}{\text{a}_{\text{I-I}}} = \frac{485.9}{7.36} = 66(\text{kN} \cdot \text{m})$$

按双筋矩形截面进行Ⅰ-Ⅰ截面承载力验算，$A'_s = 1005\text{mm}^2$，$A_s = 1005\text{mm}^2$，$b = 1000\text{mm}$，$h = 451\text{mm}$，$a' = 38\text{mm}$，$a = 48\text{mm}$。截面Ⅰ-Ⅰ均为Ⅱ级钢筋，Ⅱ级钢筋设计抗拉强度$f_{sd2} = 300\text{MPa}$。

$f_c bx + f'_y A'_s = f_y A_s$，则$x < 2a'$，说明受压区钢筋不会达到其抗压设计强度，则抗弯承载力为：

$$M_{u1} = f_y A_s(h - a - a') = 300 \times 1005 \times (451 - 38 - 48) = 110(\text{kN} \cdot \text{m})$$

而不考虑受压钢筋(单筋截面)时计算的抗弯承载力：

$$x = \frac{f_y A_s}{f_c b} = \frac{300 \times 1005}{13.8 \times 1000} = 21.8(\text{mm})$$

$$M_{u2} = f_y A_s\left(h - a - \frac{x}{2}\right) = 300 \times 1005 \times \left(451 - 48 - \frac{21.8}{2}\right) = 118.2(\text{kN} \cdot \text{m})$$

由于$M_{u2} > M_{u1}$，故计算截面的抗弯承载力为：

$$M_u = M_{u1} = 110\text{kN} \cdot \text{m} > 66\text{kN} \cdot \text{m} \text{ 满足要求。}$$

综上分析，植筋加高护栏方案的基础连接筋强度满足规范要求。

4.6 跨铁路桥梁护栏端部过渡结构研究

根据《D81—2006细则》规定：当桥梁护栏与路基护栏的结构形式不同时，应进行合理过渡设计，因此，基于跨铁路桥梁护栏改造结构，并根据相关规范及现场实际情况，对跨铁路桥梁护栏端部过渡结构进行研究。

4.6.1 增设护栏方案的端部过渡结构研究

1)方案设计

根据现场实际情况，跨铁路桥梁路段两端的路基护栏为波形梁护栏结构，因此针对增设高防撞等级型钢护栏改造方案的端部提出过渡结构设计，如图4-6-1所示，通过对高防撞等级型钢护栏背部的现有桥梁护栏进行钢筋混凝土包封，并采用高度渐变(2m)与宽度渐变(15m)相结合的方式，使跨铁路桥梁护栏改造结构与相邻路基护栏实现平顺过渡；同时参考《D81—2006细则》中桥梁钢筋混凝土墙体式护栏与路基波形梁护栏过渡段结构(图4-6-2)进行设置。

2)计算机仿真安全性能评估

根据标准碰撞条件(表4-2-1)，采用经实车足尺碰撞试验验证的计算机仿真模型对增设高防撞等级型钢护栏方案的端部过渡结构进行安全性能系统评估。

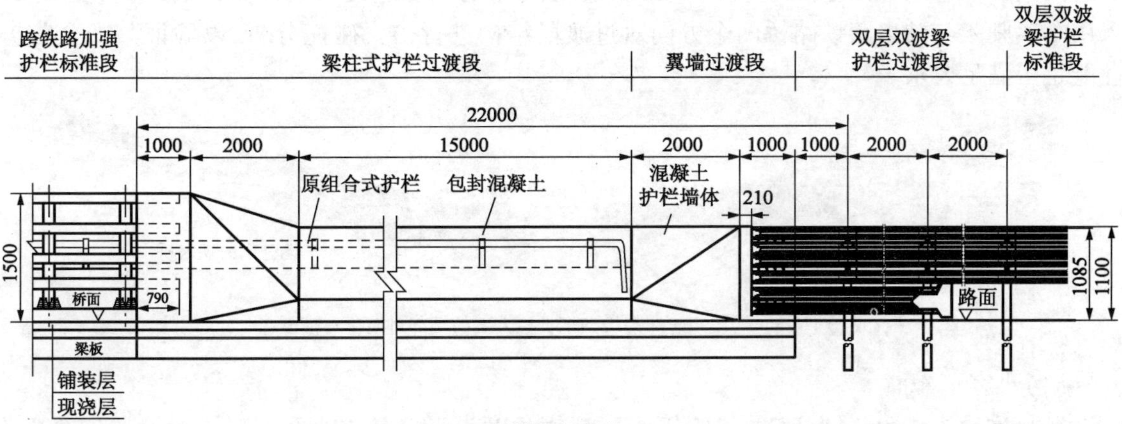

a) 过渡段立面图

b) 过渡段平面图

图 4-6-1　增设高防撞等级型钢护栏方案的端部过渡形式(尺寸单位:mm)

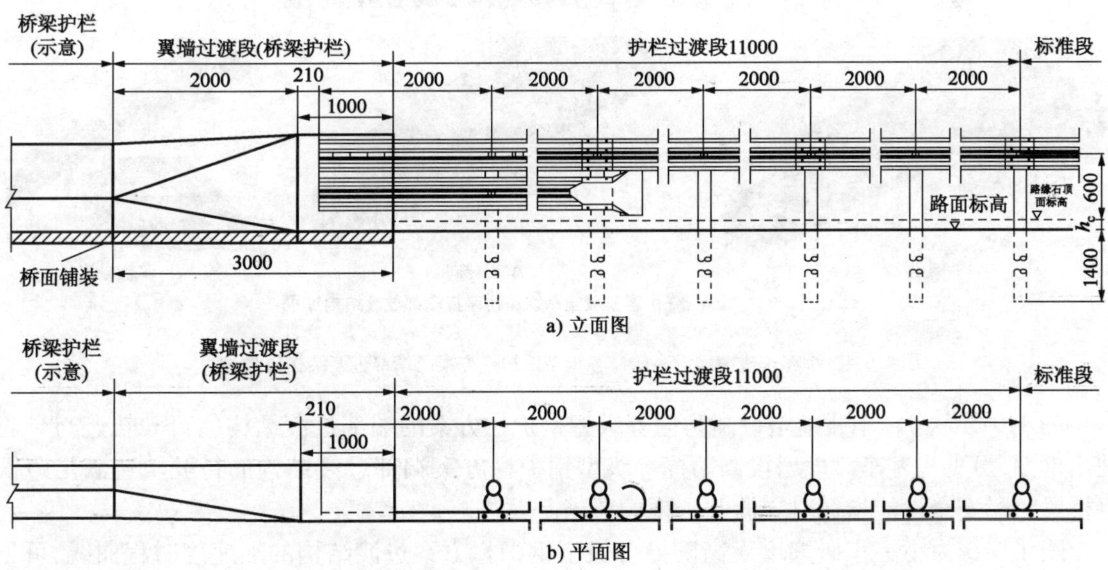

a) 立面图

b) 平面图

图 4-6-2　《D81—2006 细则》中桥梁钢筋混凝土墙体式护栏与路基波形梁护栏过渡结构(尺寸单位:mm)

图 4-6-3 是建立的增设高防撞等级型钢护栏方案的端部过渡仿真模型，从安全角度出发，采用车辆驶入与驶出跨铁路桥两个方向对过渡段结构进行仿真碰撞分析，以验证其安全防护性能是否满足要求。

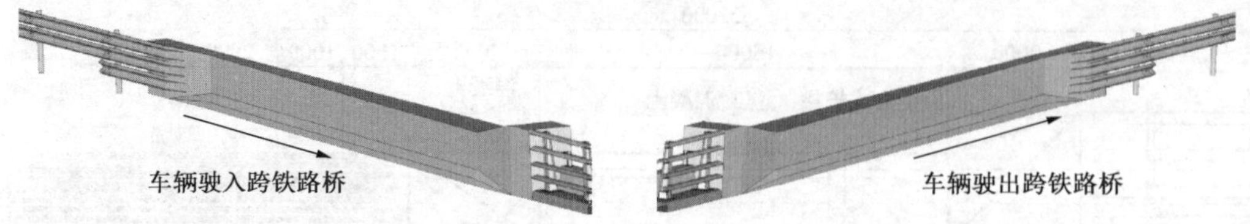

图 4-6-3　增设高防撞等级型钢护栏方案的端部过渡仿真模型

(1)小客车碰撞

按总质量为 1.5t，碰撞速度为 100km/h，碰撞角度为 20°，建立小客车碰撞增设高防撞等级型钢护栏方案的端部过渡结构仿真模型。

图 4-6-4 为小客车碰撞增设高防撞等级型钢护栏方案的端部过渡结构仿真过程，可见车辆顺利驶出，没有出现穿越、翻越和下穿护栏的现象，说明端部过渡结构对上述碰撞条件小客车的阻挡功能满足跨铁路桥梁护栏安全性能指标要求。

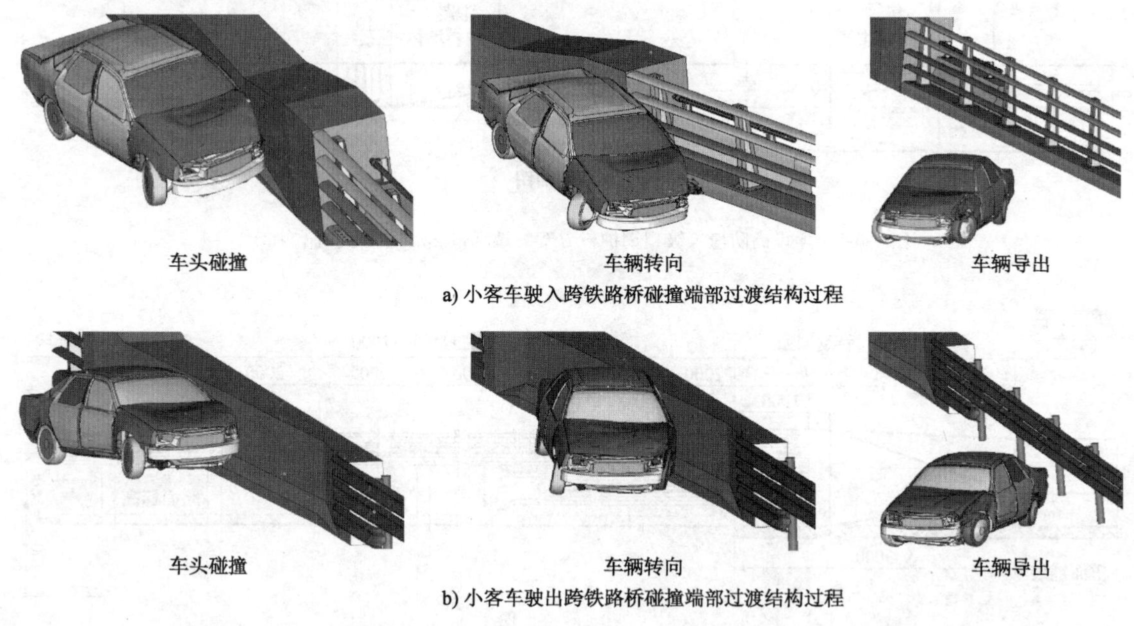

图 4-6-4　小客车碰撞增设高防撞等级型钢护栏方案的端部过渡结构仿真过程

图 4-6-5 为小客车碰撞增设高防撞等级型钢护栏方案的端部过渡结构的行驶轨迹与导向驶出框图，可见小客车碰撞增设高防撞等级型钢护栏方案端部过渡结构的行驶轨迹满足跨铁路桥梁护栏安全性能指标对导向驶出框的要求。

图 4-6-6 为小客车碰撞增设高防撞等级型钢护栏方案过渡结构的加速度时程曲线，可见小客车驶入跨铁路桥碰撞端部过渡结构乘员碰撞速度纵向和横向分量分别为 8.5m/s、4.7m/s，满足评价标准不得大于 12m/s 的要求，乘员碰撞后加速度纵向和横向分量分别为 96.1m/s^2、

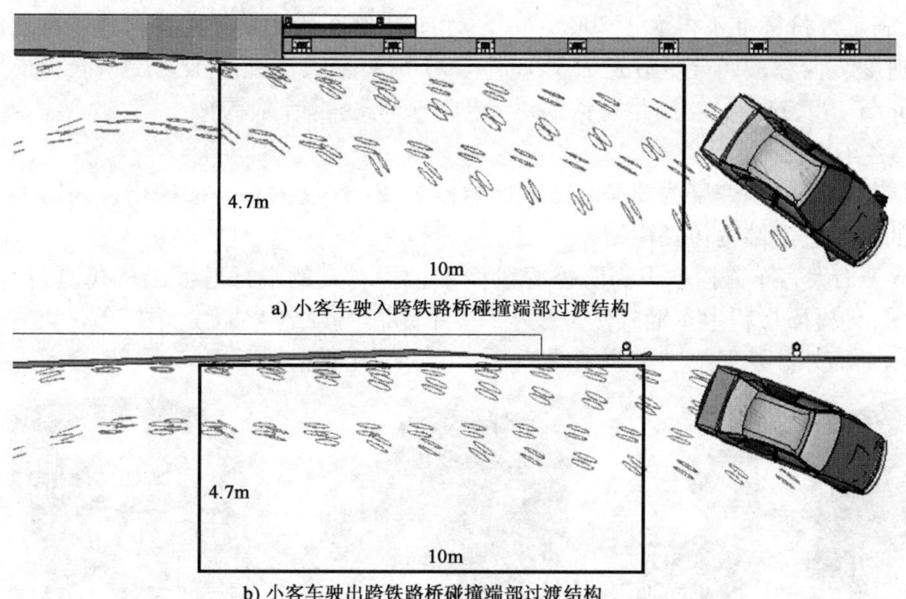

a) 小客车驶入跨铁路桥碰撞端部过渡结构

b) 小客车驶出跨铁路桥碰撞端部过渡结构

图 4-6-5　小客车碰撞增设高防撞等级型钢护栏方案的端部过渡结构的行驶轨迹与导向驶出框

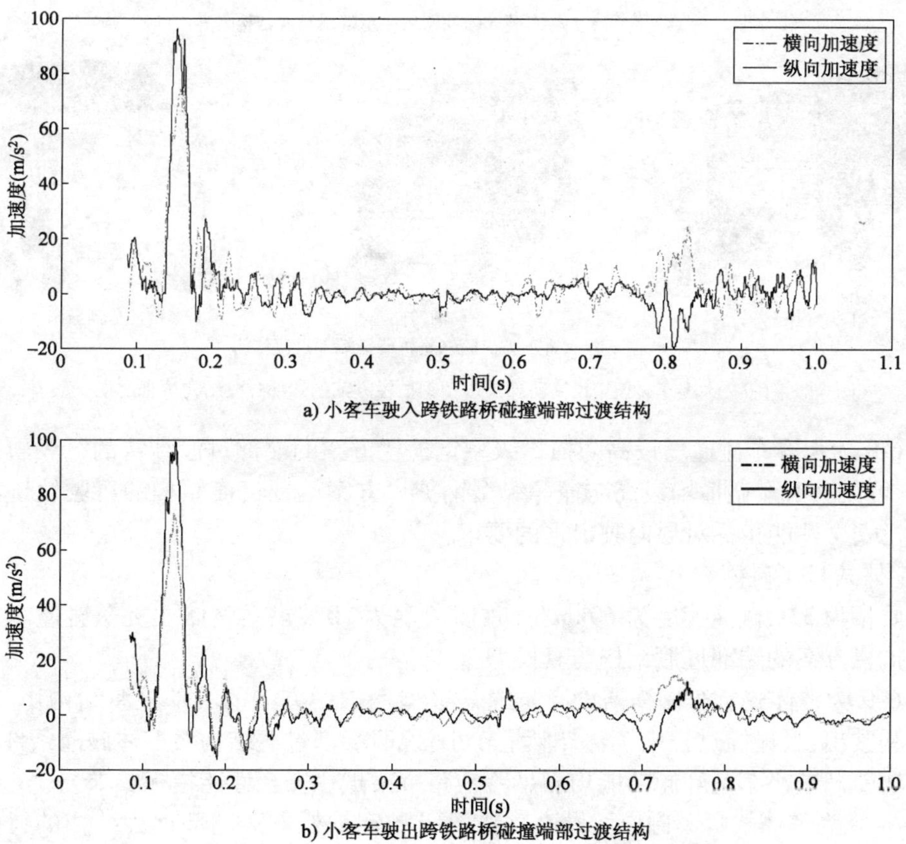

a) 小客车驶入跨铁路桥碰撞端部过渡结构

b) 小客车驶出跨铁路桥碰撞端部过渡结构

图 4-6-6　小客车碰撞增设高防撞等级型钢护栏方案过渡结构的加速度时程曲线

77.5m/s²，满足评价标准不得大于200m/s²的要求；小客车驶出跨铁路桥碰撞端部过渡结构的乘员碰撞速度纵向和横向分量分别为7.1m/s、3.1m/s，乘员碰撞后加速度纵向和横向分量分别为73.2m/s²、99.3m/s²，均满足跨铁路桥梁护栏安全性能指标要求。

(2)大客车碰撞

按总质量18t，碰撞速度为80km/h，碰撞角度为20°建立大客车碰撞增设高防撞等级型钢护栏方案的端部过渡结构仿真模型。

图4-6-7为大客车碰撞增设高防撞等级型钢护栏方案的端部过渡结构仿真过程，可见车辆顺利驶出，且碰撞过程中车辆外倾量较小，说明端部过渡结构对上述碰撞条件大客车的阻挡功能及减小车辆外倾功能均满足跨铁路桥梁护栏安全性能指标要求。

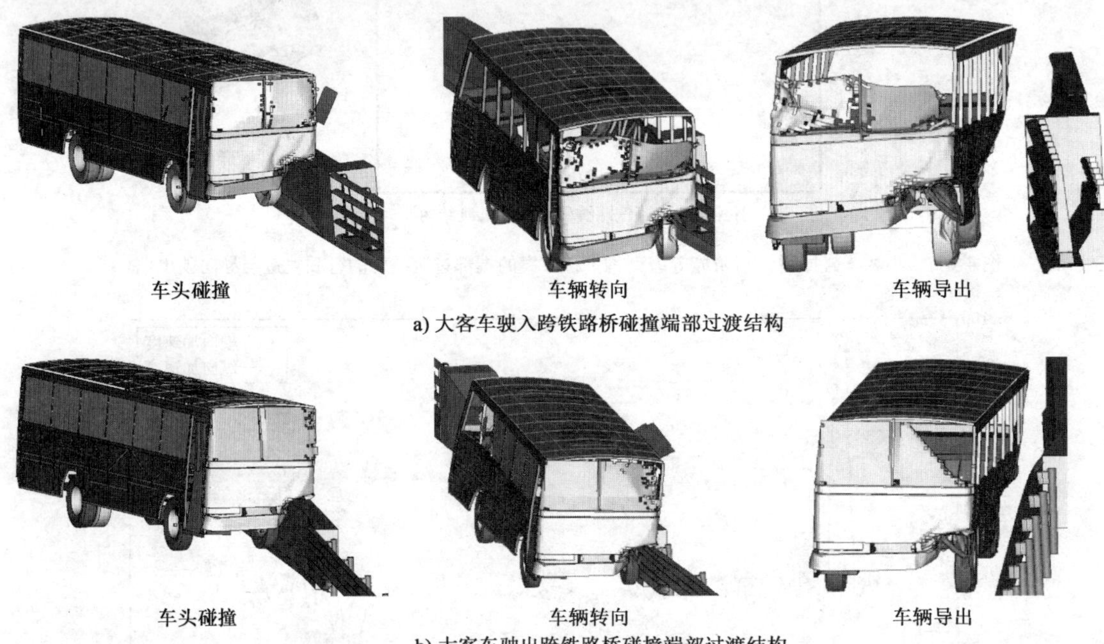

图4-6-7 大客车碰撞增设高防撞等级型钢护栏方案的端部过渡结构仿真过程

图4-6-8为大客车碰撞增设高防撞等级型钢护栏方案的端部过渡结构的行驶轨迹与导向驶出框图，可见大客车碰撞增设高防撞等级型钢护栏方案端部过渡结构的行驶轨迹满足跨铁路桥梁护栏安全性能指标对导向驶出框的要求。

(3)整体式货车碰撞

按总质量为33t，碰撞速度为60km/h，碰撞角度为20°，建立整体式货车碰撞增设高防撞等级型钢护栏方案的端部过渡结构仿真模型。

图4-6-9为整体式货车碰撞增设高防撞等级型钢护栏方案的端部过渡结构仿真过程，可见车辆顺利驶出，且碰撞过程中车辆外倾量较小，说明端部过渡结构对上述碰撞条件整体式货车的阻挡功能及减小车辆外倾功能均满足跨铁路桥梁护栏安全性能指标要求。

图4-6-10为整体式货车碰撞增设高防撞等级型钢护栏方案端部过渡结构的行驶轨迹与导向驶出框图，可见整体式货车碰撞增设高防撞等级型钢护栏方案端部过渡结构的行驶轨迹满足跨铁路桥梁护栏安全性能指标对导向驶出框的要求。

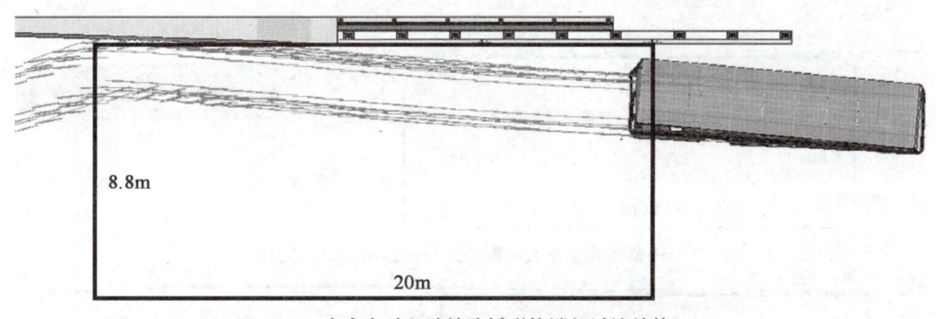

a) 大客车驶入跨铁路桥碰撞端部过渡结构

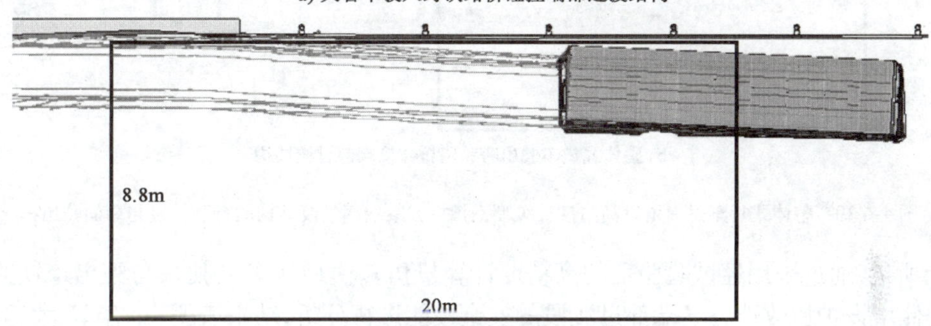

b) 大客车驶出跨铁路桥碰撞端部过渡结构

图4-6-8　大客车碰撞增设高防撞等级型钢护栏方案的端部过渡结构的行驶轨迹与导向驶出框

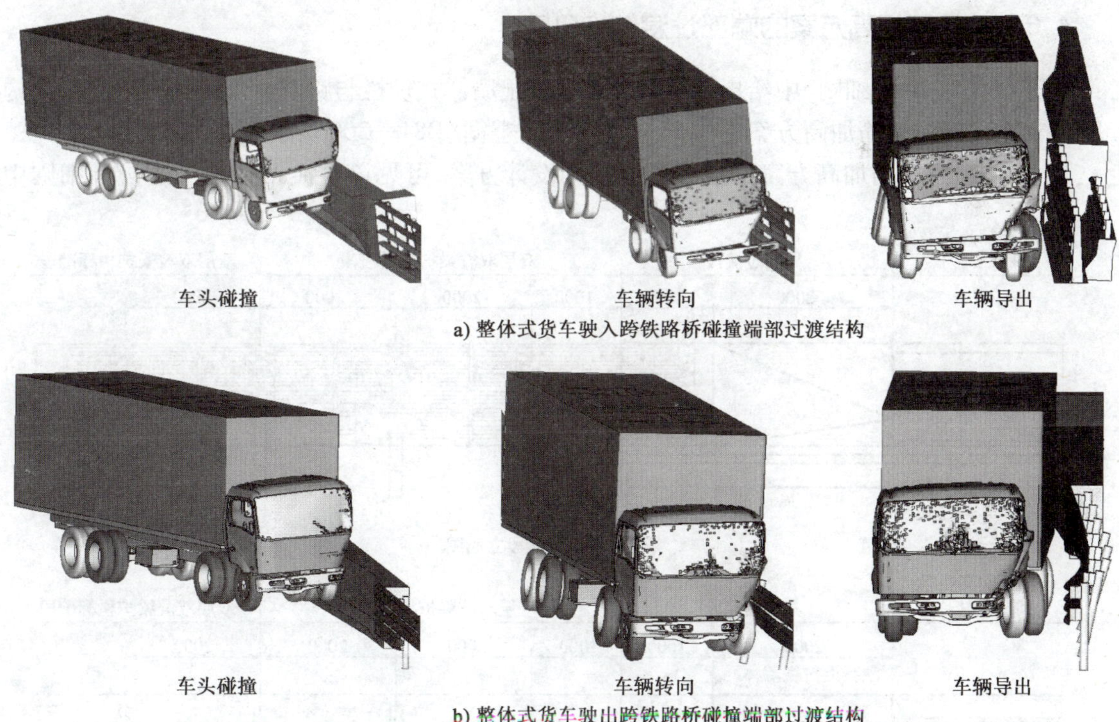

a) 整体式货车驶入跨铁路桥碰撞端部过渡结构

b) 整体式货车驶出跨铁路桥碰撞端部过渡结构

图4-6-9　整体式货车碰撞增设高防撞等级型钢护栏方案的端部过渡结构仿真过程

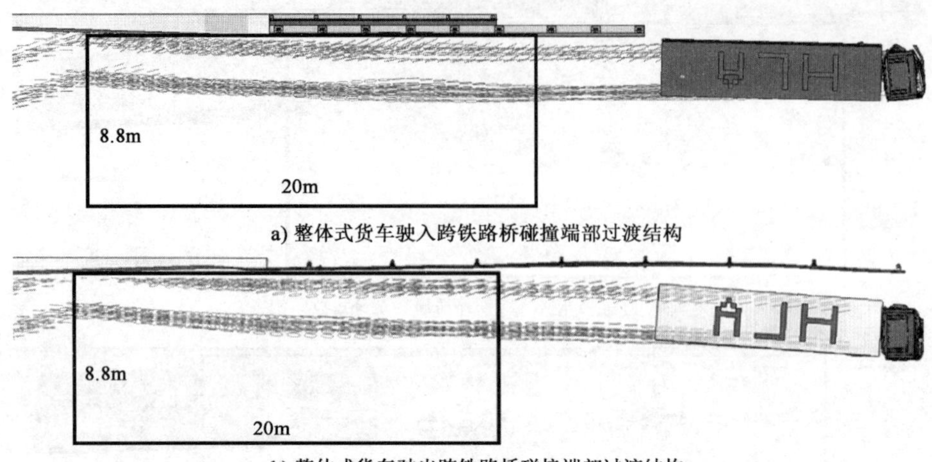

a) 整体式货车驶入跨铁路桥碰撞端部过渡结构

b) 整体式货车驶出跨铁路桥碰撞端部过渡结构

图 4-6-10　整体式货车碰撞增设高防撞等级型钢护栏方案端部过渡结构的行驶轨迹与导向驶出框

综上所述，通过采用经试验验证的高精度计算机仿真模型从车辆驶入与驶出跨铁路桥两个方向对内侧增设护栏改造方案端部过渡段的安全性能进行分析，结果表明：小客车、大客车、整体式货车碰撞过渡段后各项指标均满足跨铁路桥梁护栏安全性能指标要求，护栏防撞等级达 SS 级（防护能量≥520kJ），且具有较好减小车辆外倾功能，可有效降低车辆发生侧翻的概率。

4.6.2　植筋加高方案的端部过渡结构研究

由于《D81—2006 细则》中给出了桥梁钢筋混凝土墙体式护栏与路基波形梁护栏过渡段结构（图 4-6-2），因此，植筋加高方案的端部过渡结构应遵循《D81—2006 细则》要求进行设计。

图 4-6-11 为植筋加高方案的端部过渡结构设计方案，可见该过渡结构与上述设计细则中

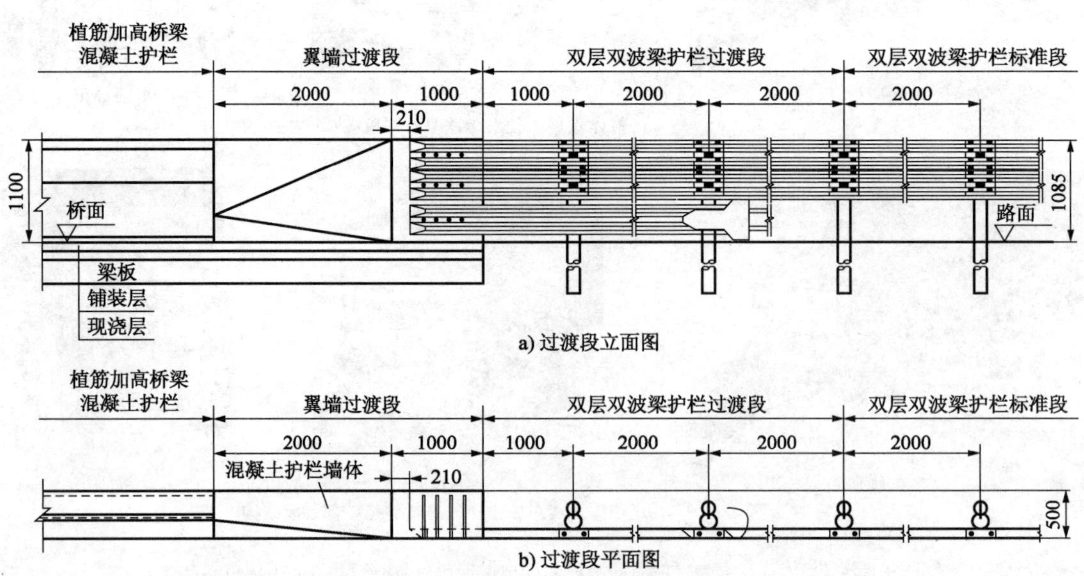

a) 过渡段立面图

b) 过渡段平面图

图 4-6-11　植筋加高方案的端部过渡结构设计方案（尺寸单位：mm）

给出的桥梁钢筋混凝土墙体式护栏与路基波形梁护栏过渡段结构相符，且与上述增设护栏方案的端部过渡结构基本一致，因此其防护能力可达到跨铁路桥梁护栏安全性能指标要求。

4.7 配套设施协调性设计

根据相关规范规定及研究确定的安全性能指标，对跨铁路桥梁护栏配套设施进行协调性设计，包括桥面排水协调性设计与防抛设施协调性设计。

4.7.1 桥面排水协调性设计

跨铁路桥梁护栏改造结构若侵占桥面宽度，将对桥面排水系统造成影响，因此需根据相关规范要求对桥面排水系统与跨铁路桥梁护栏改造结构之间进行协调性设计。

1）原有跨铁路桥面排水设计

图4-7-1为原有跨铁路桥面排水设计的现场图，可见泄水孔设置在桥面行车道边缘处，其顶面略低于周围桥面铺装（利于桥面水向泄水孔汇流并增加截流率），桥梁表面水可通过桥面横坡与纵坡排向行车道两侧，经泄水孔汇集到排水管，最后流入地面排水设施中。

图4-7-1 原有跨铁路桥面排水设计现场

2）基于增设护栏方案的桥面排水协调性设计

跨铁路桥梁护栏改造结构中的增设高防撞等级型钢护栏方案需侵占桥面一定宽度，将对桥面排水系统造成影响，根据《公路桥涵设计通用规范》（JTG D60—2015）及《公路排水设计规范》（JTGT D33—2012）（图4-7-2）要求，需对桥面排水系统与跨铁路桥梁护栏改造结构之间进行协调性设计。

图4-7-3是基于增设高防撞等级型钢护栏方案的桥面排水协调性设计，可见高防撞等级型钢护栏底部混凝土基座内设有排水管（采用PVC管，直径为ϕ100mm），排水管由水平段与竖直段组成，水平段进水口与护栏迎撞面相平齐，且设置一定横坡坡度以利于导水；竖直段排水口与桥面现有泄水孔对接。通过以上设计实现了桥面排水系统的协调统一，保障了桥面排水畅通。

JTG

中华人民共和国行业标准　　JTG D60—2015

公路桥涵设计通用规范

General Specifications for Design of Highway Bridges and Culverts

2015-09-09 发布　　2015-12-01 实施

中华人民共和国交通运输部发布

a)《公路桥涵设计通用规范》

JTG

中华人民共和国行业推荐性标准　　JTG/T D33—2012

公路排水设计规范

Specifications for Drainage Design of Highway

2012-12-28 发布　　2013-03-01 实施

中华人民共和国交通运输部发布

b)《公路排水设计规范》

图 4-7-2　桥面排水设计相关规范

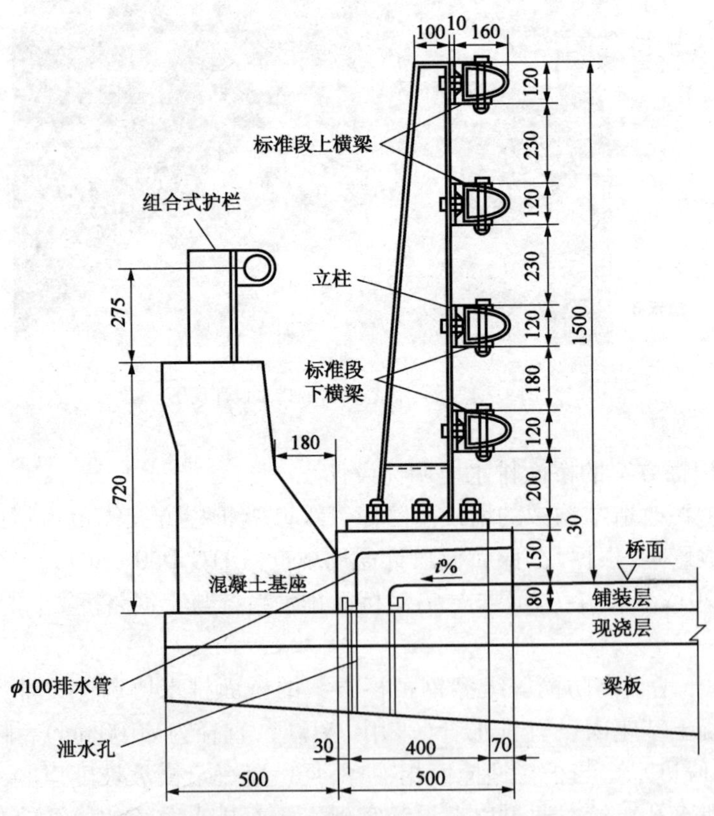

图 4-7-3　基于增设高防撞等级型钢护栏方案的桥面排水协调性设计(尺寸单位:mm)

4.7.2　防抛设施协调性设计

根据4.4节,增设护栏方案与植筋加高方案均具有较好的减小车辆外倾功能,可有效降低车辆发生侧翻的概率。对于增设护栏方案,原有跨铁路桥梁配套设施与内侧高防撞等级型钢护栏的迎撞面间隔约1m,通过仿真碰撞分析,内侧护栏对其背部配套设施形成了有效保护,因此无需针对增设护栏方案进行配套防抛设施协调性设计;对于植筋加高方案,由于现有防抛设施距离护栏迎撞面较近,车辆碰撞护栏后可能存在撞击防抛设施的风险,且受损后的防抛装置一旦坠落桥下将对铁路正常运营造成影响,因此从安全角度出发,需针对植筋加高方案进行防抛设施协调性设计。

1)原有跨铁路桥梁防抛设施设计

图4-7-4为原有跨铁路桥梁防抛设施设置情况,可见其设置于护栏背部,通过连接螺栓锚固于混凝土墙体顶面,从图中可以看出防抛设施距离护栏迎撞面较近,车辆碰撞护栏后发生外倾有可能撞击该设施,且受损后的装置一旦坠落桥下将对铁路正常运营造成一定影响。因此采用植筋加高方案对原有跨铁路桥梁护栏进行改造时,还应对防抛设施进行优化布置,使其远离护栏迎撞面,具体设置位置需要进行研究确定。

图4-7-4　原有跨铁路桥梁防抛设施设计设置

2)基于植筋加高方案的防抛设施协调性设计

(1)设计依据

防抛设施与护栏间距设计应以通过实车碰撞试验验证的高精度计算机仿真模型的车辆外倾值为基础,根据最不利原则,选取车辆(包含大客车、整体式货车)发生最大外倾的情况,并根据“新标准”中相关公式确定该车辆最大动态外倾当量值,以此指导防抛设施与护栏间距的设计。

表4-7-1为大客车与整体式货车碰撞植筋加高桥梁护栏的车辆外倾参数对比,可见大客车碰撞植筋加高桥梁护栏的外倾值较大,根据最不利原则,防抛设施与护栏的间距应基于该车辆最大动态外倾当量值 $VI_n = 1252$mm 进行设计。

大客车与整体式货车碰撞植筋加高桥梁护栏外倾参数对比 表4-7-1

车辆外倾参数	大客车	整体式货车
车辆最大外倾角度(°)	18.3	16.7
车辆最大动态外倾值 VI(mm)	902	886
车辆最大动态外倾当量值 VI_n(mm)	1252	1005

(2)设计方案

为降低车辆碰撞护栏后撞击防抛设施的风险,防抛设施与桥梁护栏的设计间距 L 至少应达到 $VI_n - B$(B 为混凝土基座宽度0.49m),即设计间距最小值 $L_{min} = 1.25 - 0.49 = 0.76$(m),同时从安全角度出发,防抛设施与护栏的设计间距还应考虑合理的安全余量 ΔL。通过大量的资料调研,《高速铁路设计规范》(TB 10621—2014)中关于防抛网与护栏间距的要求具有一定借鉴意义,该规范指出:根据我国车辆外轮廓尺寸,防抛网与护栏间距至少为1.5m。

为降低车辆碰撞护栏后撞击防抛设施的风险,防抛设施与桥梁护栏的设计间距 L 至少应达到 $VI_n - B$(B 为混凝土基座宽度0.49m),即设计间距最小值 $L_{min} = 1.25 - 0.49 = 0.76$(m),同时从安全角度出发,防抛设施与护栏的设计间距还应考虑合理的安全余量 ΔL。通过大量的资料调研,《高速铁路设计规范》(TB 10621—2014)中关于防抛网与护栏间距的说明具有一定借鉴意义,《高速铁路设计规范条文说明》指出:“根据我国车辆外轮廓尺寸,两道护栏间距至少为1.5m,还需在外侧防撞护栏上设置高防抛网”,也就是说两道防护之间间距至少1.5m。

若跨铁路桥梁护栏与防抛设施设计间距采用1.5m,可保障其安全余量 ΔL 达0.74m,能够有效降低车辆碰撞护栏后撞击防抛设施的概率,安全可靠性更高,因此防抛设施与护栏的设计间距采用1.5m。图4-7-5为基于植筋加高方案的防抛设施设计,其中防抛设施与护栏的设计间距 L=1.5m。此外,根据《公路交通安全设施设计细则》(JTG/T D81—2017)规定:跨越一般

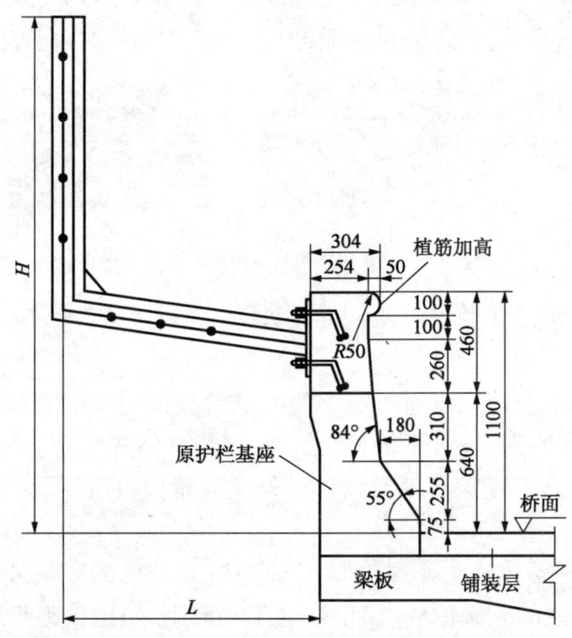

图4-7-5 基于植筋加高方案的防抛设施设计(尺寸单位:mm)

铁路的立交桥防落物网距桥面的高度应不低于2.0m。因此基于植筋加高方案的防抛设施设计高度 H 应依据规范进行设置。

4.8 效益分析

对于运营期跨铁路桥梁特殊路段，一旦发生车辆穿越护栏坠落桥下的事故，不仅会造成事故车辆自身损失，还将对铁路运营造成巨大影响。目前我国铁路运营里程达11万km，一旦造成中断，将影响全网运营，导致的经济损失不堪设想。以京台高速公路为依托工程，基于现有跨铁路桥梁护栏提出的两种改造方案——增设护栏方案与植筋加高方案，防护等级均达到SS级，防撞能量提高240kJ以上，且具有较好的减小车辆外倾功能，可有效降低车辆发生侧翻、受损，防抛设施坠落桥下的事故发生率，不仅挽救驾乘人员生命，而且对铁路安全运营提供保护。综上分析，本章跨铁路桥梁护栏改造关键技术成果将有利于改善运营期跨铁路桥梁特殊路段的交通安全水平，促进我国交通事业的和谐发展，促进社会的文明进步，有效地配合国家“以人为本、安全至上”相关政策的实施，具有显著的社会效益和经济效益。

第5章 中分带开口活动护栏改造关键技术

5.1 概 述

5.1.1 现有活动护栏未进行一体化设计

中分带开口活动护栏是设置在中央分隔带开口处，为方便特种车辆（如交通事故处理车辆、急救车辆）在紧急情况下通行和一侧道路施工封闭时临时开启放行的活动设施。插拔式活动护栏与伸缩式活动护栏是我国常用活动护栏的代表形式，也有一些公路采用了梁柱式活动护栏以及比较先进、具有一定防护能力的钢管预应力索防撞活动护栏。

1）现有活动护栏现状

（1）常用活动护栏无防护能力

插拔式活动护栏是常用活动护栏形式之一，其结构为：在地面预埋固定套筒，地面以上结构分段并设置立柱，安装时将立柱下端插入预埋固定套筒内，开启时可将立柱整体拔出。伸缩式活动护栏是常用活动护栏的另一种形式，其结构为：采用平行四边形原理铰接，组合成多节活动框架体，能随时适应长度变化要求，活动护栏的下部设有脚轮，操作灵活，可迅速拉开聚合。图5-1-1表示了常用活动护栏在高速公路中的应用。

a) 插拔式活动护栏

b) 伸缩式活动护栏

图5-1-1 常用活动护栏在高速公路中的应用

插拔式活动护栏和伸缩式活动护栏安装与开启均比较方便，但是其仅能起到警示诱导作用，不具备安全防护能力，与常用活动护栏相关的事故屡见不鲜。事故形态主要包括两种：一种为车辆碰撞活动护栏中间段，发生车辆穿越护栏的事故形态；另一种为车辆碰撞活动护栏端部，发生中分带护栏插入车体或乘员受到严重冲击伤害的事故形态。

常用活动护栏中间段没有进行防撞设计（如中间段刚度不足，没有形成整体，没有考虑车辆导向）是车辆较易穿越其结构的主要原因，以下为两起车辆穿越活动护栏中间标准段发生的事故。

事故案例一：2012 年 10 月 7 日中午，一辆核载 53 人的大客车自东向西沿青银高速公路行驶，至银川方向 228km + 530m 处时，与一辆轿车发生刮擦后，从银川方向穿越中央活动护栏，驶入对向车道，与济南旅顺旅游汽车有限公司的大客车发生碰撞，致使后者翻入高速公路边沟。事故造成 6 人当场死亡，7 人抢救无效死亡，9 人重伤。图 5-1-2 为青银高速公路事故现场和车辆碰撞后某插拔式护栏破坏形态。

a) 青银高速公路事故

b) 某插拔式活动护栏事故

图 5-1-2　车辆穿越插拔式活动护栏的事故现场

事故案例二：2009 年 3 月 27 日，沪昆高速公路江西段发生车辆穿越中分带活动护栏事故，导致 20 人死亡。图 5-1-3 为事故照片和为某伸缩式活动护栏碰撞后照片。

a) 沪昆高速公路事故

b) 伸缩式活动护栏事故

图 5-1-3　车辆穿越伸缩式活动护栏的事故现场

常用活动护栏端部没有进行防撞设计（如未进行结构过渡或刚度过渡设计）是导致中分带护栏插入车体或导致乘员受到严重冲击伤害的事故原因，以下为两起车辆碰撞活动护栏端部引发的恶性事故。

事故案例三：2012 年 2 月 5 日下午，泉州—南安高速公路发生特大交通事故，一辆尼桑轿车猛烈撞击中央分隔带护栏后，车内一家六口五人死亡。图 5-1-4 为泉州高速公路事故现场照片。

a) 泉州高速公路活动护栏事故

b) 活动护栏端部发生事故

图 5-1-4　泉州高速公路事故现场

图 5-1-5　车辆撞击隔离护栏与活动护栏连接处的事故现场

事故案例四：2016 年 6 月 18 日，在武汉市武昌区梨园，一辆别克商务车撞击中央隔离护栏与活动护栏衔接处，车内 5 人均受伤，其中两人抢救无效死亡，图 5-1-5 为事故现场。

（2）梁柱式活动护栏防护能力不足

鉴于常用活动护栏无安全防护能力，为了提升中分带开口位置安全运营水平，一些路段采用了梁柱式活动护栏。梁柱式活动护栏形式多样，通过调查主要包括三种形式：梁柱式波形梁活动护栏［主要由波形梁板、立柱组成，如图 5-1-6a）所示］、单横梁活动护栏［主要由单根横梁和立柱组成，如图 5-1-6b）所示］。

a) 梁柱式波形梁活动护栏

b) 单横梁活动护栏

图 5-1-6　梁柱式活动护栏

梁柱式活动护栏防撞设计不合理导致了其安全防护性能有所不足，如图 5-1-7 的仿真结果所示，小客车碰撞梁柱式波形梁活动护栏发生了穿越并翻车，小客车碰撞单横梁活动护栏发生了严重绊阻。

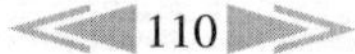

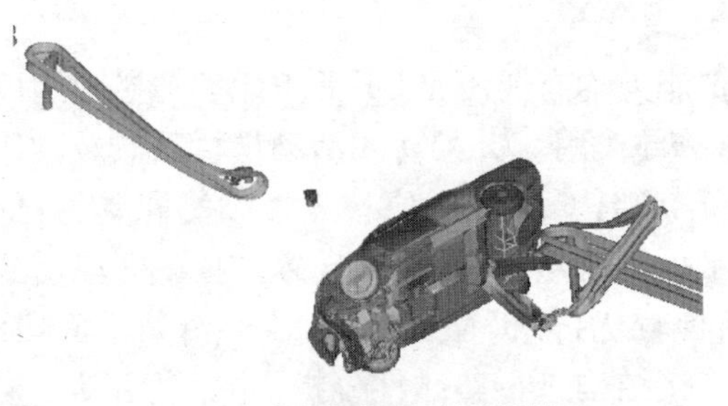

a) 小客车碰撞波形梁活动护栏

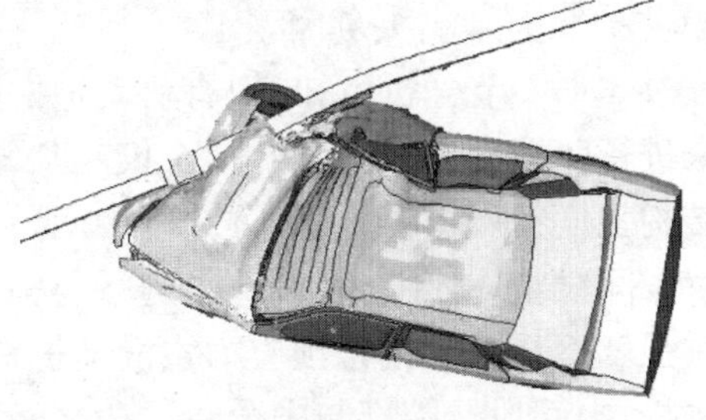

b) 小客车碰撞单横梁活动护栏

图 5-1-7 梁柱式活动护栏碰撞仿真结果

(3) 钢管预应力索防撞活动护栏安全隐患

钢管预应力索活动护栏(图 5-1-8)是比较先进的中央分隔带开口活动护栏形式。护栏主体采用钢管和索的组合形式,端部采用框架锚固。该护栏通过了小客车与大客车碰撞护栏中间段的实车碰撞试验,具有一定的防撞能力。

图 5-1-8 钢管预应力索活动护栏

钢管预应力索活动护栏从 2006 年研发成功至今已投入使用十余年,其安全防护能力在经过实践检验后也暴露了一些问题,发生过车辆穿越中间段和碰撞端部的事故,如图 5-1-9 所示。

a) 中间段发生事故

b) 端部发生事故

图 5-1-9 钢管预应力索活动护栏事故现场

2)防护能力影响关键因素

通过5.1.1节分析可知,现有活动护栏防护能力均有所不足:①常用活动护栏中间段与端部均未进行防撞设计,无防护能力,仅起到警示诱导作用。②梁柱式活动护栏虽然较常用活动护栏结构强度有所提升,但部分结构中间段为分节结构,不能形成整体连续协同受力;部分结构虽然中间段整体连续,但端部未进行与中分带护栏的连接与锚固,导致护栏中间段受到车辆碰撞时强度不足。③钢管预应力索活动护栏结构较优,但仍存在缺陷,需要对其中间段结构、端部结构、中间段及端部与中分带护栏之间的连接结构进行整体性分析,并探索活动护栏结构对中分带护栏防护能力的影响。

通过分析,现有活动护栏未进行一体化设计是造成其防护能力不足的主要原因。对活动护栏进行一体化设计体现在以下三个方面:

(1)活动护栏中间标准段需要进行一体化设计,结构连续,强度合理,协同受力;

(2)活动护栏的端部和中间标准段需要进行一体化设计,结构和刚度平顺过渡,防止或减少车辆在端部发生绊阻,端部可为中间标准段提供有效锚固,保证活动护栏中间标准段的正常防护能力;

(3)活动护栏端部和中分带护栏需要进行一体化设计,使活动护栏和中分带护栏形成一个整体,防止车辆正面碰撞中分带护栏端部,同时为中分带护栏提供有效锚固,保证中分带护栏的正常防护能力。

5.1.2 新标准对活动护栏提出一体化设计要求

2013年《公路护栏安全性能评价标准》(JTG B05-01—2013)颁布,"新标准"首次对活动护栏的安全性能提出了明确要求,强制要求采用实车碰撞试验评价活动护栏的安全性能,并需要采用三种车型(小客车、大客车、大货车)分别对活动护栏的中部和端部两个碰撞点进行6次碰撞试验(图5-1-10)。

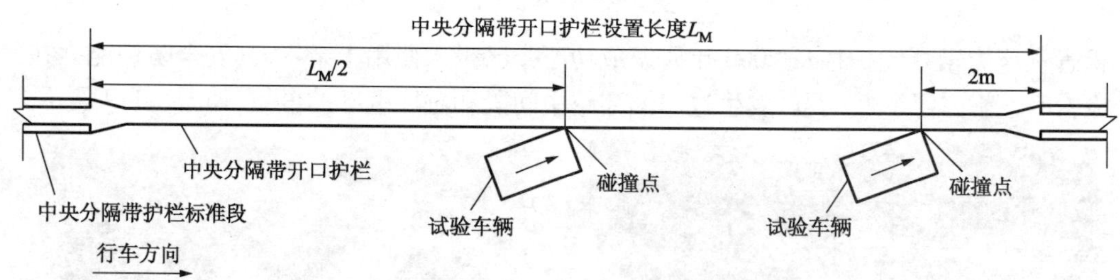

图5-1-10 "新标准"活动护栏碰撞位置

通过分析图5-1-10,活动护栏若要通过中部碰撞,其中间结构必然连续形成一体,且具备合理的强度,可见"新标准"要求中间标准段进行一体化设计;活动护栏若要通过端部碰撞,则需要端部与活动护栏中间段、端部与中分带护栏均进行有效衔接并合理过渡,即要求端部和中间标准段、端部和中分带护栏进行一体化设计。因此"新标准"对活动护栏提出了一体化设计要求。

5.1.3 钢管预应力索活动护栏一体化设计

目前高速公路中分带护栏主要采用波形梁结构,其波形梁板与立柱之间采用了六角形防阻块,可有效延长波形梁板的受力范围,但是由于六角形防阻块结构受力易发生变形,若波形梁护栏端部没有进行有效锚固,会影响端部很长一段距离内护栏的正常防护能力,造成较大的安全漏洞。根据5.1.1节的分析可知,进行活动护栏一体化设计,不但能够有效弥补中分带开口位置安全漏洞,还能提高波形梁护栏端部锚固能力,使波形梁护栏端部防护能力大大提高。

针对中分带开口活动护栏进行一体化设计,首先要确定活动护栏的结构形式。通过5.1.1节的分析可知,钢管预应力索活动护栏是现有活动护栏中防撞能力较好的一种(图5-1-11为发生在京台高速公路事故,钢管预应力索活动护栏有效防护了失控车辆),并且钢管预应力索活动护栏已投入使用多年,通过实践应用,这种结构存在的问题也得到比较全面的认识。结合现阶段公路护栏的防护需求和"新标准"的规定,以现有钢管预应力索活动护栏结构为基础,进行优化改进,得到新型钢管预应力索活动护栏结构,并进行一体化设计,可取得事半功倍的效果。

图5-1-11 钢管预应力索活动护栏事故现场

5.2 中分带开口活动护栏的安全防护目标

目前高速公路中分带护栏主要采用波形梁结构,其设计防护等级为A级,从防护能力匹配角度,相应的中分带开口活动护栏也应具有A级的防护能力,因此确定新型钢管预应力索活动护栏设计防护等级为A级。根据"新标准"要求,新型钢管预应力索防撞活动护栏需要采用实车碰撞试验评价其安全性能。确定碰撞条件与评价指标是组织开展实车碰撞试验的基础,也是采用仿真分析研究和开发护栏的基础。

根据"新标准"对护栏不同防撞等级对应碰撞试验条件的规定,A级护栏碰撞条件如表5-2-1所示,需要采用三种车型(小客车、大客车、大货车)分别对活动护栏的中部和端部两个碰撞点进行6次碰撞试验(图5-1-10);护栏安全性能评价指标按"新标准"规定包括阻挡功能、缓冲功能和导向功能三方面,具体内容详见本书绪论中表1-2-1。

"新标准"规定 A 等级护栏碰撞条件　　表 5-2-1

防护等级	碰撞条件			
	碰撞车型	车辆质量(t)	碰撞速度(km/h)	碰撞角度(°)
A 级	小型客车	1.5	100	20
	大型客车	10	60	20
	大型货车	10	60	20

5.3 现有活动护栏结构分析

对现有的常用活动护栏、梁柱式活动护栏、原钢管预应力索活动护栏进行结构分析,分析影响其安全性能和使用性能的主要因素,为得到基于一体化设计的新型钢管预应力索活动护栏结构奠定基础。

5.3.1 常用活动护栏结构分析

国内目前常用活动护栏主要为插拔式和伸缩式,这两种形式的活动护栏都具有快速开启、移动灵活的优点。

对于常用活动护栏中间段的安全性能,在《D81—2006 细则》中有所提到,伸缩式活动护栏在车辆碰撞下极易破碎,且产生大量飞溅的杀伤性破片,对驾乘人员不利,而且容易引发二次事故,因此不推荐使用;插拔式活动护栏结构单薄且不连续,车辆碰撞后如履平地(图 5-3-1),不具备防护能力。车辆穿越常用活动护栏的事故屡见不鲜,如 5.1 节中车辆穿越常用活动护栏中间段事故案例(图 5-1-2 和图 5-1-3)。

a) 小客车碰撞插拔式活动护栏仿真结果

b) 大货车穿越插拔式活动护栏事故

图 5-3-1　插拔式活动护栏不具备防护能力

常用插拔式和伸缩式活动护栏端部与中分带护栏没有任何结构和刚度上的过渡,车辆较易发生与中分带护栏正面碰撞的事故。若中分带是波形梁护栏,较易发生波形梁板插入车体事故;若中分带是混凝土护栏,较易发生车体严重变形从而影响乘员生存空间的事故(图 5-3-2)。车辆碰撞活动护栏端部事故屡见不鲜,如 5.1 节中碰撞波形梁端部后波形梁板插入车体事故(图 5-1-4)和碰撞混凝土护栏端部后影响乘员生存空间事故(图 5-1-5)。

通过以上分析可知,常用活动护栏中间段和端部存在较大安全隐患,其设计不符合一体化设计理念。

a) 波形梁护栏　　b) 混凝土护栏

图 5-3-2　小客车碰撞中分带护栏端部仿真结果

5.3.2　梁柱式活动护栏结构分析

梁柱式活动护栏具有多种形式，综合已知的波形梁活动护栏、单横梁活动护栏的结构特点，可以分为中间分节和中间连续结构两大类。梁柱式活动护栏端部与中分带护栏没有进行衔接，车辆碰撞端部事故形态与常用活动护栏相同，本小节不再分析，采用计算机仿真分析技术分别对两类梁柱式活动护栏中间结构进行分析。

1）中间分节梁柱式活动护栏结构分析

图 5-3-3 为中间分节梁柱式活动护栏结构图，可见每节端部安装圆形围板，节段之间无连接。

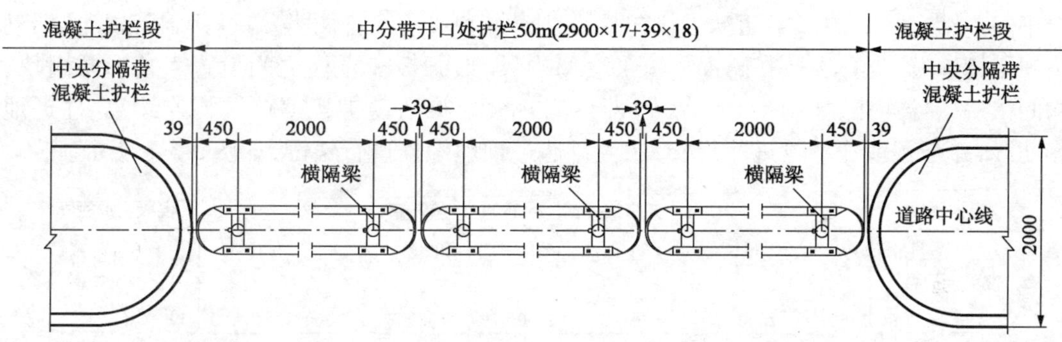

图 5-3-3　中间分节梁柱式活动护栏结构（尺寸单位：mm）

建立中间分节梁柱式活动护栏仿真模型，并分别进行小客车、大客车以及大货车的仿真碰撞分析，图 5-3-4 为车辆碰撞中间分节梁柱式波形梁活动护栏的仿真模型，小客车碰撞条件为车重 1.5t、碰撞速度 100km/h、碰撞角度 20°；大客车碰撞条件为车重 10t、碰撞速度 60km/h、碰撞角度 20°；大货车碰撞条件为车重 10t、碰撞速度 60km/h、碰撞角度 20°。

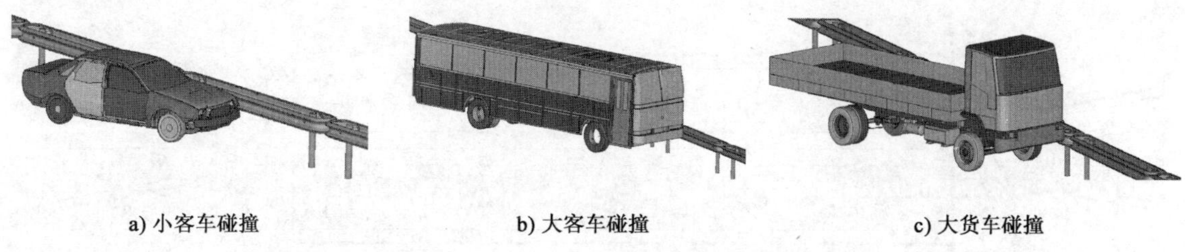

a) 小客车碰撞　　b) 大客车碰撞　　c) 大货车碰撞

图 5-3-4　车辆碰撞中间分节梁柱式波形梁活动护栏仿真模型

车辆碰撞中间分节梁柱式波形梁活动护栏的仿真结果如图 5-3-5 所示，小客车在碰撞护栏后发生穿越及侧翻现象，大客车和大货车碰撞护栏后发生穿越现象，说明中间段分节梁柱式活动护栏防护能力严重不足。

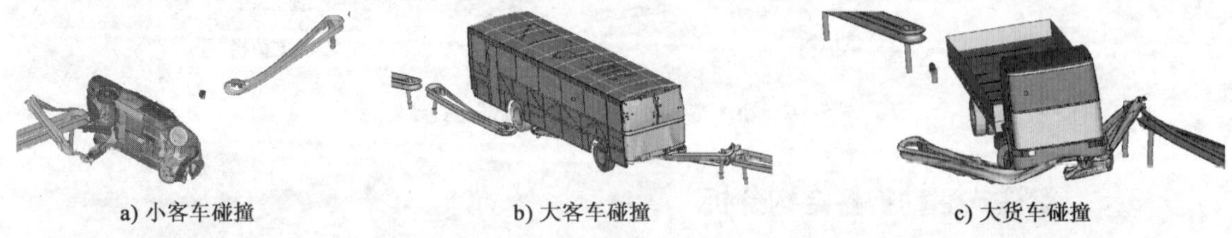

图 5-3-5　车辆碰撞中间分节梁柱式波形梁活动护栏仿真结果

以上计算结果说明该结构形式的梁柱式活动护栏防护能力远达不到防护等级 A 级的护栏所需防护能力，其主要原因在于护栏各节单元之间无连接，护栏中间段未形成一体化，护栏无法对车辆形成整体协同防护作用。

2）中间连续梁柱式活动护栏结构分析

中间连续梁柱式活动护栏分为波形梁结构、单横梁结构。

（1）中间连续梁柱式波形梁活动护栏

中间连续梁柱式波形梁活动护栏包括一柱双板和双柱双排两类。一柱双板波形梁活动护栏整体结构连续，立柱安装在路面以下的套筒内，波形梁板和立柱之间设置六角形防阻块，各结构间采用螺栓连接，如图 5-3-6 所示；双柱双排波形梁活动护栏整体结构连续，立柱近地端焊有肋板，并与预埋法兰盘进行焊接，法兰盘通过预埋螺栓进行锚固，如图 5-3-7 所示。

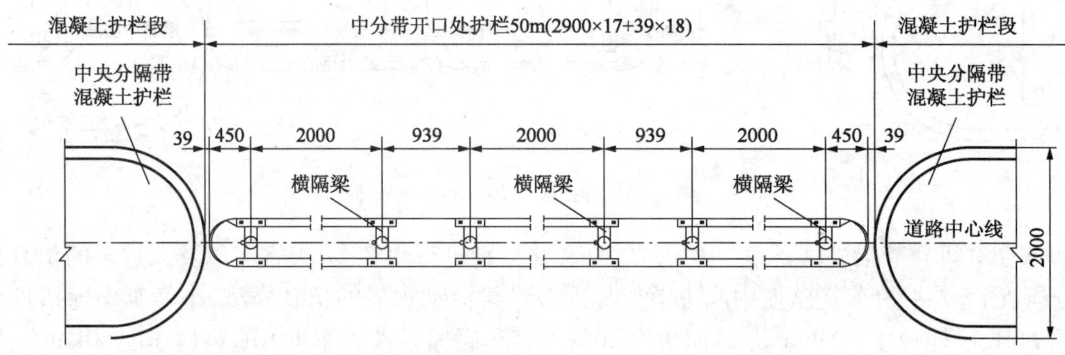

图 5-3-6　一柱双板波形梁活动护栏（尺寸单位：mm）

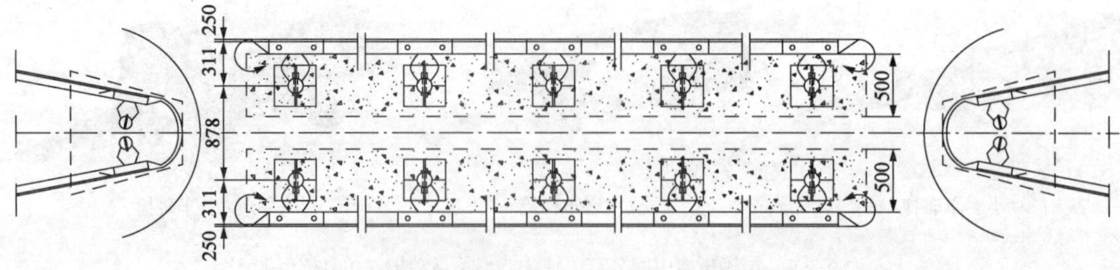

图 5-3-7　双柱双排波形梁活动护栏（尺寸单位：mm）

建立中间连续梁柱式波形梁活动护栏仿真模型，并分别进行小客车、大客车和大货车碰撞仿真分析。

①小客车碰撞

建立小客车碰撞中间连续梁柱式波形梁活动护栏仿真模型（碰撞条件为车重 1.5t、碰撞速度 100km/h、碰撞角度 20°，如图 5-3-8 所示），仿真计算结果如图 5-3-9 所示。可见小客车碰撞一柱双板波形梁活动护栏后发生侧翻，碰撞双柱双排波形梁活动护栏后护栏发生大变形，导致小客车不能顺利驶出。

a) 一柱双板形式　　b) 双柱双排形式

图 5-3-8　小客车碰撞中间连续梁柱式波形梁活动护栏仿真模型

a) 一柱双板形式　　b) 双柱双排形式

图 5-3-9　小客车碰撞中间连续梁柱式波形梁活动护栏仿真计算结果

②大客车碰撞

建立大客车碰撞中间连续梁柱式波形梁活动护栏仿真模型（碰撞条件为车重 10t、碰撞速度 60km/h、碰撞角度 20°，图 5-3-10），仿真计算结果如图 5-3-11 所示，可见大客车碰撞一柱双板梁柱式波形梁活动护栏发生前轮骑跨护栏现象，碰撞双柱双排梁柱式波形梁活动护栏发生后轮骑跨护栏现象，大客车均未能顺利导出。

③大货车碰撞

建立大货车碰撞中间连续梁柱式波形梁活动护栏仿真模型（碰撞条件为车重 10t、碰撞速度 60km/h、碰撞角度 20°，图 5-3-12），仿真计算结果如图 5-3-13 所示，可见大货车碰撞一柱双板形式和双柱双排形式梁柱式波形梁活动护栏均发生骑跨，大货车均未能顺利导出。

由以上仿真结果可知，中间连续梁柱式波形梁活动护栏对车辆防护效果不佳，尚不能对小客车形成良好防护，活动护栏端部未锚固，端部与中间段未形成一体化受力结构是其防护能力不足的主要原因。

a) 一柱双板形式

b) 双柱双排形式

图 5-3-10 大客车碰撞中间连续梁柱式波形梁活动护栏仿真模型

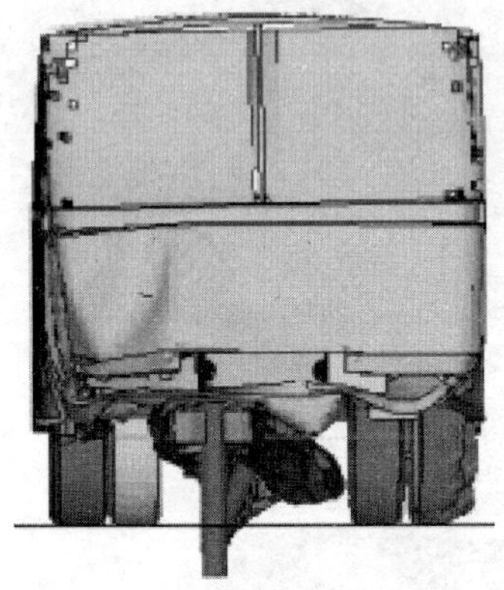

a) 一柱双板形式

b) 双柱双排形式

图 5-3-11 大客车碰撞中间连续梁柱式波形梁活动护栏仿真计算结果

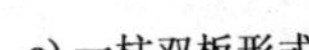

a) 一柱双板形式

b) 双柱双排形式

图 5-3-12 大货车碰撞中间连续梁柱式波形梁活动护栏仿真模型

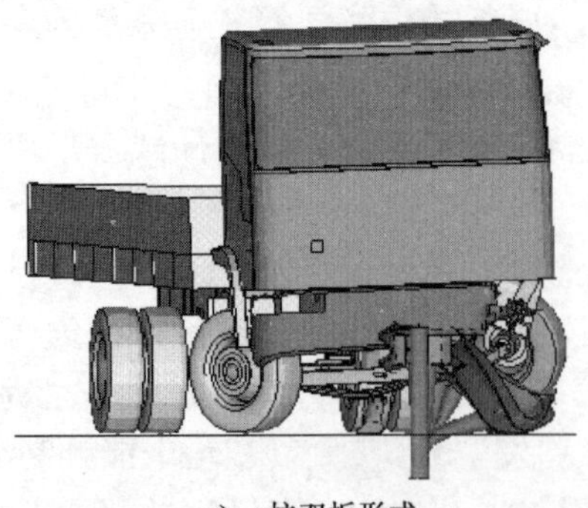

a) 一柱双板形式

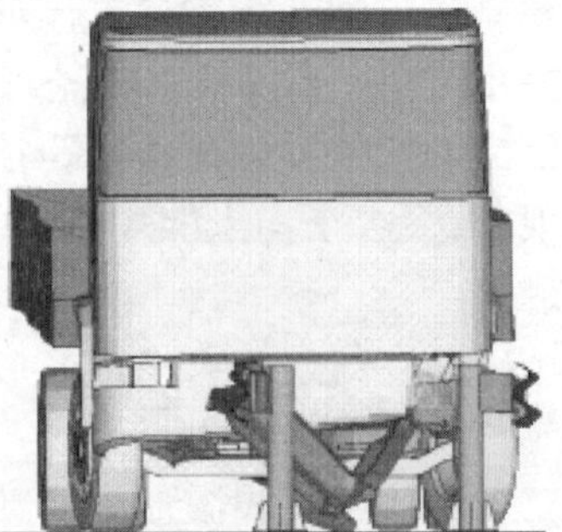

b) 双柱双排形式

图 5-3-13 大货车碰撞中间连续梁柱式波形梁活动护栏仿真计算结果

(2)中间连续梁柱式单横梁活动护栏

中间连续梁柱式单横梁活动护栏由单排横梁和若干立柱组成,横梁端部焊接有环状结构,该结构通过连接销连接后抱住立柱,活动护栏端部与中分带护栏没有连接。

图5-3-14为小客车碰撞梁柱式单横梁活动护栏的仿真结果,小客车碰撞后在立柱处发生绊阻,车辆卡住,车辆不能保持正常行驶姿态,受损严重,危及乘员安全。通过实际事故调查,梁柱式单横梁活动护栏确有该类事故发生,如图5-3-15所示,仿真结果与实际情况相一致,也验证了仿真模型的准确性。

图5-3-14　小客车碰撞梁柱式单横梁活动护栏仿真结果

图5-3-15　梁柱式单横梁活动护栏事故

单横梁活动护栏虽然实现了中间段结构的连续,但护栏立柱与横梁迎撞面过近,小客车极易在立柱处发生绊阻,该结构设计具有安全风险,不满足活动护栏设计中间段一体化设计理念。

5.3.3　原钢管预应力索活动护栏结构分析

现阶段交通压力的增大和新老标准的更替都对公路护栏有了更高的要求,虽然原钢管预应力索活动护栏中间段曾通过按照“老标准”进行的小客车和大客车碰撞护栏中间段的试验(图5-3-16),但该试验已不满足“新标准”和当前活动护栏的安全防护需求。经过在公路上多年应用并结合“新标准”的一体化设计要求进行分析,原钢管预应力索活动护栏存在一些安全防护方面和使用性能方面的不足。

1)安全防护方面的不足

(1)活动护栏中间段不满足安全防护需求

原钢管预应力索活动护栏按照“老标准”A级要求进行实车碰撞试验,满足“老标准”要求,但与“新标准”有较大差距,具体体现在碰撞条件误差要求、碰撞点位置、碰撞车型三个方面。

“老标准”对各碰撞条件按照正负公差进行要求,并且未对碰撞能量进行明确要求。根据误差分析进行计算,“老标准”防撞等级A级大型车的最小碰撞能量为122kJ。虽然“新标准”A级与“老标准”A级规定对大型车碰撞质量和碰撞速度标准值相同,但“新标准”对车辆质量、碰撞速度均进行正误差要求,并明确大型车的碰撞能量需不小于160kJ。表5-3-1为新老标准A级护栏碰撞参数容许误差对比表。

a) 小客车碰撞

b) 大客车碰撞

图 5-3-16 原钢管预应力索活动护栏碰撞试验结果

新老标准 A 级护栏碰撞参数容许误差对比表 表 5-3-1

	碰撞车型	车辆质量		碰撞速度		碰撞角度		最小碰撞能量(kJ)
		标准值(t)	容许误差(kg)	标准值(km/h)	容许误差(km/h)	标准值(°)	容许误差(°)	
“老标准”	小型车	1.5	-75 ~ 75	100	-4 ~ 4	20	-1.5 ~ 1.5	—
	大型车	10	-300 ~ 300	60	-3 ~ 3	20	-1.5 ~ 1.5	122
“新标准”	小客车	1.5	-75 ~ 0	100	0 ~ 4	20	-1 ~ 1.5	—
	大客车	10	0 ~ 300	60	0 ~ 4	20	-1 ~ 1.5	160
	大货车	10	0 ~ 300	60	0 ~ 4	20	-1 ~ 1.5	160

“新标准”对于碰撞参数容许误差的规定更为严格，按照“老标准”进行安全评价的原钢管预应力索活动护栏碰撞能量在 122kJ 以上，不满足“新标准”A 级要求的碰撞能量 160kJ 以上。

“老标准”要求的安全评价需进行小型车、大型车两次实车试验，并且未对活动护栏进行试验时的碰撞位置进行具体要求。原钢管预应力索活动护栏采用了小客车、大客车，碰撞点为护栏中间段 1/3 处，如图 5-3-17 所示。

“新标准”对碰撞车型与碰撞点的选取同样更加严格，如图 5-3-18 所示。碰撞车型必须采用小客车、大客车、大货车三种车型进行试验，由于各车车型结构不同，对护栏的评价更加系统全面；“新标准”在对活动护栏中间段的评价中，明确规定碰撞点为活动护栏的中间位置。相对于原钢管预应力索碰撞点为护栏中间段 1/3 处，碰撞活动护栏中间段更为不利，更有利于检测护栏的安全性和发现存在问题。

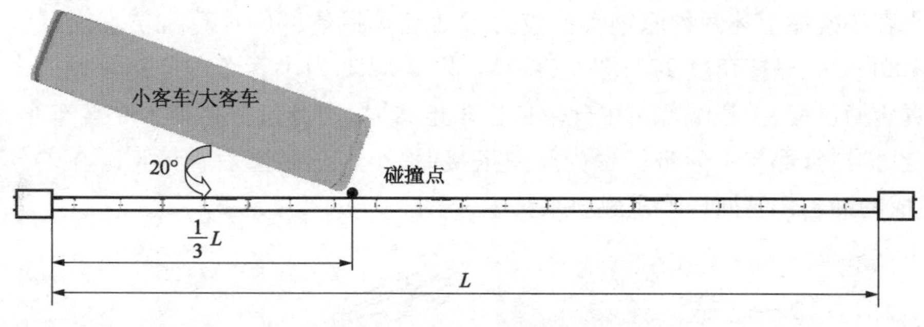

图 5-3-17 “老标准”碰撞点位置示意

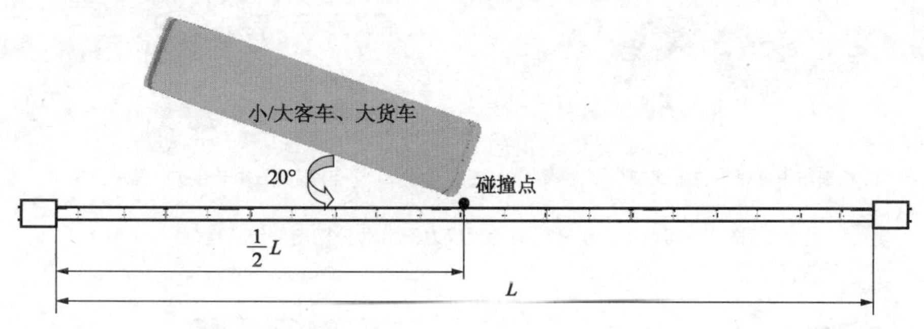

图 5-3-18 “新标准”碰撞点位置示意

原钢管预应力索活动护栏中间段不满足“新标准”要求，对于现阶段高速公路中央分隔带开口处的防护来说安全性能有所不足，也因此出现了图 5-1-9 所示的碰撞原钢管预应力索活动护栏中间段的事故。对原钢管预应力索活动护栏中间段结构还需进行改进，并依据“新标准”进行安全性能评价，以满足活动护栏现阶段的安全防护需求。

（2）活动护栏端部未形成一体化防护

“老标准”未对活动护栏端部的安全性进行安全评价要求，因此原钢管预应力索活动护栏端部未进行实车碰撞试验，若活动护栏端部设计不合理可能形成严重的安全隐患，因此对原钢管预应力索活动护栏端部结构进行分析。

根据调查结果，原钢管预应力索活动护栏端部与中分带护栏或未设置过渡结构，如图 5-3-19a）所示，中分带护栏端头直接暴露出来；或仅进行简单搭接而未设置合理刚度过渡结构，如图 5-3-19b）所示，衔接处护栏过渡角度较大，且刚度不匹配。这两种端部结构均未进行一体化设计。

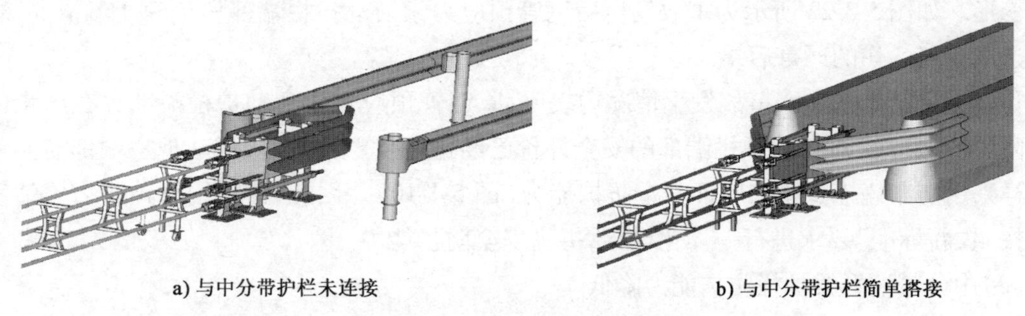

a）与中分带护栏未连接　　b）与中分带护栏简单搭接

图 5-3-19 钢管预应力索活动护栏端部

建立小客车碰撞上述两种原钢管预应力索活动护栏端部的计算机仿真模型(车重 1.5t、碰撞速度 100km/h、碰撞角度 20°,图 5-3-20)。图 5-3-21 为小客车碰撞钢管预应力索活动护栏端部仿真碰撞过程,护栏端部与中分带护栏未连接时,中分带护栏插入小客车车体,严重威胁乘员安全;护栏端部与中分带护栏为简单搭接时,小客车碰撞后直接正碰在中分带混凝土上,此时造成的冲击伤害同样严重威胁乘员生命。

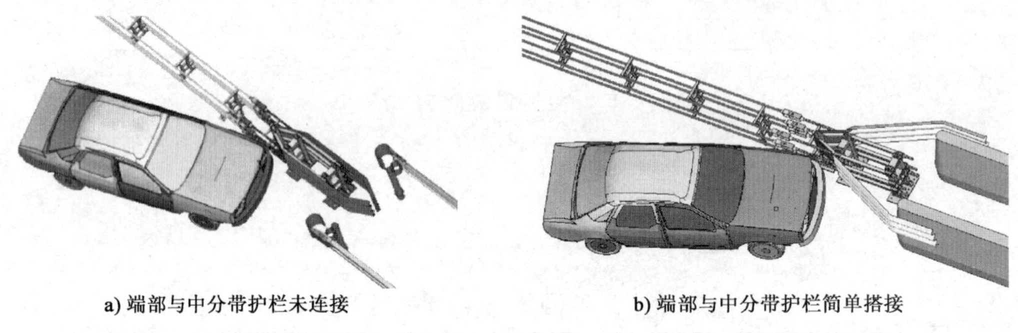

a) 端部与中分带护栏未连接　　b) 端部与中分带护栏简单搭接

图 5-3-20　小客车碰撞钢管预应力索活动护栏端部仿真模型

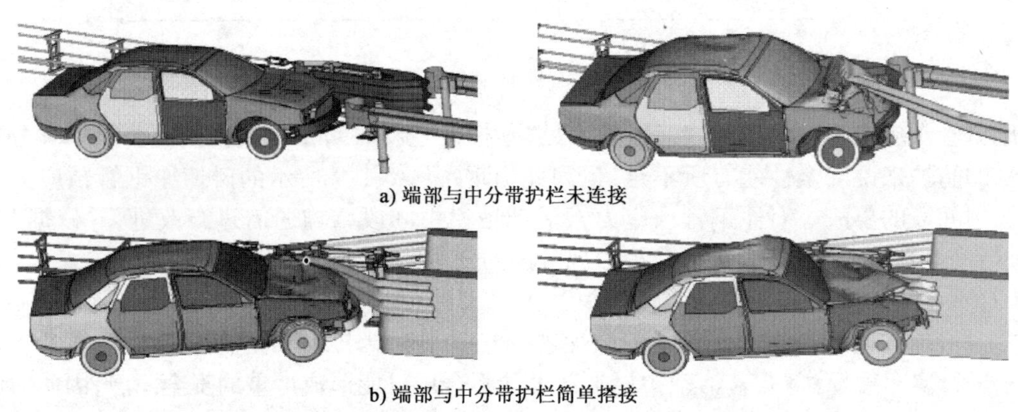

a) 端部与中分带护栏未连接

b) 端部与中分带护栏简单搭接

图 5-3-21　小客车碰撞钢管预应力索活动护栏端部仿真碰撞过程

通过实际事故调查,原钢管预应力索活动护栏端部确有类似事故发生,事故属于活动护栏端部与中分带护栏仅进行简单搭接的情况,可见实际事故和仿真结果基本一致,车辆发生严重损毁变形。如图 5-3-22 所示为事故发生后钢管预应力索活动护栏端部和车辆变形情况,事故最后造成 4 死 2 伤的严重后果。

仿真分析结果和实际事故发生情况均表明:原钢管预应力索活动护栏端部存在严重的安全风险。"新标准"对活动护栏端部的安全评价已经进行了严格规定,活动护栏端部需同中间段一样采用实车碰撞试验来验证安全防护能力(图 5-1-10)。因此,新型钢管预应力索活动护栏需按照"新标准"要求进行一体化设计,提高安全防护能力。

(3)中分带波形梁护栏防护能力降低

活动护栏端部与中分带护栏未连接,除了影响活动护栏端部的安全性,当中分带护栏为波

形梁护栏时，因为缺少端部的锚固，同样会降低中分带波形梁护栏的防护能力。

图 5-3-22　钢管预应力索活动护栏端部事故的事故车辆

建立小客车碰撞未与活动护栏端部连接的中分带既有双波梁护栏仿真模型（车重 1.5t、碰撞速度 100km/h、碰撞角度 20°），对该情况下既有双波梁护栏防护能力进行验证。图 5-3-23 为小客车侧碰一端未连接锚固的既有双波梁护栏端部仿真过程，可见端部未进行连接锚固的既有双波梁护栏无法对该碰撞条件下的小客车实现有效的安全防护，大型车更容易直接穿越到对向车道。

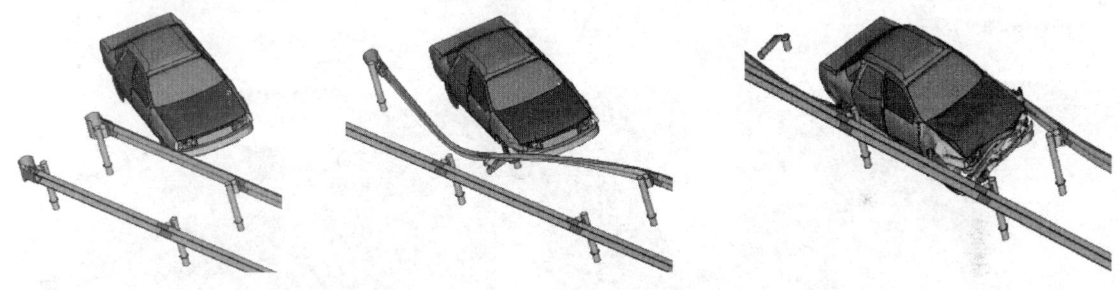

图 5-3-23　小客车侧碰一端未连接锚固的既有双波梁护栏端部仿真过程

为了有效保持中分带波形梁护栏的正常防护能力，活动护栏端部需与中分带波形梁护栏进行平顺过渡，对中分带波形梁实现有效锚固，巩固中分带护栏的安全防护能力。

2）使用性能方面的不足

原钢管预应力索活动护栏除了在安全防护方面有所不足，在护栏的施工方便性、经济性、景观性、道路适应性等方面均存在较大提升空间，主要体现在标准段框架、标准段连接构件、端部基础、端部框架、端部预紧构件、长度可调节装置几方面。

（1）标准段框架

现有钢管预应力索活动护栏标准段框架采用蝶形板拼接而成，蝶形板横向连接构件制作工艺复杂、成本较高，且制作过程废料较多，造成大量材料浪费，如图 5-3-24 所示。

（2）标准段连接构件

钢管预应力索活动护栏标准段钢管连接，连接构件结构繁琐、造价高，不易安装，且不能适应道路线性，弯道路段不宜应用，如图 5-3-25 所示。

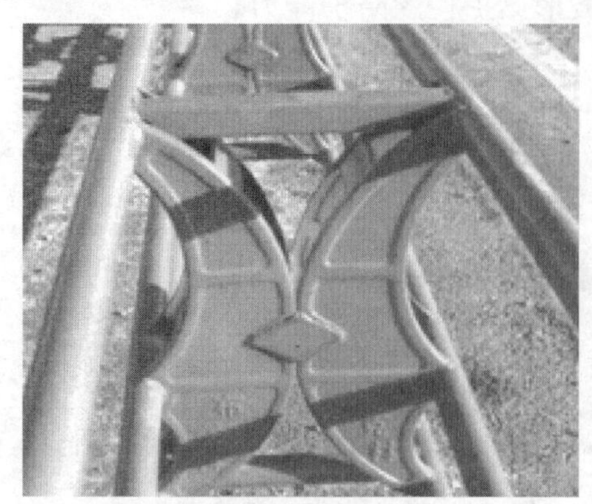

图 5-3-24　蝶形板

图 5-3-25　原钢管预应力索活动护栏标准段连接构件

(3)端部基础

原钢管预应力索活动护栏端部基础采用埋桩的方式,如图 5-3-26 所示。若发生车辆碰撞事故,端部框架损坏后需要完全更换,施工极其不便。

(4)端部框架

原钢管预应力索活动护栏端部采用六根矩形管立柱,端部结构宽大,运输和安装极为不便,如图 5-3-27 所示。

图 5-3-26　原钢管预应力索活动护栏端部基础采用埋桩方式

图 5-3-27　原钢管预应力索活动护栏端部框架

(5)端部预紧构件

原钢管预应力索活动护栏端部预紧构件设计在端部内侧,预紧操作空间较小,经施工人员反映预紧操作极其不便,如图 5-3-28 所示。

(6)长度可调节装置

中分带开口处长度为 30 ~ 50m 不等,且实际长度均存在较大误差而原钢管预应力索活动护栏端部单侧可调节长度仅为 10cm 左右,这使原钢管预应力索活动护栏的适用性限制较大,如图 5-3-29 所示。

图 5-3-28　原钢管预应力索活动护栏端部预紧构件

图 5-3-29　长度可调节装置

通过结构的进一步优化，可使新型活动护栏性能得到更全面提升，也更有利于这种综合安全功能活动护栏的推广与应用。

5.4　新型钢管预应力索活动护栏一体化设计

新型钢管预应力索活动护栏一体化设计围绕活动护栏中间段一体化设计，中间段、端部与中分带护栏的一体化设计这两方面展开。

5.4.1　活动护栏中间段一体化设计

钢管预应力索活动护栏的主体在于钢管与索的结合。钢索属于柔性材料，缓冲能力强，防护效果好，但若单独使用护栏最大动态变形较大，容易引发二次事故，而且其强大的反弹力很容易引发二次碰撞；通过钢管组成的桁架属于半刚性结构，具有一定的刚度和柔度，钢管的变形可以有效吸收碰撞能量，并有良好的导向性能，但若要达到较好的防撞性能需耗材巨大，且开启移动困难,不适合单独使用。通过锚固构件将钢索与钢管相结合,同时施加预紧力,可以结合钢管与钢索的优点,通过合理的匹配钢管结构的规格和钢索预紧力的大小等因素,使结构达到防护性能强、导向性能好、最大动态变形量小、耗材少的最佳效果。

1)框架单元设计

在保持护栏防护能力的前提下,为了使新型钢管预应力索活动护栏中间段方便开启,并方便组装和运输,钢管预应力索活动护栏需要设计为分节结构,并且每节结构长度需适中,考虑到防撞能力及中分带开口长度和运输安装情况,长度设置为5m或6m是较为合适的。

框架单元需要具有足够的强度,并保持足够的整体性。设计保留原钢管预应力索活动护栏三层两排共六根钢管索横梁的结构特点,每节的钢管索横梁间与5个横向连接框架一起组成的桁架,每节框架单元之间采用纵向连接构件连接,如图5-4-1所示。

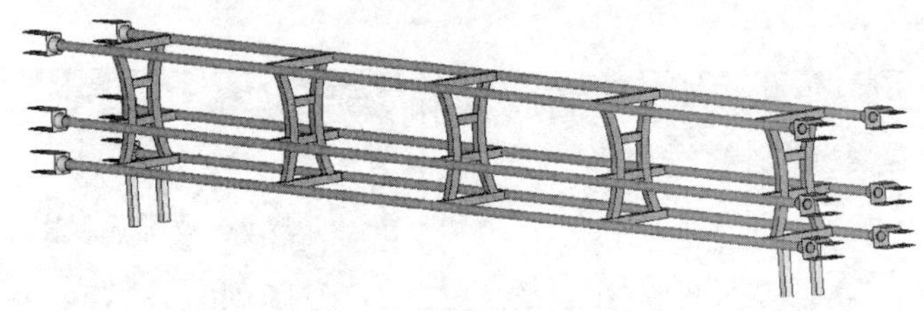

图5-4-1　框架单元设计

2)高度设计

新型钢管预应力索活动护栏采用三层钢管索横梁,为了使护栏防护能力达到最优,每根横梁的高度均需结合车辆碰撞过程进行研究确认。最上层钢管索横梁主要用于防车辆车身,对于大型车的防护来说该层横梁的高度尤为重要,但是过高又会脱离与下层横梁的整体性,经过分析,该层钢管索横梁中心距地面85cm较为合适;最下层横梁主要用于阻挡失控车辆轮胎,尤其是防止小车下穿,但若高度设置过低车轮很容易骑跨该层横梁,失去应有的阻挡效果,根据小客车车轮尺寸和高度,确认该层横梁中心距地面30cm为宜;中间层横梁是最上最下两层钢管索横梁之间的过渡,保持防护的整体性,使三层钢管索横梁组成一个防护面,经过分析发现,该层横梁宜设置在可直接阻挡失控小客车前保险杠,同时较为靠近上下横梁中间位置的高度,经过迭代分析,确定中间钢管索横梁中心距地面50cm可以达到综合较优的防护效果。碰撞过程中三层钢管索横梁高度位置与小客车相对位置如图5-4-2所示。

3)横向连接框架设计

六根钢管索横梁通过横向连接框架将连接为一个整体,因此需要横向连接框架具有较高的整体性和强度,且上下之间的连接要考虑车辆碰撞中可能发生绊阻。经过结构研究和制作工艺研究,横向连接框架设计为类"目"字形,结构如图5-4-3所示,共4根横梁,从上到下为第一根、第三根、第四根横梁与钢管索横梁等高并直接焊接相连,因为上层与中层钢管索横梁间距稍大,在横向连接框架中增加第二根钢管索横梁用于加强框架结构强度,框架两端竖向支撑柱采用两根向内凹的钢管,各部件均采用钢管,如此整个横向连接框架制作均采用通用件,工艺简单,便于护栏后期维护,结构整体协调性好,制作产生的废料少,弯管结构的设计可以减少车辆碰撞时绊阻情况的发生。

图 5-4-2　钢管索横梁与小客车相对位置

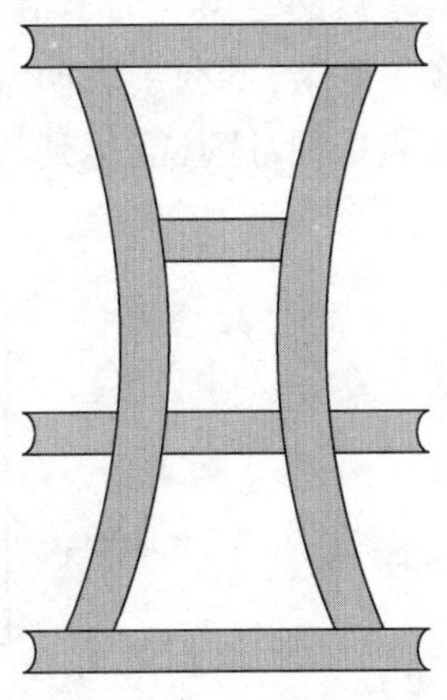

图 5-4-3　新型弯管横向连接框架

4) 纵向连接构件设计

一方面，由于新型钢管预应力索活动护栏每节框架单元需要纵向连接构件连接，纵向连接构件也是保持新型钢管预应力索活动护栏整体性的关键；另一方面，因为活动护栏的特殊开启需求，纵向连接构件的拆装方便性也是需要重点考虑的问题。初步设计纵向连接构件采用 U 形结构，如图 5-4-4 所示，两侧构件通过通孔和连接销实现连接，结构安装简易，并且连接销处有一定的旋转效果，能适应弯道线形，在施加预应力后护栏整体可具有较好的强度，进而使护栏整体达到较高的防护能力，在经过多次仿真测试后，预紧力设置为 50kN。

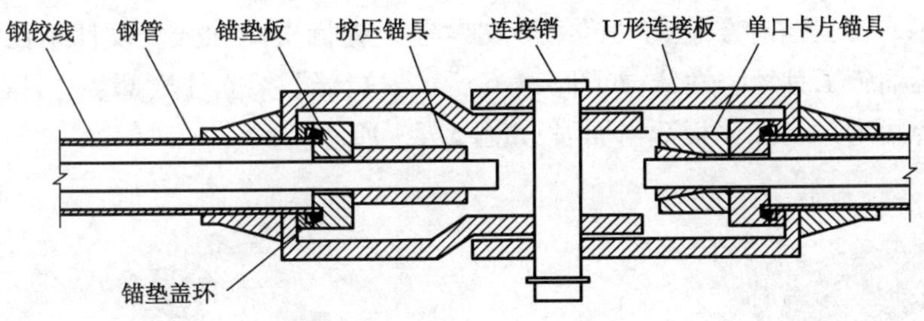

图 5-4-4　新型标准段连接构件

5.4.2　活动护栏中间段、活动护栏端部与中分带护栏一体化设计

活动护栏端部是活动护栏的重要结构，起到锚固活动护栏中间段、合理过渡活动护栏中间段到中分带护栏的作用，当中分带为波形梁护栏时，活动护栏端部的合理设计还可起到锚固中分带护栏的作用，这些方面均是活动护栏一体化设计的关键部分。整个一体化设计过程还需从实际出发，考虑多种常见的中分带护栏形式，以适应不同中分带护栏的需求。

1) 活动护栏端部基本结构设计

活动护栏端部结构由端部基础、端部框架、端部可调节连接杆和过渡板组成。

(1)端部基础

根据原有钢管预应力索活动护栏的使用经验,埋桩基础可以达到较好的锚固效果,但损坏后更换施工复杂,不利于后期维护,因此采用如图5-4-5所示的预埋螺栓基础,通过法兰板锚固端部框架立柱,这既能达到较好的安全性能,又可在发生损坏时便于维护。

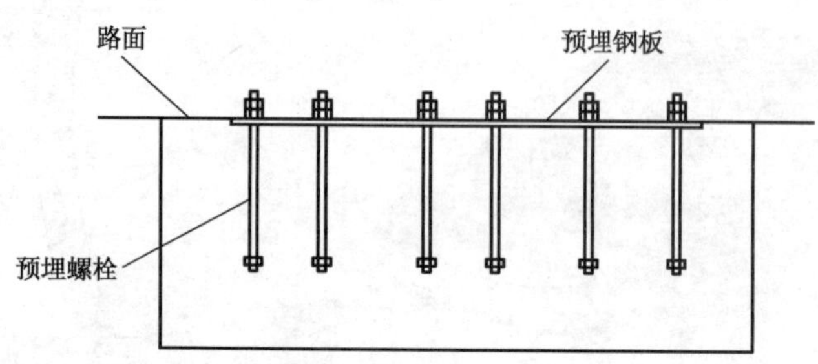

图5-4-5 活动护栏端部预埋螺栓基础

(2)端部框架

端部框架实现对活动护栏中间段的有效锚固和自身结构的协调。端部框架锚固在端部基础上,可实现对活动护栏中间段的锚固,这是活动护栏中间段可以有效防护车辆的关键。端部框架需要具有足够的强度和刚度,否则车辆碰撞时产生的巨大的拉力和剪切力会直接破坏端部框架结构或造成过大的变形,这些情况均不利于对车辆的安全防护,但若过强则结构沉重臃肿,不便于运输安装及后期维护,也增加工程材料量。综合考虑端部框架与活动护栏中间段的连接、对车辆的导向功能、结构强度,对端部结构进行精简设计。通过计算机仿真迭代计算,得到更为经济的高强端部结构为:采用5根立柱成三排排列,靠近中间段的第一排立柱为单根,后两排分别为两根,立柱之间连接导向管和钢管横梁,以对碰撞端部的车辆进行导向并使框架整体协同受力。在第一排立柱前方设置"王"字形支撑框架进行支撑加强。设计结构安全、精简、美观、轻便、便于运输施工且经济性佳,如图5-4-6所示。端部框架立柱底部及立柱与导向管、横梁焊接处等薄弱点可通过增加钢板适当加强,如图5-4-7所示。

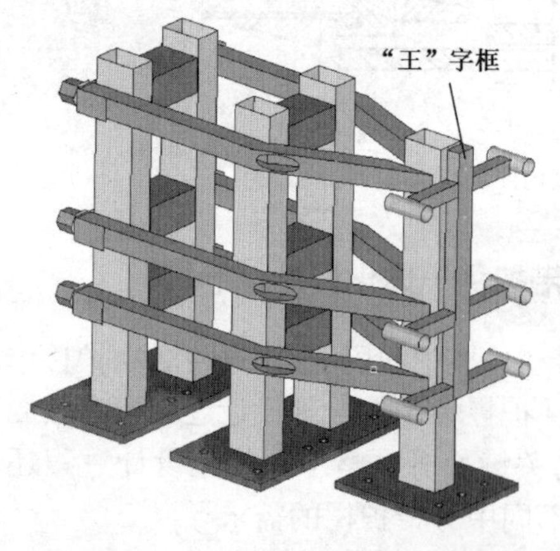

图5-4-6 新型活动护栏端部框架

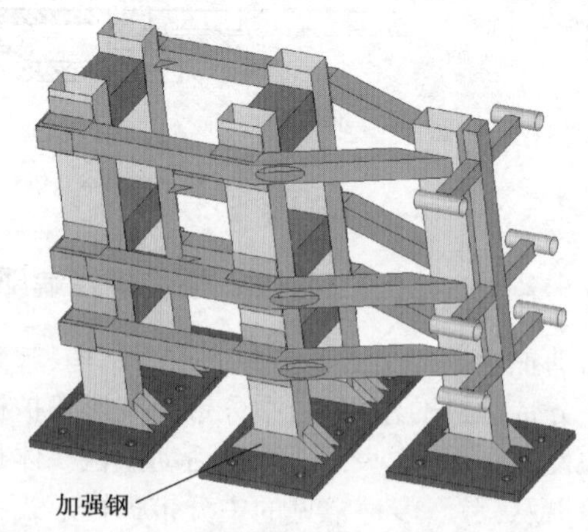

图5-4-7 新型活动护栏端部框架加强

(3)端部可调节连接杆

端部可调节连接杆使活动护栏中间段与端部框架连接,同时实现活动护栏长度的可调节,其设计方案如图5-4-8所示。构件主体是两端设有螺纹的长螺杆,并将其插入端部框架上护栏纵向设置的导向管内,整体布置如图5-4-9所示。根据中分带开口长度,在端部框架背部调整大螺母并固定;在端部框架前,利用端部连接构件将端部可调节连接杆与活动护栏中间段相连。预紧装置设置端部连接构件处,通过旋转实现预紧,操作方便。长螺杆、螺母和端部框架的配合使护栏具有长度适应性,其单侧调节长度可达50cm,极大地提高了新型钢管预应力索活动护栏的适用性。

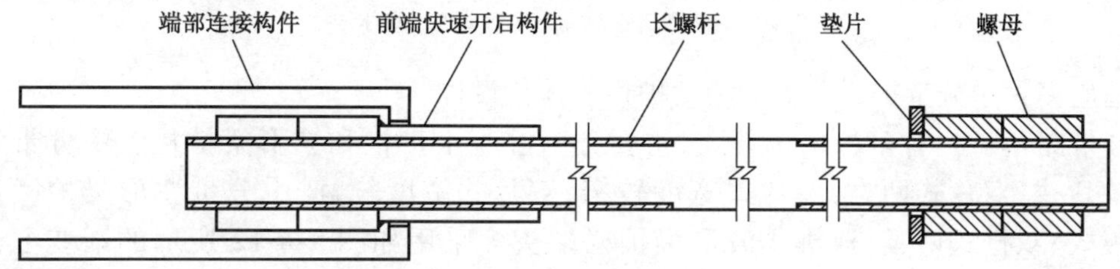

图5-4-8 活动护栏端部可调节连接杆结构图

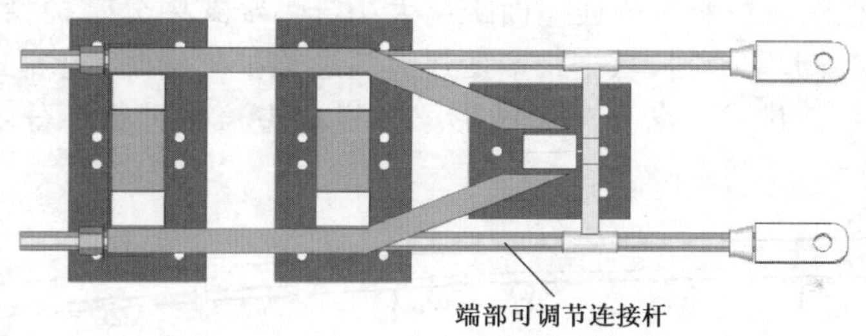

图5-4-9 新型活动护栏端部框架俯视图

(4)过渡板

活动护栏端部框架两侧采用三波板作为过渡板,并通过过渡板实现活动护栏到中分带护栏的过渡。综合端部的各部分构件,可得新型钢管预应力索活动护栏端部初步设计方案如图5-4-10所示。

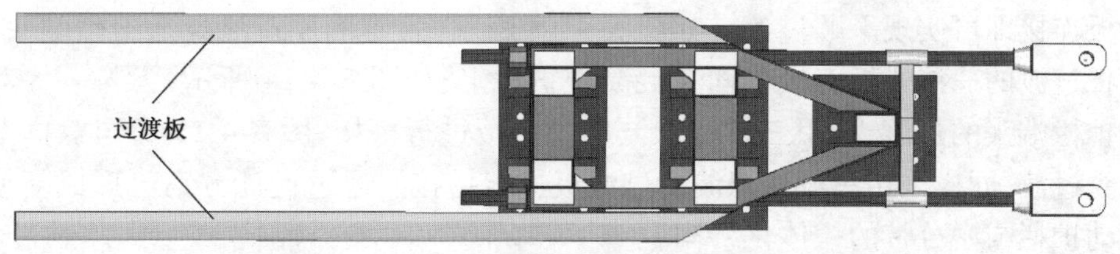

图5-4-10 新型钢管预应力索活动护栏端部初步设计方案

结合新型钢管预应力索活动护栏中间段设计方案与端部基本结构设计方案,得到新型钢管预应力索活动护栏整体结构如图5-4-11所示。

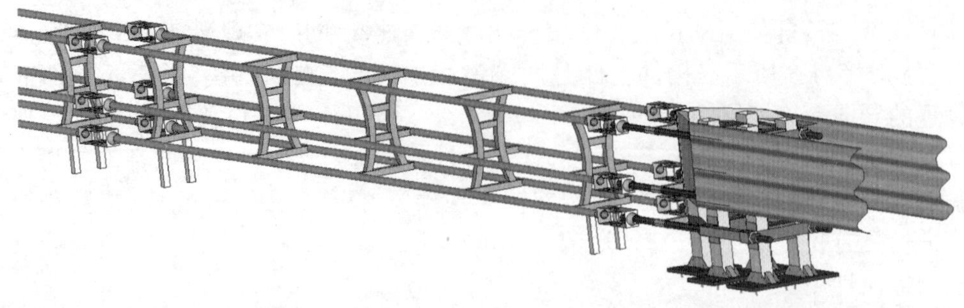

图 5-4-11　新型钢管预应力索活动护栏整体结构

2)适应多种中分带护栏端头的活动护栏一体化设计

中分带路基护栏有多种结构形式,主要分为混凝土护栏和波形梁护栏。中分带混凝土护栏有单片式、双片式两类,单片式宽度较窄,双片式宽度较宽;中分带波形梁护栏主要为一柱双板式、双排式两类,双排式波形梁护栏端头多采用如图 5-4-12 所示的渐变方式来设置,与一柱双板式波形梁护栏端头均属于窄式端头,但仍有少部分双排波形梁护栏未采用这种渐变过渡方式,而是直接在两排波形梁护栏端部设置直立圆端头,因此端头距离较宽。将上述五类中分护栏端头按照两侧迎撞面距离大小分为窄式中分带护栏端头(单片式混凝土护栏、一柱双板式波形梁护栏、双排式渐变过渡波形梁护栏端头)与宽式中分带护栏端头(双片式混凝土护栏、双排式未渐变过渡波形梁护栏端头),来进行中分带护栏端头与活动护栏一体化设计。

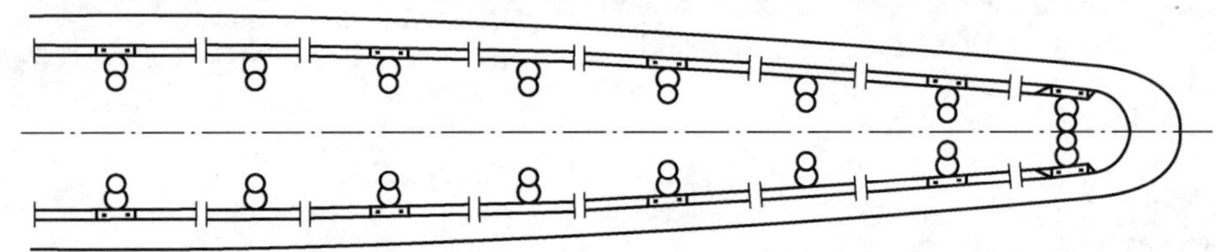

图 5-4-12　双排式中分带波形梁护栏端头构造俯视图

(1)窄式中分带护栏端头

窄式中分带护栏端头两侧迎撞面较近,与所设计活动护栏基本结构的宽度较为匹配,直接采用过渡板连接即可实现平顺过渡。如图 5-4-13 所示,为与单片式混凝土护栏端头的过渡,采用螺栓将过渡的三波梁板直接锚固在混凝土护栏上;如图 5-4-14 所示,为与一柱双板中分带波形梁护栏端头的过渡,采用三波变双波的过渡板进行搭接;图 5-4-15 为与双排渐变波形梁护栏端头过渡,同样采用三波变双波的过渡板进行搭接。通过设计方案可形成新型钢管预应力索活动护栏与中分带的一体化结构。

(2)宽式中分带护栏端头

宽式中分带护栏端头两侧迎撞面距离较远,活动护栏到中分带护栏的过渡更加困难,图 5-4-16 为宽度 2m 的中分带护栏与新型钢管预应力索活动护栏的宽度对比图。若要实现过渡位置的安全平顺,需要对活动护栏架构进行较大调整,来实现整个防护的一体化。

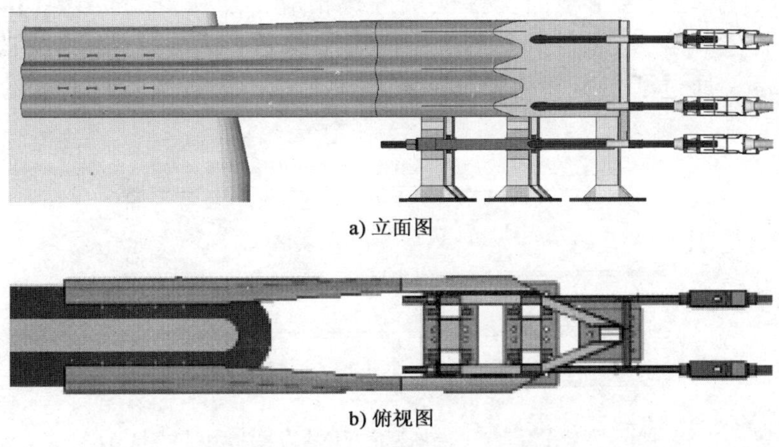

a) 立面图

b) 俯视图

图 5-4-13　与单片式混凝土护栏端头过渡

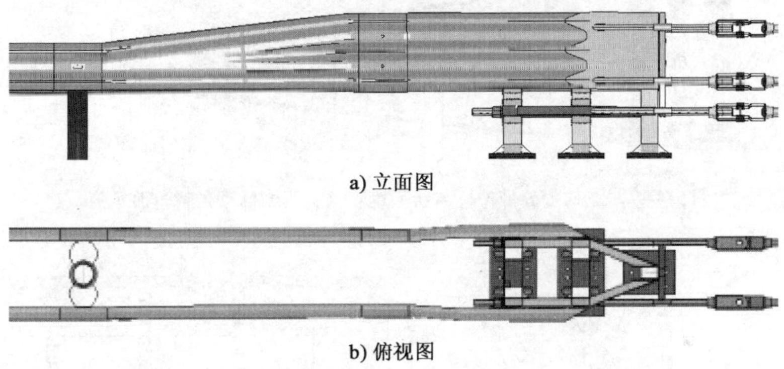

a) 立面图

b) 俯视图

图 5-4-14　与一柱双板中分带波形梁护栏端头过渡

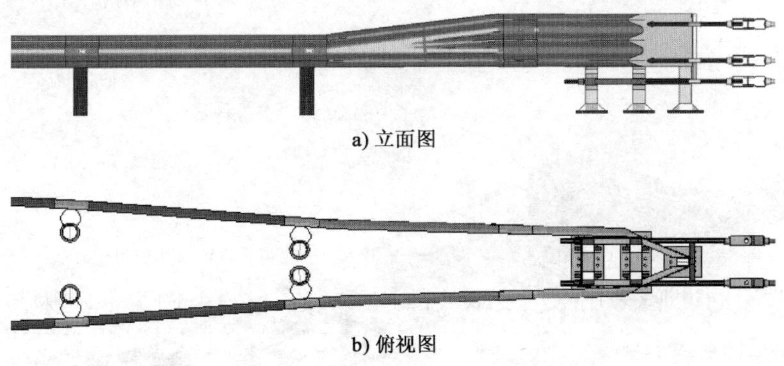

a) 立面图

b) 俯视图

图 5-4-15　与双排渐变波形梁护栏端头过渡

宽度的变化需要通过过渡角来过渡，若过渡长度过短，则角度过大，存在较大的安全隐患，因此通过设置异形端部框架和异形钢管预应力索桁架完成过渡，如图 5-4-17 所示。通过增加端部框架横梁长度增大端部框架宽度，以适应中分带护栏宽度，加宽的端部框

架采用6根立柱,原“王”字形横向支撑框架进行相应的加强,如图5-4-18a)所示。异形桁架两侧的钢管索横梁由宽到窄布置,横向连接构件同样进行相应的改变和加强如图5-4-18b)所示。通过渐变宽度的异形钢管预应力索桁架最终实现宽度的过渡,结构如图5-4-19所示。

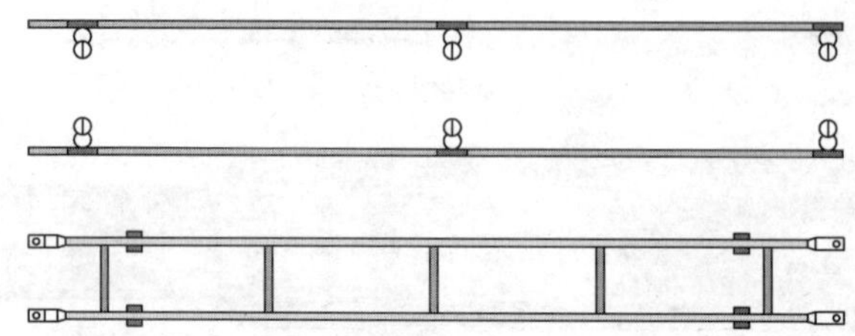

图5-4-16 双排中分带护栏与新型钢管预应力索活动护栏宽度对比

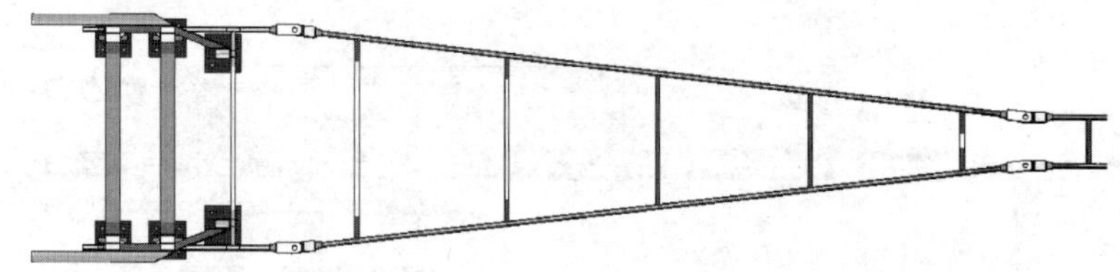

图5-4-17 宽式中分带护栏与新型钢管预应力索活动护栏过渡示意

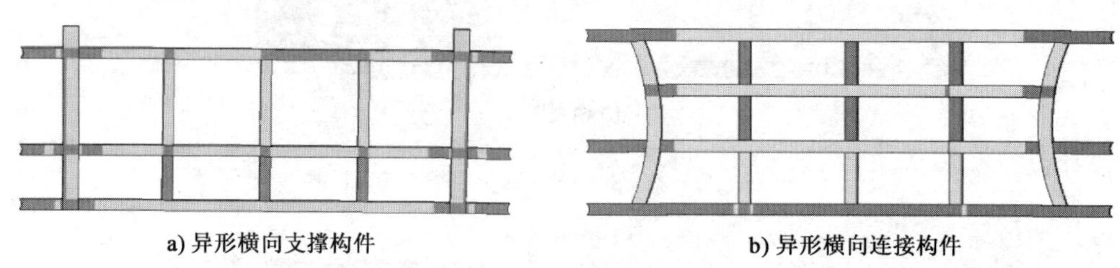

a)异形横向支撑构件　　b)异形横向连接构件

图5-4-18 异形横梁构件

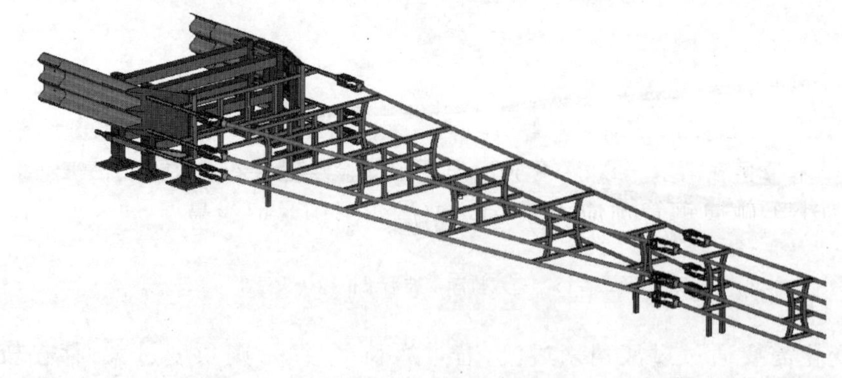

图5-4-19 宽式中分带护栏的过渡轴侧图

按照上述方式，活动护栏端部到中分带护栏端头宽度相适应，过渡方式与窄式中分带护栏相同：双片式混凝土护栏端头采用三波梁板直接锚固在混凝土护栏上，如图 5-4-20a）所示；双柱双排波形梁护栏端头采用过渡板平顺搭接即可，如图 5-4-20b）所示。

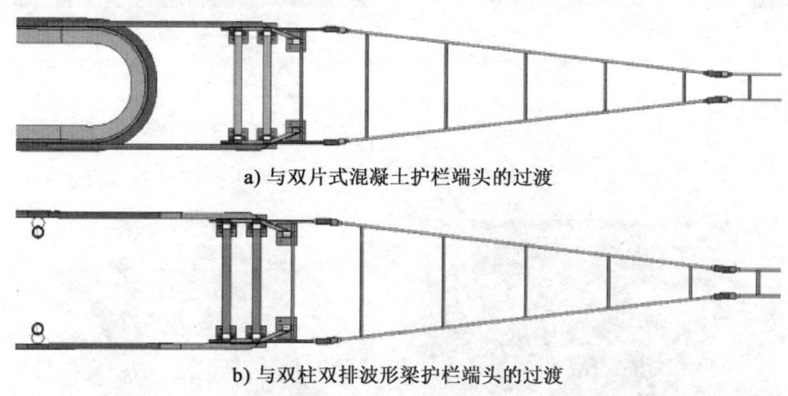

a）与双片式混凝土护栏端头的过渡

b）与双柱双排波形梁护栏端头的过渡

图 5-4-20　与宽式中分带护栏端头的活动护栏一体化结构

结合一体化设计方法与计算机仿真的手段，得到了新型钢管预应力索活动护栏一体化设计结构，其安全防护性能仍需进行进一步分析研究。

5.5　新型一体化设计钢管预应力索活动护栏安全性能评估

按照 5.4 节新型钢管预应力索活动护栏一体化设计方案，采用计算机仿真技术手段对其安全性能进行分析：首先通过实车碰撞试验数据对计算机仿真模型的可靠性进行验证，然后采用经过验证的高精度计算机仿真模型对设计结构的中间段、端部、端部两侧过渡位置、中分带护栏进行全面的安全性能分析和评估。

5.5.1　计算机仿真模型可靠性验证

对原钢管预应力索活动护栏进行过小客车和大客车碰撞护栏 1/3 位置处的实车碰撞试验，采用该试验数据校验仿真模型的准确性。

1）小客车碰撞护栏仿真模型准确性验证

图 5-5-1 为小车碰撞原钢管预应力索活动护栏过程对比图，通过试验和仿真结果可知：车辆行驶姿态仿真结果与试验结果一致，小车驶出角度的试验检测结果为 10.2°，仿真结果为 9.1°。

图 5-5-2 为小车碰撞钢管预应力索活动护栏变形图。护栏最大动态变形试验结果为 0.972m，仿真结果为 0.913m。仿真与试验的变形结果一致。

图 5-5-3 为小车重心处三方向加速度曲线图，其中试验加速度传感器采样频率为 20000Hz，在有限元模型中通过设定 DATABASE_NODOUT 关键字设定采样频率 50000Hz 可知，小车行车方向加速度试验为 4.4g、仿真为 4.1g；车宽方向加速度试验为 8.1g、仿真为 8.4g；车高方向加速度试验为 4.0g、仿真为 3.1g。

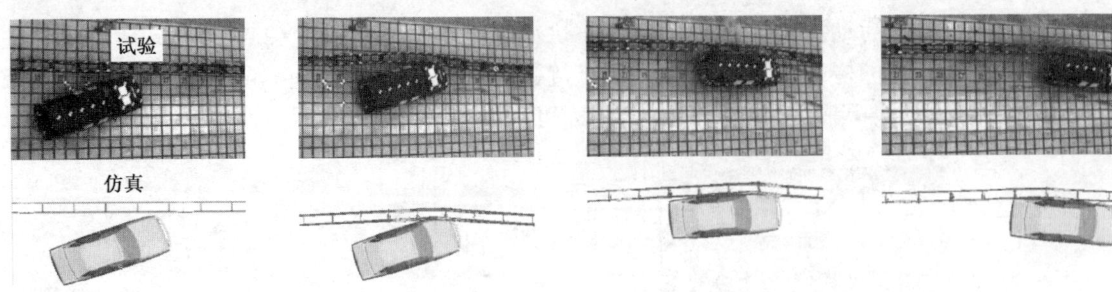

图 5-5-1 小客车碰撞原钢管预应力索活动护栏过程对比

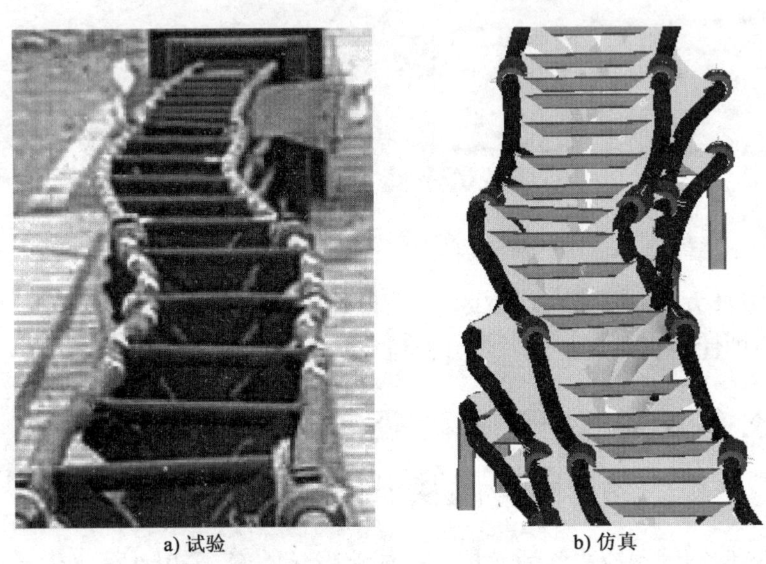

a) 试验　　b) 仿真

图 5-5-2 小客车碰撞钢管预应力索活动护栏变形

2）大客车碰撞护栏仿真模型准确性验证

图 5-5-4 为大客车碰撞钢管预应力索防撞活动护栏过程对比图，通过仿真和试验结果可知：车辆行驶姿态仿真结果与试验结果一致，大客车驶出角度的试验检测和仿真计算结果均为 0°。

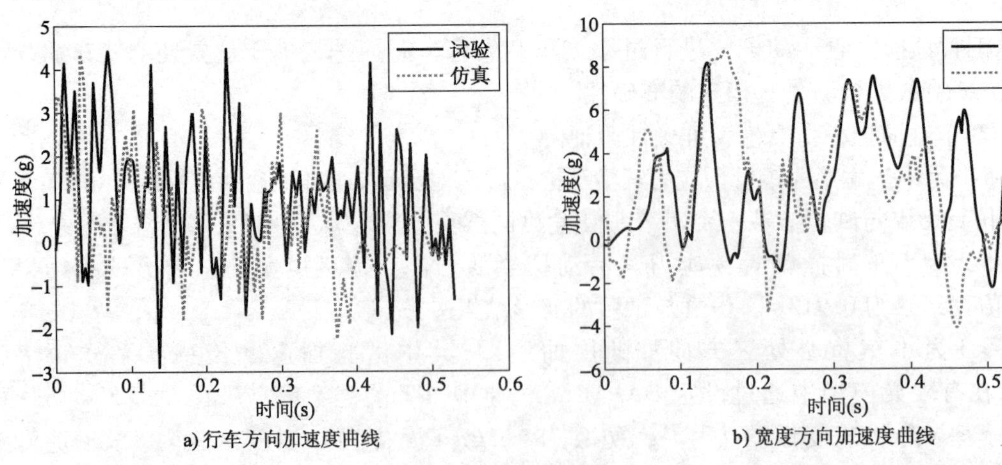

a) 行车方向加速度曲线　　b) 宽度方向加速度曲线

图 5-5-3

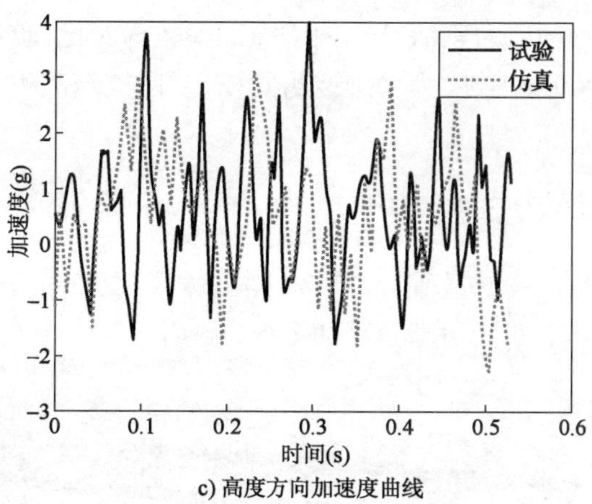

c) 高度方向加速度曲线

图 5-5-3　小车重心加速度曲线对比

图 5-5-5 为大客车碰撞钢管预应力索活动护栏变形对比图。护栏最大动态变形的试验结果为 1.093m，仿真结果为 1.1m。仿真与试验的变形结果一致。

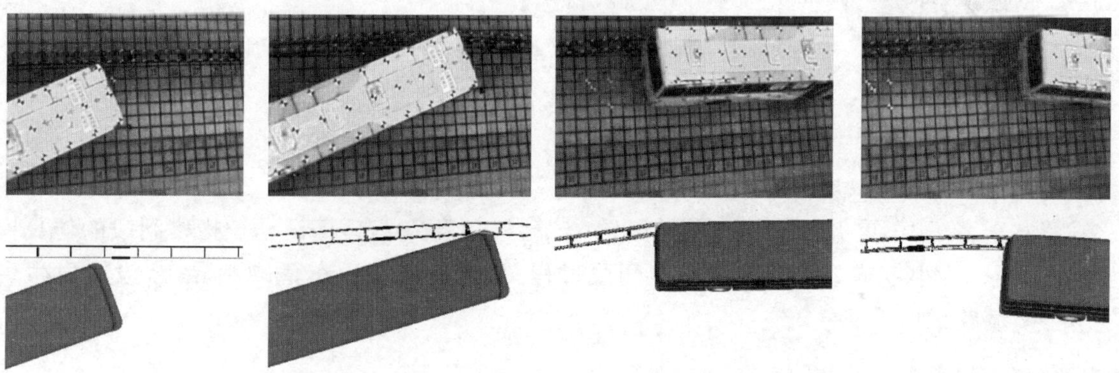

图 5-5-4　大客车碰撞钢管预应力索防撞活动护栏过程对比

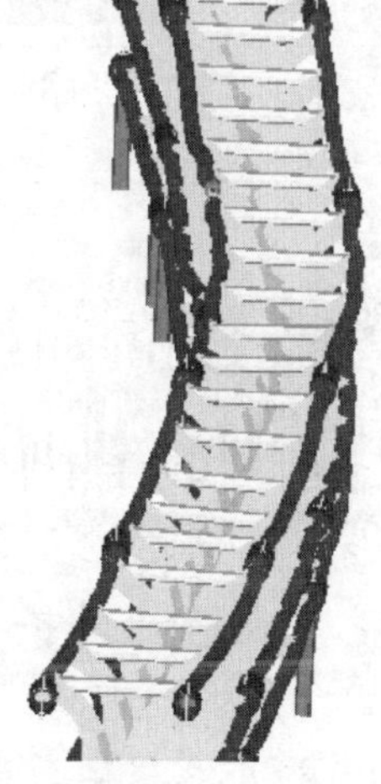

图 5-5-5　大客车碰撞钢管预应力索活动护栏变形对比

综上所述,通过与钢管预应力索活动护栏碰撞试验数据对比,验证了钢管预应力索活动护栏计算机仿真模型可靠性和准确性,为采用该仿真模型评估新型钢管预应力索活动护栏奠定了坚实基础。

5.5.2 活动护栏中间段安全性能评估

按照新型钢管预应力索活动护栏设计方案,建立仿真模型,并按照"新标准"中A级碰撞条件进行安全性能评估,其中间段仿真模型如图5-5-6所示。

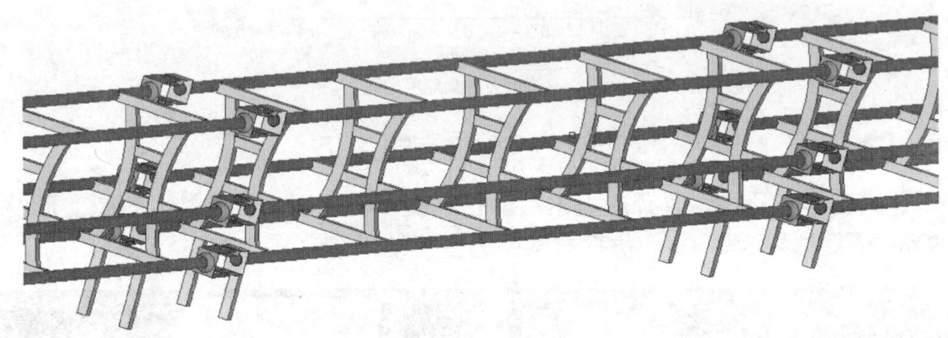

图5-5-6 活动护栏中间段仿真模型

1)小客车碰撞

建立小客车(车重1.5t、碰撞速度100km/h、碰撞角度20°)碰撞活动护栏中间段的仿真模型。图5-5-7为小客车碰撞活动护栏中间段过程图,可见碰撞后车辆顺利导出,没有发生穿越、翻越、骑跨护栏等现象。

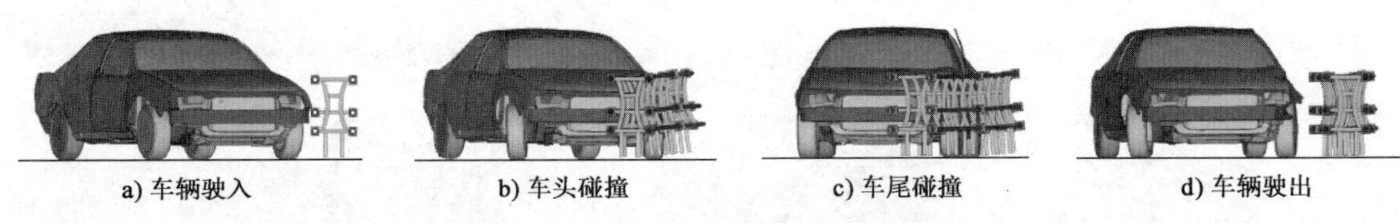

a) 车辆驶入 b) 车头碰撞 c) 车尾碰撞 d) 车辆驶出

图5-5-7 小客车碰撞活动护栏中间段过程

图5-5-8为小客车碰撞过程行驶轨迹,可以看出满足"新标准"驶出框要求,小客车驶离后未翻车。

小客车碰撞活动护栏中间段缓冲指标,乘员碰撞速度均小于12m/s,乘员碰撞后加速度均小于200m/s^2,各指标均满足要求。

图5-5-9为小客车碰撞活动护栏中间段活动护栏破坏情况,护栏碰撞后基本恢复原状。

通过以上分析可见,小客车碰撞新型钢管预应力索活动护栏中间段各项指标均满足"新标准"要求。

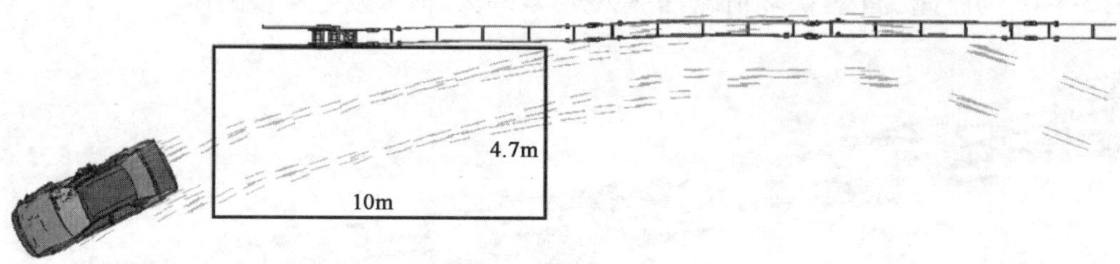

图 5-5-8　小客车碰撞活动护栏中间段驶出框

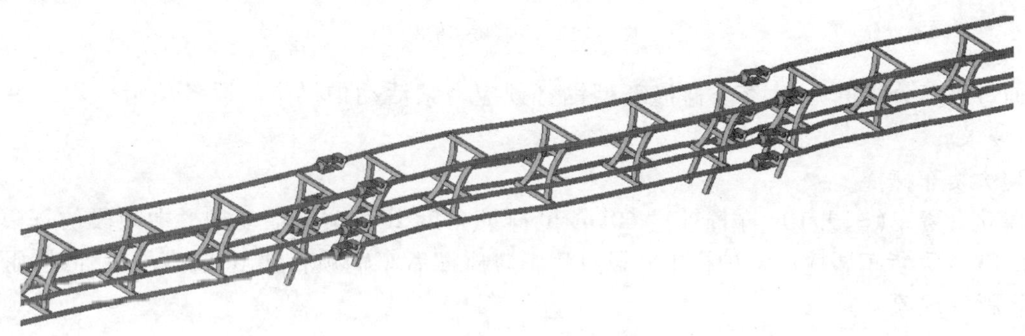

图 5-5-9　小客车碰撞活动护栏中间段活动护栏破坏情况

2）大客车碰撞

建立大客车（车重 10t、碰撞速度 60km/h、碰撞角度 20°）碰撞活动护栏中间段的仿真模型。图 5-5-10 为大客车碰撞活动护栏中间段过程图。碰撞后车辆顺利驶出，没有发生穿越、翻越、骑跨护栏等现象。

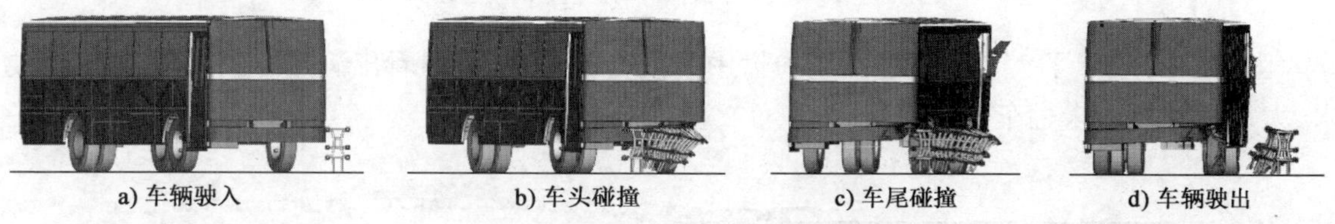

图 5-5-10　大客车碰撞活动护栏中间段过程

图 5-5-11 表示了大客车碰撞活动护栏中间段行驶轨迹，可以看出满足“新标准”驶出框要求，大客车驶离后未翻车。

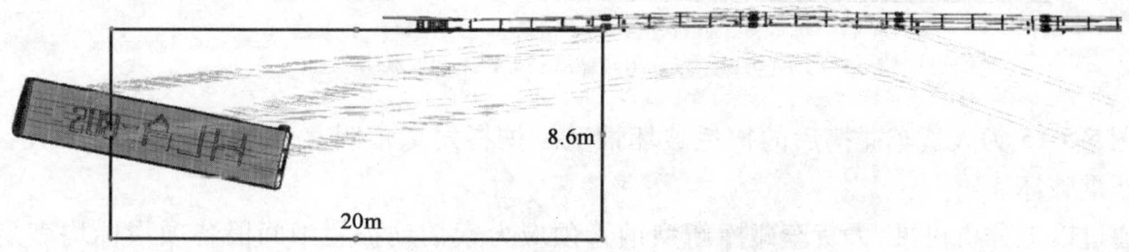

图 5-5-11　大客车碰撞活动护栏中间段驶出框

图5-5-12为碰撞后护栏破坏情况，护栏变形范围大，但未发生严重破坏。

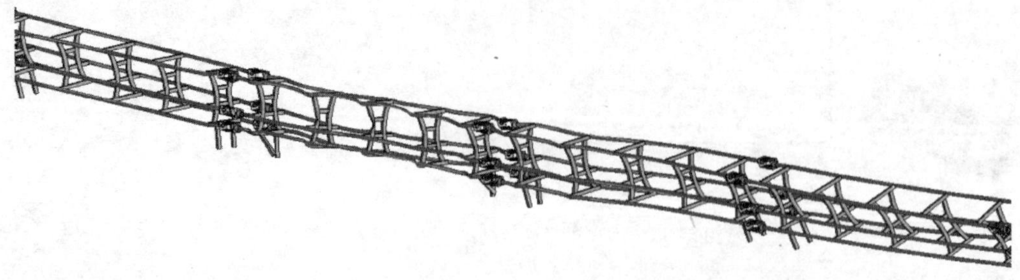

图5-5-12　护栏破坏情况

通过以上分析可见，大客车碰撞新型钢管预应力索活动护栏中间段各项指标均满足“新标准”要求。

3）大货车碰撞

建立大货车（车重10t、碰撞速度60km/h、碰撞角度20°）碰撞活动护栏中间段仿真模型。图5-5-13为大货车碰撞活动护栏中间段过程图。碰撞后车辆顺利驶出，没有发生穿越、翻越、骑跨护栏等现象。

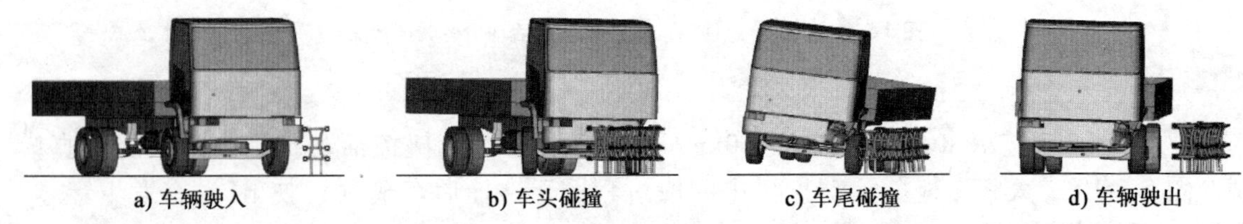

a）车辆驶入　b）车头碰撞　c）车尾碰撞　d）车辆驶出

图5-5-13　大货车碰撞活动护栏中间段过程

图5-5-14表示了大货车碰撞活动护栏中间段行驶轨迹，可以看出满足“新标准”驶出框要求，大货车驶离后未翻车。

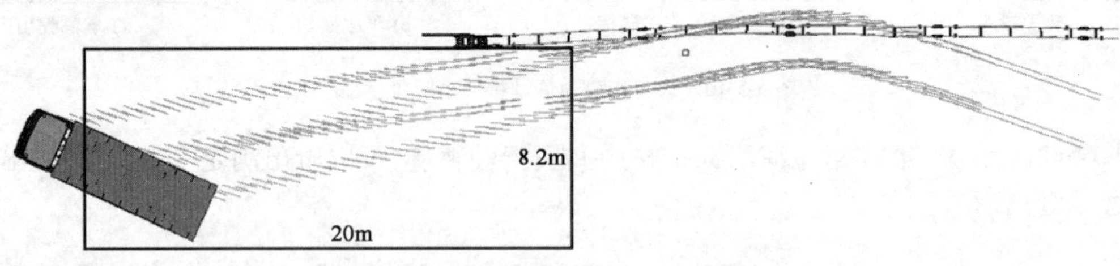

图5-5-14　大货车碰撞活动护栏中间段驶出框

图5-5-15为大货车碰撞后的护栏破坏情况。护栏发生很明显变形，且变形范围大，但未发生严重破坏。

通过以上分析可见，大货车碰撞新型钢管预应力索活动护栏中间段各项指标均满足“新标准”要求。

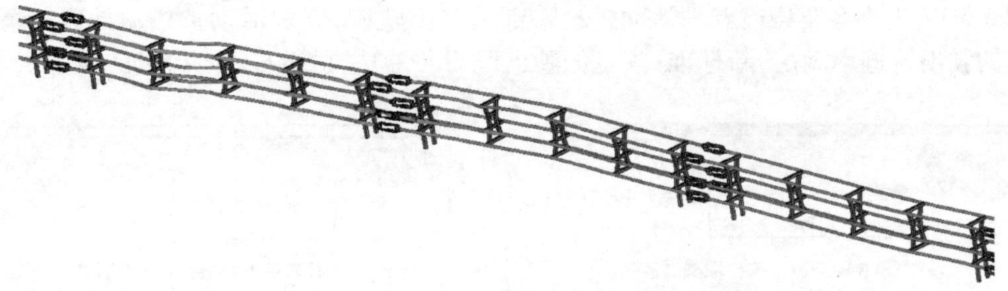

图 5-5-15　大货车及活动护栏破坏情况

5.5.3　活动护栏端部安全性能评估

根据常见的五种中分带护栏端头形式，建立相应的新型钢管预应力索活动护栏计算机仿真模型，按照“新标准”A 级碰撞条件，对新型钢管预应力索活动护栏端部和相邻中分带波形梁护栏的安全性能进行评估。

1）小客车碰撞

图 5-5-16 为小客车碰撞五种活动护栏端部过程图。车辆在碰撞护栏过程中姿态良好，没有发生穿越、翻越、骑跨护栏等现象，碰撞后车辆顺利驶出，恢复到正常行驶姿态。

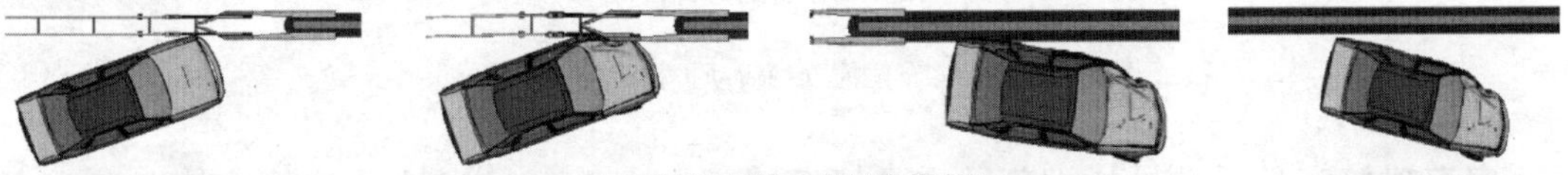

a）与单坡面混凝土护栏端头过渡

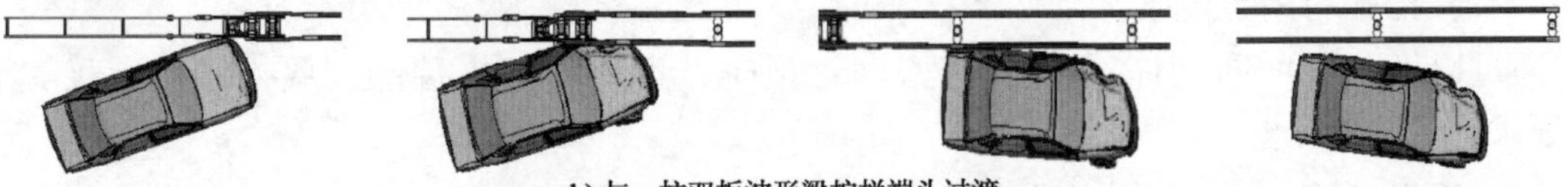

b）与一柱双板波形梁护栏端头过渡

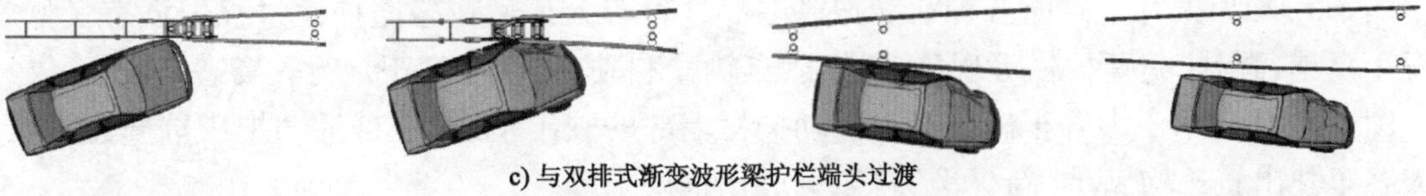

c）与双排式渐变波形梁护栏端头过渡

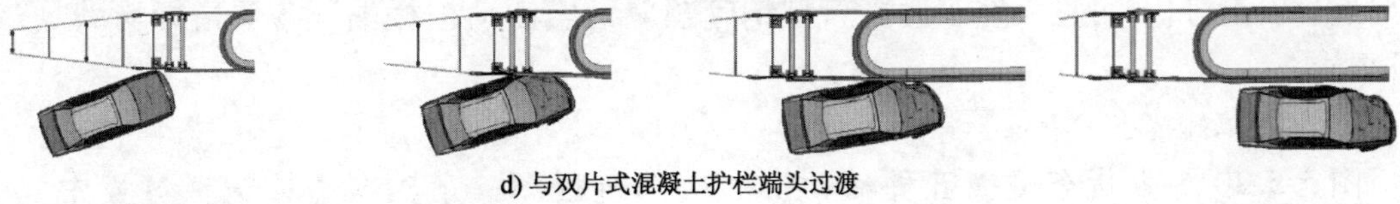

d）与双片式混凝土护栏端头过渡

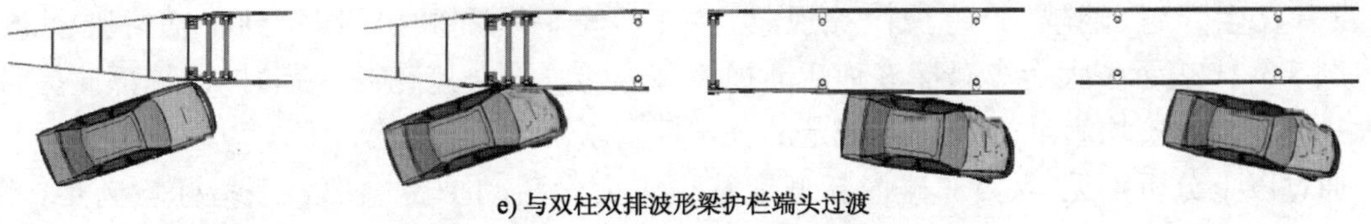

e）与双柱双排波形梁护栏端头过渡

图 5-5-16　小客车碰撞五种活动护栏端部过程

图 5-5-17 为小客车碰撞五种活动护栏端部的驶出轨迹，五种活动护栏端部碰撞情况下，小客车的驶出轨迹均满足“新标准”规定的驶出框要求，护栏端部的导向功能良好。

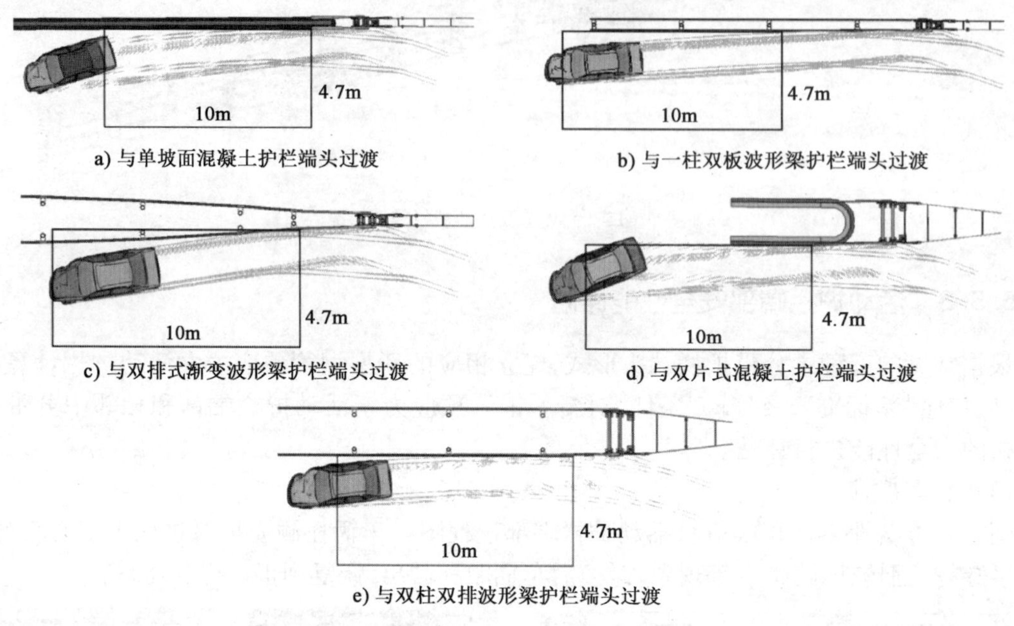

a) 与单坡面混凝土护栏端头过渡　b) 与一柱双板波形梁护栏端头过渡

c) 与双排式渐变波形梁护栏端头过渡　d) 与双片式混凝土护栏端头过渡

e) 与双柱双排波形梁护栏端头过渡

图 5-5-17　小客车碰撞五种活动护栏端部驶出框图

小客车碰撞五种活动护栏端部的乘员碰撞速度均小于 12m/s，乘员碰撞后加速度均小于 200m/s^2，各指标均满足要求。

通过以上分析可见，小客车碰撞新型钢管预应力索活动护栏端部各项指标均满足“新标准”要求。

2）大客车碰撞

图 5-5-18 为大客车碰撞五种活动护栏端部过程图。车辆在碰撞护栏过程中姿态良好，没有发生穿越、翻越、骑跨护栏等现象，碰撞后车辆顺利驶出，恢复到正常行驶姿态。

图 5-5-19 表示了大客车碰撞五种活动护栏端部的驶出轨迹，五种活动护栏端部碰撞情况下大客车驶出轨迹均满足“新标准”规定的驶出框要求。

通过以上分析，可见大客车碰撞新型钢管预应力索活动护栏端部各项指标均满足“新标准”要求。

3）大货车碰撞

图 5-5-20 为大货车碰撞五种活动护栏端部过程图。车辆在碰撞护栏过程中姿态良好，没有发生穿越、翻越、骑跨护栏等现象，碰撞后车辆顺利驶出，恢复到正常行驶姿态。

图 5-5-21 表示了大货车碰撞五种活动护栏端部的驶出轨迹，五种活动护栏端部碰撞情况下大货车驶出轨迹均满足“新标准”规定的驶出框要求。

通过以上分析可见，大货车碰撞新型钢管预应力索活动护栏端部各项指标均满足“新标准”要求。

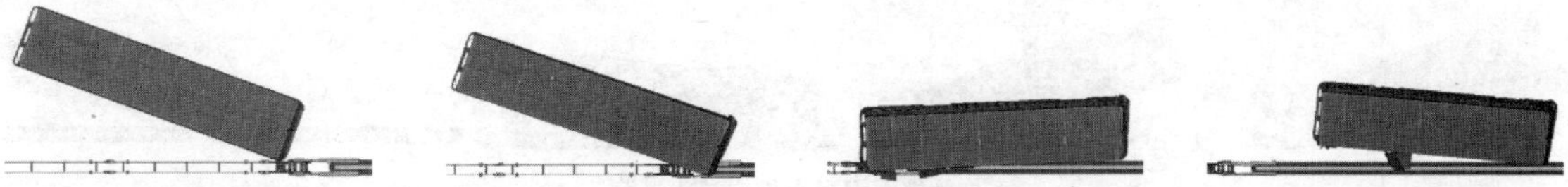

a) 与单坡面混凝土护栏端头过渡

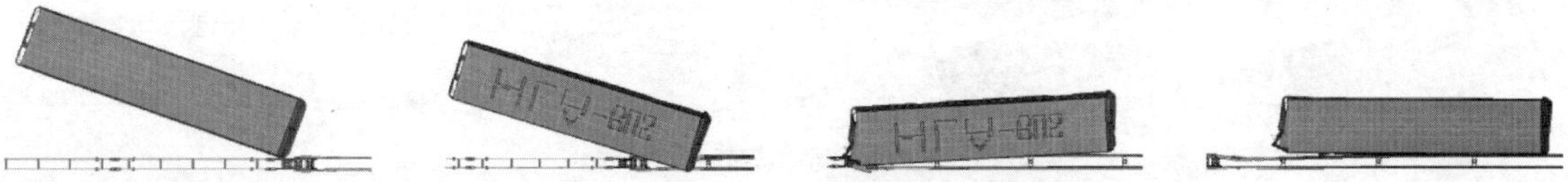

b) 与一柱双板波形梁护栏端头过渡

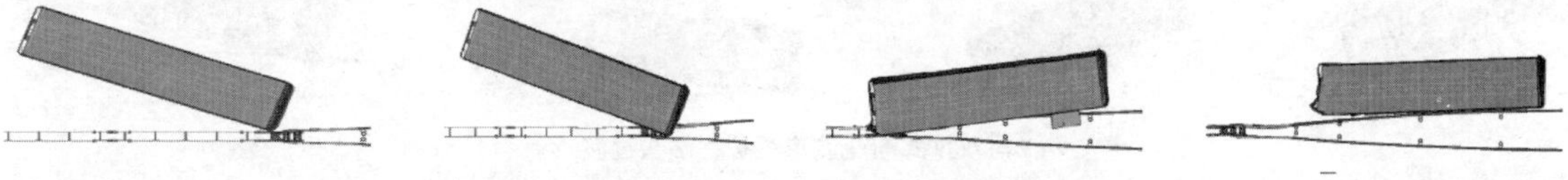

c) 与双排式渐变波形梁护栏端头过渡

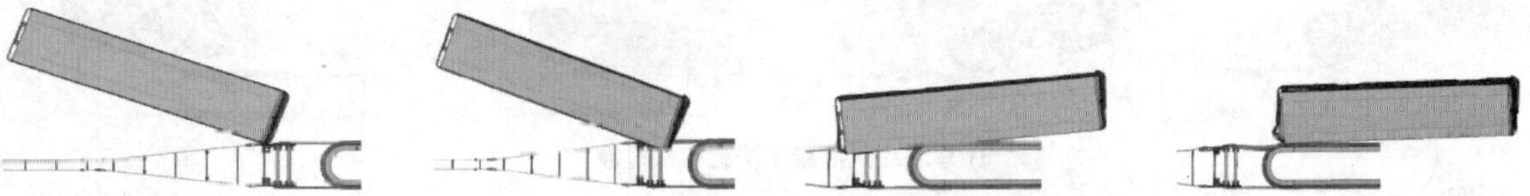

d) 与双片式混凝土护栏端头过渡

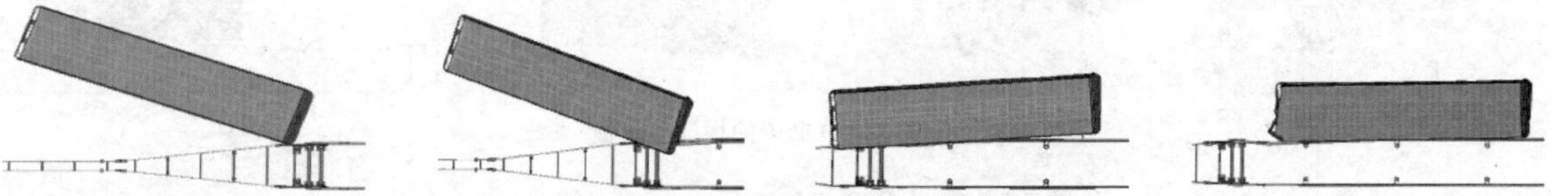

e) 与双柱双排波形梁护栏端头过渡

图 5-5-18　大客车碰撞五种活动护栏端部过程

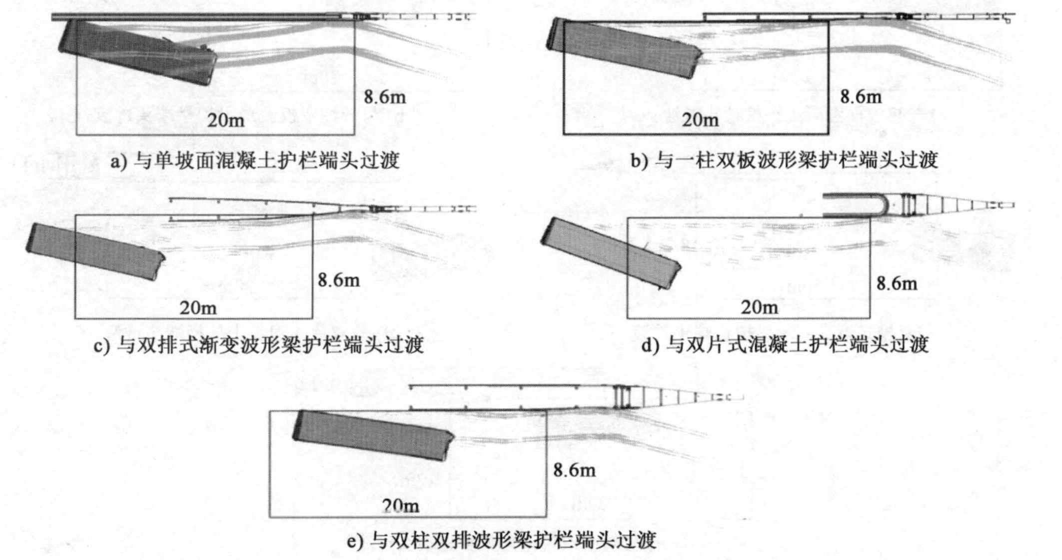

a) 与单坡面混凝土护栏端头过渡　b) 与一柱双板波形梁护栏端头过渡

c) 与双排式渐变波形梁护栏端头过渡　d) 与双片式混凝土护栏端头过渡

e) 与双柱双排波形梁护栏端头过渡

图 5-5-19　大客车碰撞五种活动护栏端部驶出框图

a) 与单坡面混凝土护栏端头过渡

b) 与一柱双板波形梁护栏端头过渡

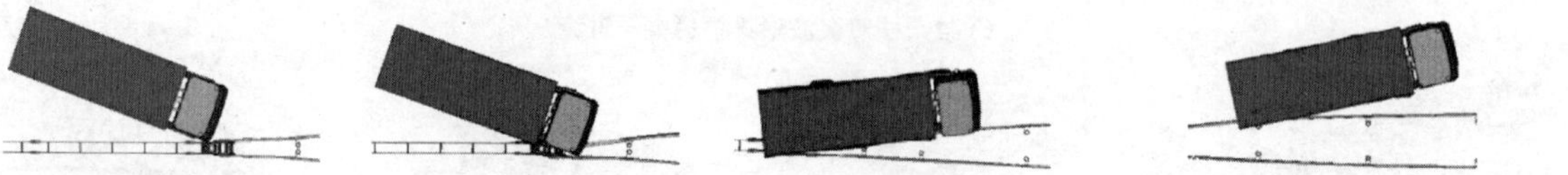

c) 与双排式渐变波形梁护栏端头过渡

d) 与双片式混凝土护栏端头过渡

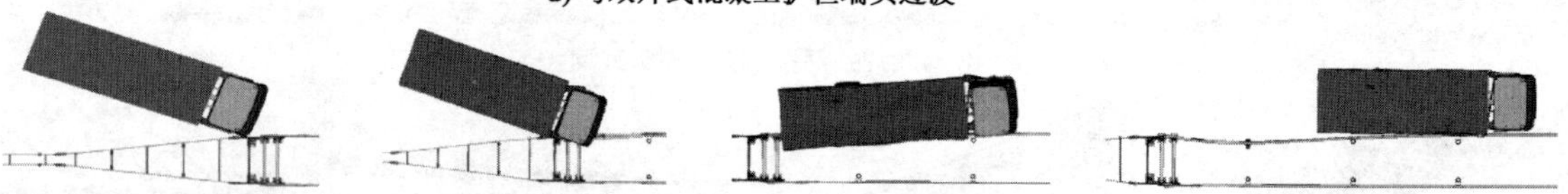

e) 与双柱双排波形梁护栏端头过渡

图 5-5-20　大货车碰撞五种活动护栏端部过程

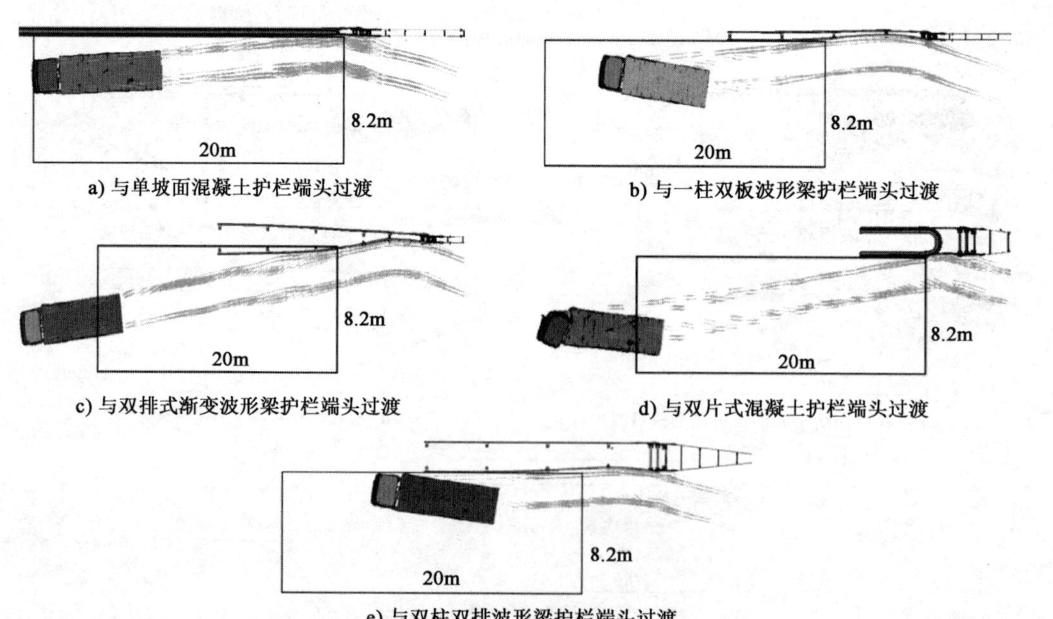

a) 与单坡面混凝土护栏端头过渡

b) 与一柱双板波形梁护栏端头过渡

c) 与双排式渐变波形梁护栏端头过渡

d) 与双片式混凝土护栏端头过渡

e) 与双柱双排波形梁护栏端头过渡

图 5-5-21　大货车碰撞五种活动护栏端部驶出框图

5.5.4　活动护栏端部两侧过渡位置安全性能评估

除了“新标准”中要求的活动护栏中间位置和端部位置这两个碰撞点，根据活动护栏结构的不同也会存在其他危险碰撞点。针对新型钢管预应力索活动护栏结构特点，其端部框架到中分带护栏的过渡位置、活动护栏中间段到端部框架的过渡位置均可能存在不同程度的安全隐患，因此采用计算机仿真的方法，通过小客车和大客车的仿真碰撞计算，对新型钢管预应力索活动护栏的两个过渡位置的安全性进行进一步评估。

1）活动护栏端部框架到护栏中间段的过渡

在新型钢管预应力索活动护栏宽式中分带护栏端头过渡的一体化结构中，活动护栏端部框架加宽，活动护栏中间段到端部框架之间设置异形过渡段，该过渡段具有一定角度，存在一定的安全风险，因此以小型客车和大型客车碰撞作为研究对象，建立计算机仿真模型，验证该过渡段的安全性能，如图 5-5-22 所示。

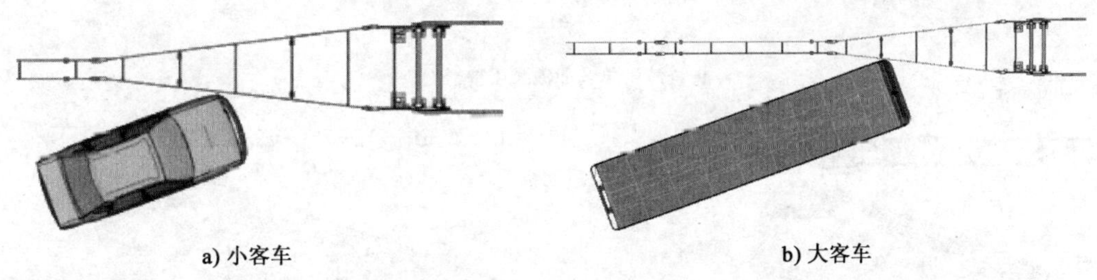

a) 小客车　　b) 大客车

图 5-5-22　活动护栏端部框架到护栏中间段过渡位置仿真碰撞模型

图 5-5-23 为小客车和大客车碰撞活动护栏端部框架到护栏中间段过渡位置仿真碰撞过程图，两种车型均可正常驶出，没有发生穿越、翻越、骑跨护栏等现象，该过渡段可对小客车、大客车实现有效防护。

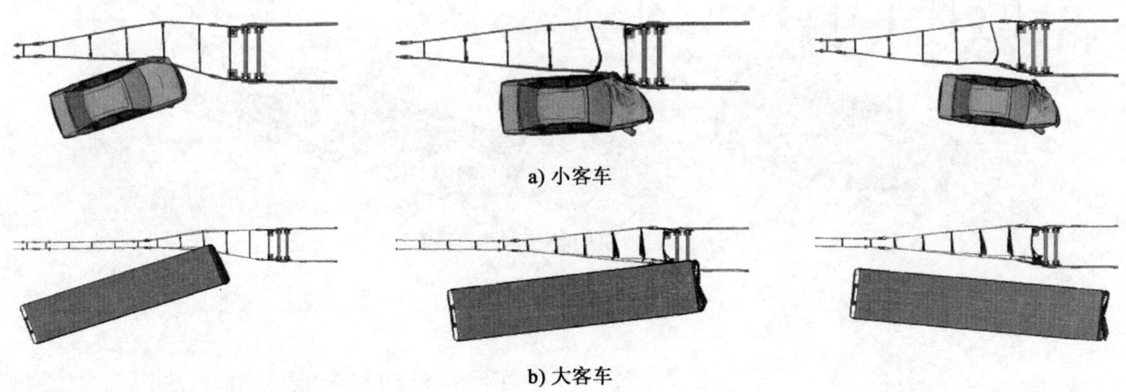

a) 小客车

b) 大客车

图 5-5-23　小客车和大客车碰撞活动护栏端部框架到护栏中间段过渡位置仿真碰撞过程

2）活动护栏端部框架到中分带护栏的过渡

经过活动护栏与五种常见中分带护栏端头的一体化设计，综合每种结构中的最不利因素可知：与单片式混凝土护栏端头过渡位置最易发生绊阻，与双排式渐变波形梁护栏端头和双柱双排未渐变过渡波形梁护栏端头过渡位置强度较弱。因此对这三种中分带护栏端头与端部框架的连接过渡位置进行仿真验算。

其中,双柱双排波形梁护栏端头较混凝土护栏强度较弱,因此选择活动护栏端部框架到双柱双排波形梁护栏端头的过渡段作为过渡到宽式中分带护栏的研究对象;窄式中分带护栏较易过渡,但是到单坡面混凝土护栏端部的过渡易发生车辆绊阻,因此取活动护栏端部框架到单坡面混凝土护栏的过渡段作为过渡到窄式中分带护栏的研究对象。建立小客车和大客车碰撞的仿真模型,如图 5-5-24 所示。

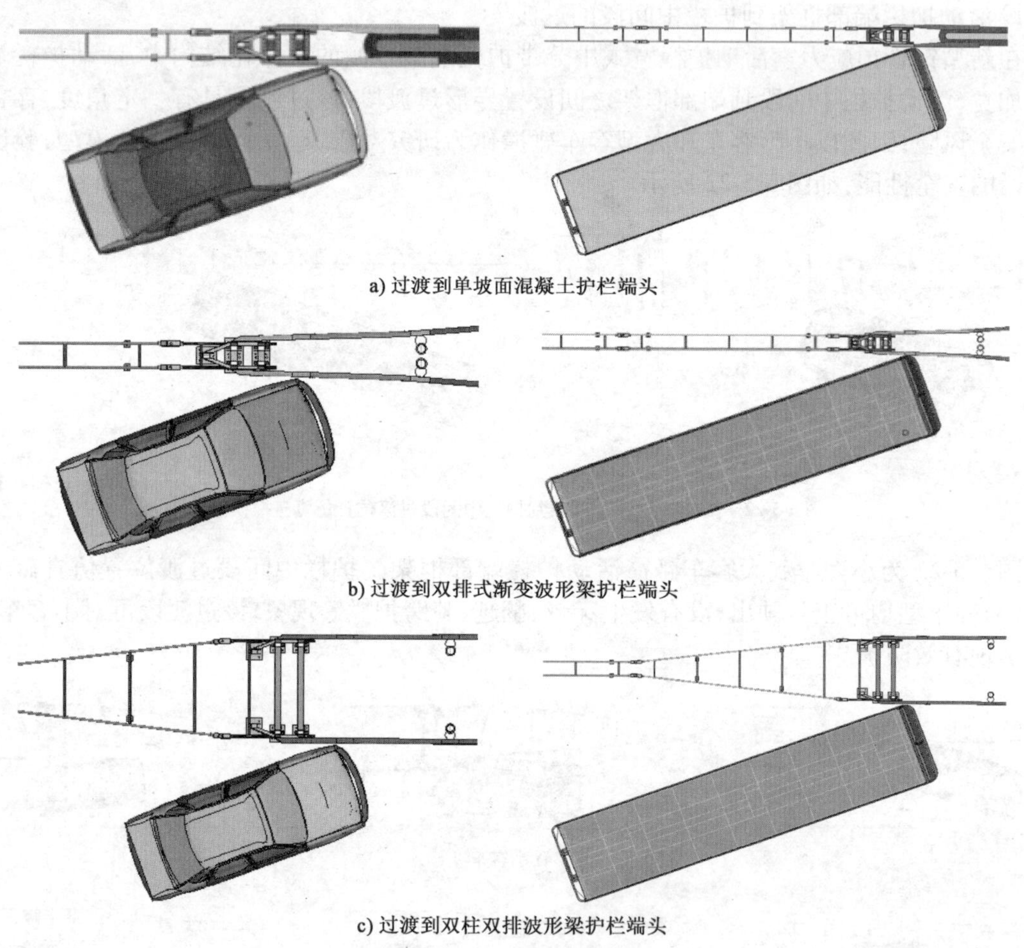

图 5-5-24　小客车和大客车碰撞活动护栏端部框架到中分带护栏过渡位置仿真碰撞模型

图 5-5-25 为小客车和大客车碰撞活动护栏端部框架到单坡面混凝土护栏过渡段过程,两种车型均可正常驶出,没有发生穿越、翻越、骑跨护栏等现象,实现了对车辆的有效防护。

图 5-5-26 为小客车和大客车碰撞活动护栏端部框架到双排式渐变波形梁护栏端头过渡段过程,两种车型均可正常导出,没有发生穿越、翻越、骑跨护栏等现象,对车辆实现有效防护。

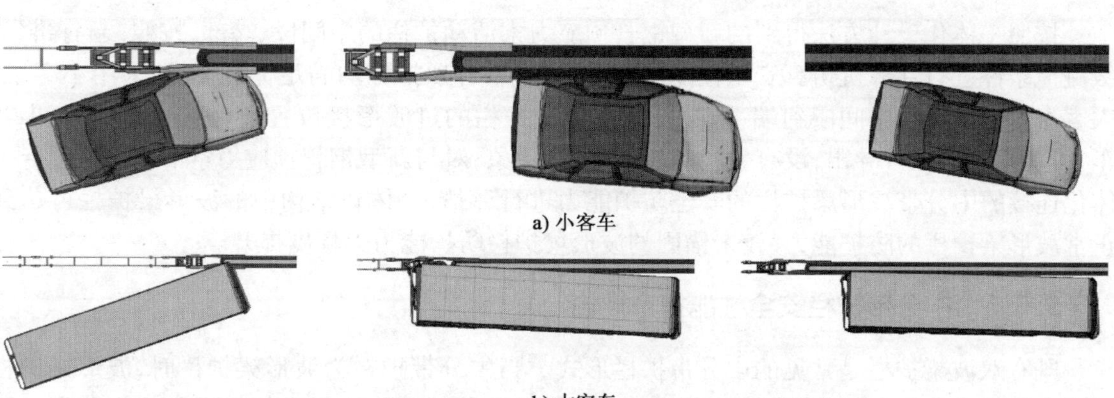

a) 小客车

b) 大客车

图 5-5-25　小客车和大客车碰撞活动护栏端部框架到单坡面混凝土护栏过渡段过程

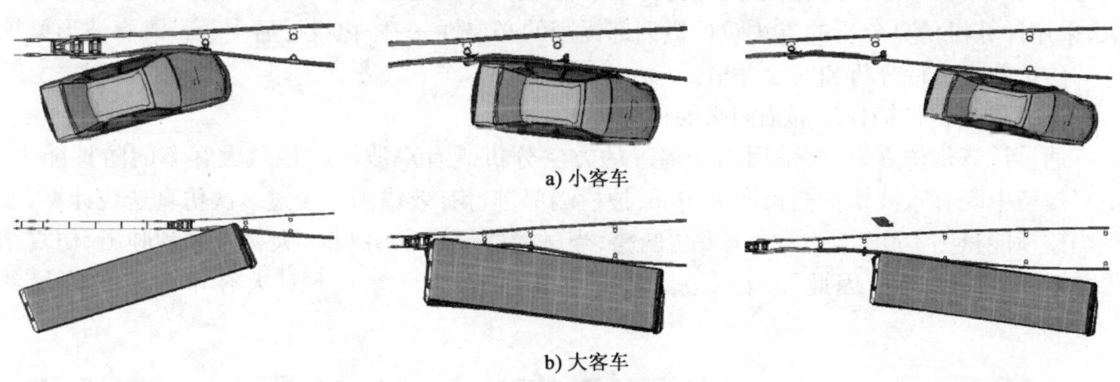

a) 小客车

b) 大客车

图 5-5-26　小客车和大客车碰撞活动护栏端部框架到双排式渐变波形梁护栏端头过渡段过程

图 5-5-27 为小客车和大客车碰撞活动护栏端部框架到双柱双排波形梁护栏端头过渡段过程，两种车型均可正常驶出，没有发生穿越、翻越、骑跨护栏等现象，对车辆实现有效防护。

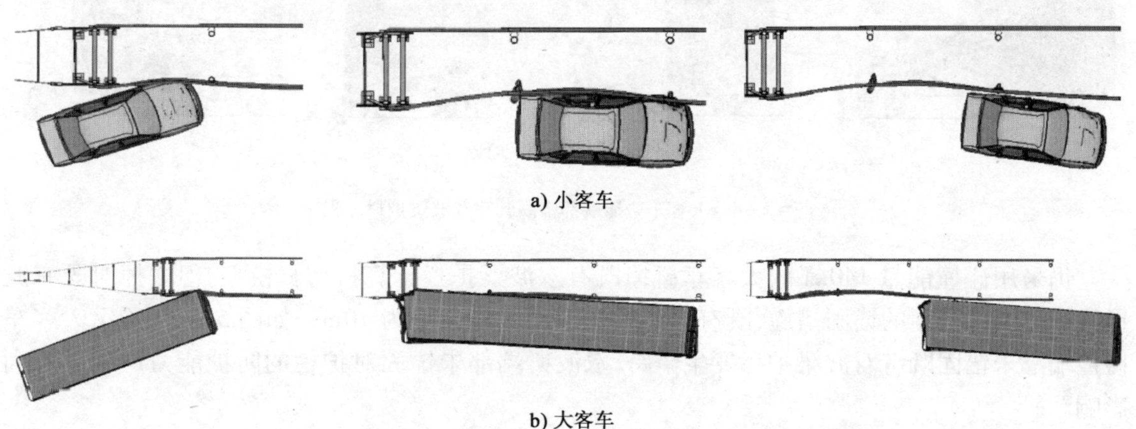

a) 小客车

b) 大客车

图 5-5-27　小客车和大客车碰撞活动护栏端部框架到双柱双排波形梁护栏端头过渡段过程

按照一体化设计方法得到的新型钢管预应力索活动护栏的中间段、端部,按照“新标准”A级碰撞条件进行计算机仿真安全性能评估,仿真结果各项指标均满足标准要求;采用小客车、大客车对活动护栏中间段到端部、端部到中分带护栏的过渡衔接位置进行研究和评估,小客车、大客车均可正常导出,没有发生穿越、绊阻等现象;对与新型钢管预应力索活动护栏进行一体化连接的中分带波形梁护栏的安全防护能力进行评估,一体化结构中的波形梁护栏可达到正常波形梁护栏的防护能力,较未锚固的波形梁护栏防护能力大幅度提升。

5.5.5 中分带护栏安全性能提升评估

既有双波梁护栏是常见的中分带护栏形式。当中分带护栏为波形梁护栏时,波形梁护栏端部的锚固对整个中分带护栏正常防护能力的发挥至关重要,而活动护栏端部与中分带波形梁护栏的一体化设计很好地解决了这一问题。为了进一步验证新型钢管预应力索活动护栏一体化结构对中分带波形梁护栏防护能力的提升效果,以大客车碰撞既有双波梁护栏为研究对象,采用计算机仿真分析的方法对护栏端部锚固的必要性、一体化设计后中分带既有波形梁护栏的防护能力进行分析和安全评估。

1)波形梁护栏护栏端部锚固必要性分析

通过计算机仿真模型,采用逐步逼近的方法分析既有双波梁护栏对大客车的防护能力。仿真模型中既有双波梁护栏长度为70m,护栏端部进行有效锚固。经过多次仿真迭代计算,发现当碰撞能量为150kJ时,大客车发生骑跨;当碰撞能量为140kJ时,大客车顺利驶出,仿真结果如图5-5-28所示。因此既有双波梁护栏在正常锚固的情况下对大客车的防护能量约为140kJ。

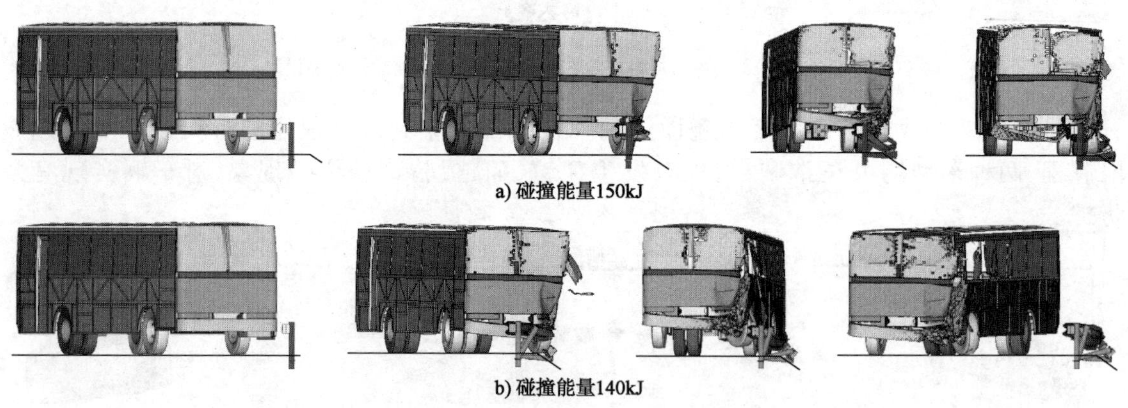

a) 碰撞能量150kJ

b) 碰撞能量140kJ

图5-5-28 大客车碰撞端部锚固既有双波梁护栏过程

仍采用碰撞能量140kJ的大客车碰撞既有双波梁护栏计算机仿真模型,但去掉对既有波形梁护栏端部锚固的锚固措施,既有双波梁护栏设置长度仍为70m。如图5-5-29所示大客车碰撞端部未锚固既有双波梁护栏发生骑跨,双波梁端部未锚固对护栏的防护能力产生了不利影响。

建立2km长的既有双波梁护栏模型,且端部未设置锚固设施,采用碰撞能量140kJ的大客车碰撞距离护栏模型上游端部不同距离位置,对既有双波梁护栏端部锚固影响范围进行分析。

通过多次迭代计算，当碰撞点距离未锚固的上游端部达到260m时，大客车碰撞既有双波梁护栏后可顺利导出，如图5-5-30所示；当距离为250m时，如图5-5-31所示大客车碰撞后发生骑跨，距离该端部250m范围内波形梁护栏不能发挥正常的防护能力。

图5-5-29　大客车碰撞端部未锚固既有双波梁护栏（碰撞能量140kJ）

图5-5-30　大客车碰撞上游端部260m处（碰撞能量140kJ）

图5-5-31　大客车碰撞上游端部250m处（碰撞能量140kJ）

仍采用2km长的既有双波梁护栏模型，端部未设置锚固设施，设置大客车碰撞距离上游端部130m与65m处，通过改变碰撞能量，对未锚固中分带既有双波梁护栏防护能力进行进一步分析，结果如表5-5-1所示。

大客车碰撞上游端部130m与65m处仿真结果　　表5-5-1

距离上游端部长度（m）	碰撞能量（kJ）	碰撞后车辆状态	图　片
130	100	车辆骑跨	
130	90	车辆导出	

续上表

距离上游端部长度(m)	碰撞能量(kJ)	碰撞后车辆状态	图　　片
65	80	车辆骑跨	
65	70	车辆导出	

根据仿真分析结果,既有双波梁护栏在充分长的情况下,若端部未锚固,上游端部250m的范围内不能正常发挥护栏的安全防护功能,上游端部130m处对大客车的防护能量约为90kJ,上游端部65m对大客车的防护能量约为70kJ,得到初步的防护能量变化曲线如图5-5-32所示。

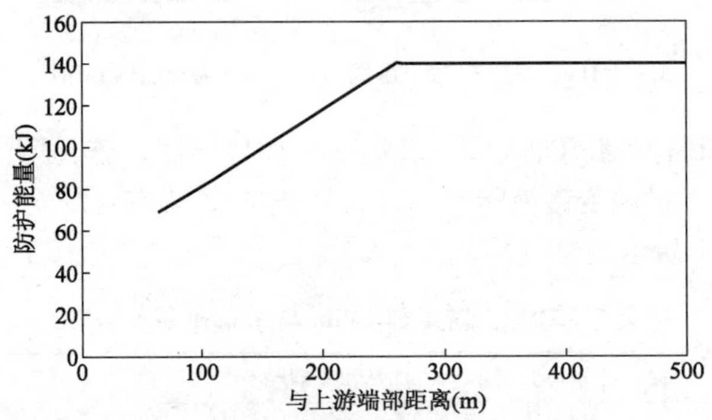

图5-5-32　端部未锚固既有双波梁护栏防护能量变化曲线

继续采用2km长的既有双波梁护栏模型,端部未设置锚固设施,设置碰撞能量140kJ的大客车碰撞距离护栏下游端部30m处,如图5-5-33所示为其仿真结果,可以看到大客车穿越波形梁护栏,说明下游端部未锚固的波形梁护栏不能发挥正常的安全防护能力。

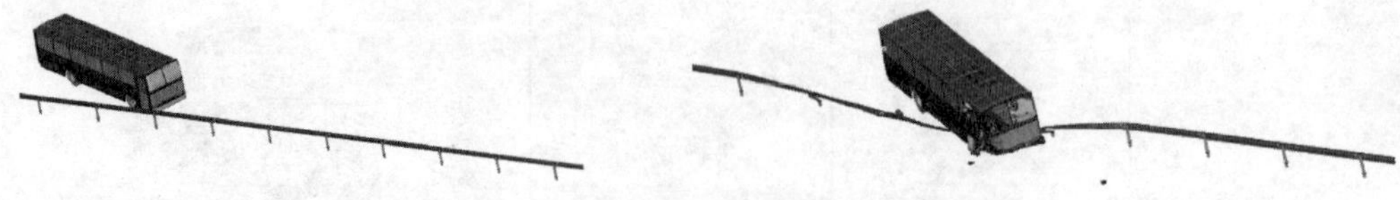

图5-5-33　大客车碰撞下游端部30m处(碰撞能量140kJ)

经过前面的分析可以得到结论，端部未锚固的波形梁护栏对车辆的防护能力下降，为了正常发挥波形梁护栏对失控车辆的安全防护功能，其上游、下游两个端部必须锚固。

2）一体化设计的中分带既有双波梁护栏防护能力评估

为了验证一体化结构对中分带波形梁护栏的锚固效果，采用计算机仿真模型评估在新型钢管预应力索活动护栏一体化设计理念下既有双波梁护栏是否能够正常发挥安全防护能力。

（1）上游端部

研究针对双排式渐变波形梁护栏端头一体化结构、双柱双排波形梁护栏端头一体化结构两种情况，建立碰撞能量为140kJ的大客车碰撞中分带既有双波梁护栏上游端部2m处的模型，如图5-5-34所示。

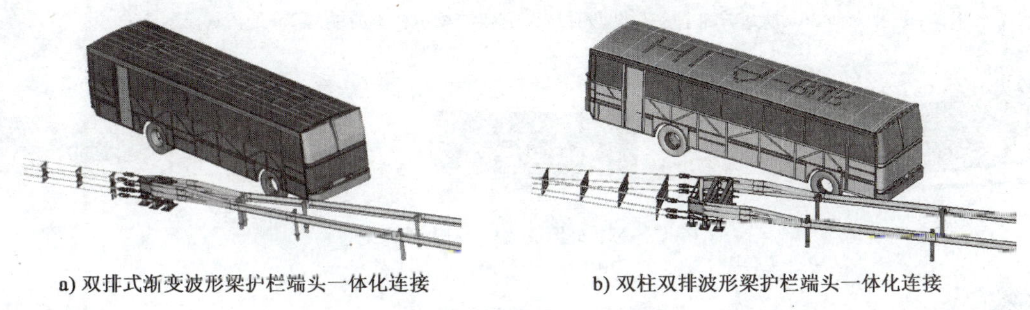

a) 双排式渐变波形梁护栏端头一体化连接　　b) 双柱双排波形梁护栏端头一体化连接

图5-5-34　大客车碰撞一体化设计的既有双波梁护栏上游端部2m处仿真模型

图5-5-35为其仿真结果，可见车辆均正常驶出，既有双波梁护栏可实现正常的对车辆的防护能力，一体化设计的新型钢管预应力索活动护栏可对中分带波形梁护栏上游端部实现有效锚固。

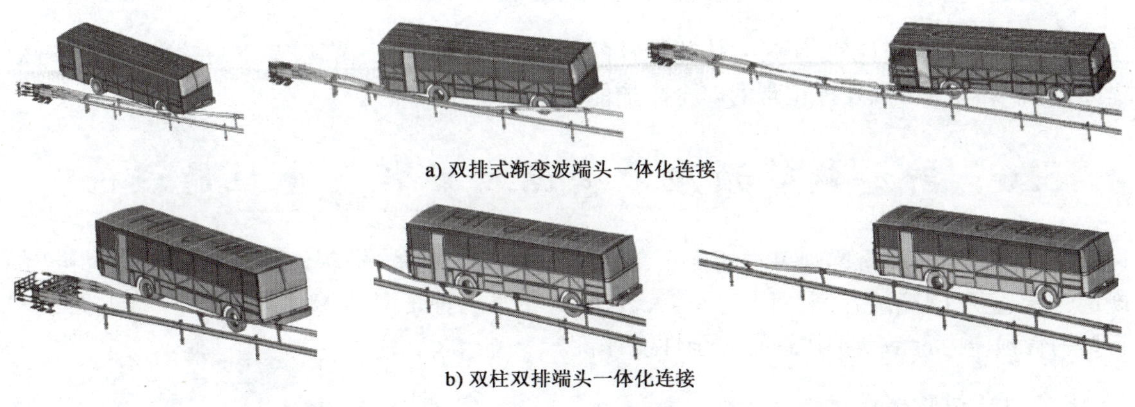

a) 双排式渐变波端头一体化连接

b) 双柱双排端头一体化连接

图5-5-35　大客车碰撞一体化设计的既有双波梁护栏上游端部2m处碰撞仿真结果

（2）下游端部

针对双排式渐变波形梁护栏端头一体化结构和双柱双排波形梁护栏端头一体化结构，建立碰撞能量为140kJ的大客车碰撞中分带既有双波梁护栏下游端部2m处的模型，如图5-5-36所示。

图5-5-37为其仿真结果，可见车辆均正常驶出，既有双波梁护栏可实现正常的对车辆的

防护能力,一体化设计的新型钢管预应力索活动护栏可对中分带波形梁护栏下游端部实现有效锚固。

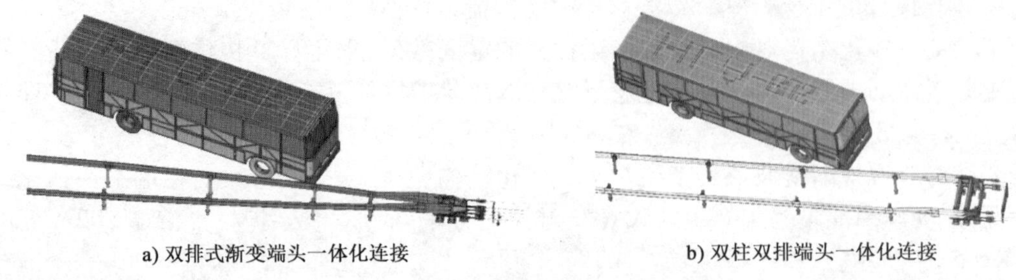

a) 双排式渐变端头一体化连接　　b) 双柱双排端头一体化连接

图 5-5-36　大客车碰撞一体化设计的既有双波梁护栏下游端部 2m 处仿真模型

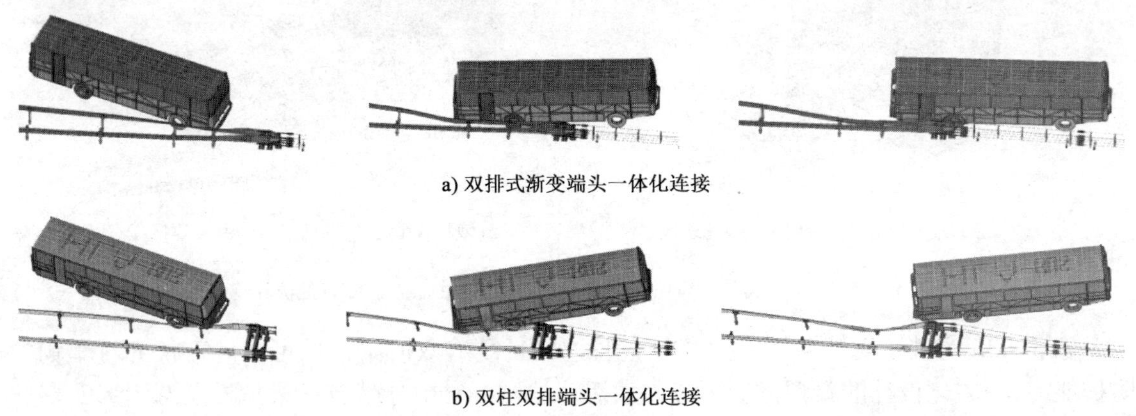

a) 双排式渐变端头一体化连接

b) 双柱双排端头一体化连接

图 5-5-37　大客车碰撞一体化设计的既有双波梁护栏下游端部 2m 处碰撞仿真结果

通过计算机仿真评估,经过一体化设计的既有双波梁护栏上游端部、下游端部均得到有效锚固,波形梁护栏可以发挥正常的安全防护能力。

5.6　新型钢管预应力索活动护栏安全性能评价

实车碰撞试验具有客观可靠的优点,是评价护栏安全性能的有效手段。依据"新标准"的规定,组织实车碰撞试验,采用小客车、大客车、大货车三种车型,端部和标准段两个碰撞点,对新型钢管预应力索活动护栏进行安全性能评价。

5.6.1　试验条件

按 1∶1 结构尺寸在碰撞广场上建造新型钢管预应力索活动护栏,如图 5-6-1 是建设完成的试验护栏。图 5-6-2 是试验车辆,试验车辆各项参数满足"新标准"要求。

5.6.2　活动护栏中间段碰撞试验

1)小客车碰撞中间段

图 5-6-3 为小客车碰撞护栏中间段行驶轨迹图,可见小客车碰撞护栏后平稳驶出,并恢复

到正常行驶姿态,没有发生穿越、翻越和骑跨护栏,护栏构件及其脱离碎片没有侵入车辆乘员舱,满足"新标准"要求。

a) 护栏整体　　b) 端部立柱　　c) 前端开启构件

d) 单段护栏　　e) 护栏连接　　f) 中间框架

图 5-6-1　建设完成的试验护栏

a) 碰撞中间段

b) 碰撞端部

图 5-6-2　试验车辆

图 5-6-4 为小客车碰撞中间段驶出框图,可以看出小客车在距驶离点 10m 范围内没有越过导向驶出框边界线,导向功能良好,满足"新标准"要求。

表 5-6-1 为小客车缓冲性能评价表,可见乘员碰撞速度的纵向和横向分量均不大于

12m/s，乘员碰撞后加速度的纵向和横向分量均不大于 200m/s^2，缓冲功能良好，满足评价标准要求。

图 5-6-3　小客车碰撞护栏中间段行驶轨迹

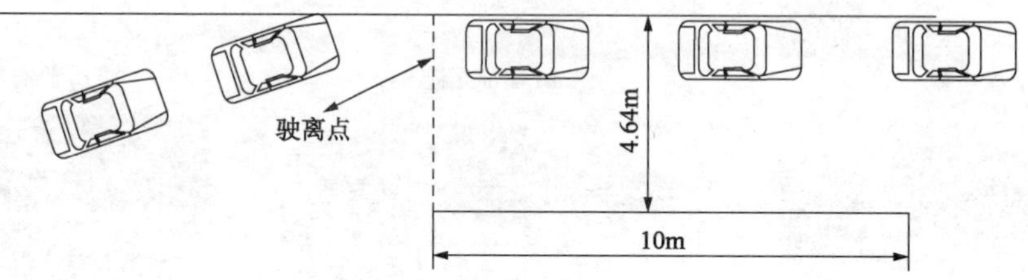

图 5-6-4　小客车碰撞中间段驶出框

小客车缓冲性能评价表　　表 5-6-1

乘员碰撞速度（m/s）	纵向 X	3.0	合格
	横向 Y	4.3	合格
乘员碰撞后加速（m/s^2）	纵向 X	56.5	合格
	横向 Y	139.1	合格

如图 5-6-5 所示为小客车碰撞试验后护栏破损图。距碰撞点 2m 处，迎撞面钢管无破损仅有轻微变形，从图上可以看出，护栏的变形较小，连接处无破损。护栏最大横向动态变形值为 909mm，护栏最大横向动态位移外延值为 1357mm。

图 5-6-5　小客车碰撞试验后护栏破损

如图 5-6-6 所示为小客车碰撞试验后车辆破损图，车身碰撞一侧稍有剐蹭变形，碰撞侧前轮胎爆胎，行驶系统、转向系统损坏，制动系统完好，前后桥完好，纵梁完好，车辆内部座椅无损坏，配载没有移动，车门能自由打开。

图 5-6-6 小客车碰撞试验后车辆破损

2）大客车碰撞中间段

图 5-6-7 为大客车碰撞护栏中间段行驶轨迹图，可见大客车碰撞护栏后平稳驶出，并恢复到正常行驶姿态，没有发生穿越、翻越和骑跨护栏，护栏构件及其脱离碎片没有侵入车辆乘员舱，满足"新标准"要求。

图 5-6-7 大客车碰撞护栏中间段行驶轨迹

图 5-6-8 为大客车碰撞中间段驶出框图，可以看出大客车在距驶离点 20m 范围内没有越过导向驶出框边界线，导向功能良好，满足"新标准"要求。

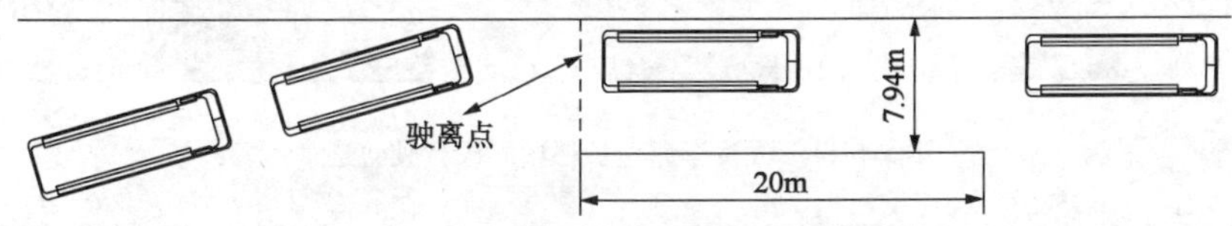

图 5-6-8 大客车碰撞中间段驶出框

如图 5-6-9 所示为大客车碰撞试验后护栏破损图。碰撞点处连接构件无损坏，距碰撞点 3m 处，迎撞面钢管 3 处破损并轻微变形，标准段连接框架无损坏，万向轮损坏，护栏的残余变形较小，连接处无破损。护栏最大横向动态变形值为 1227mm，护栏最大横向动态位移外延值为 1675mm，车辆最大动态外倾值为 1483mm，车辆最大动态外倾当量值为 1662mm。

如图 5-6-10 所示为大客车碰撞试验后车辆破损图。后轮胎有刮痕但无爆胎现象，行驶系统、转向系统损坏，制动系统完好，前后桥完好，纵梁完好，车辆内部座椅无损坏，车前风窗玻璃脱落，配载没有移动，车门能自由打开。

3）大货车碰撞中间段

图 5-6-11 为大货车碰撞护栏中间段行驶轨迹图，可见大货车碰撞护栏后平稳驶出，并恢复到正常行驶姿态，没有发生穿越、翻越和骑跨护栏，护栏构件及其脱离碎片没有侵入车辆乘员舱，满足"新标准"要求。

图 5-6-9 大客车碰撞试验后护栏的破损图

图 5-6-10 大客车碰撞试验后车辆的破损图

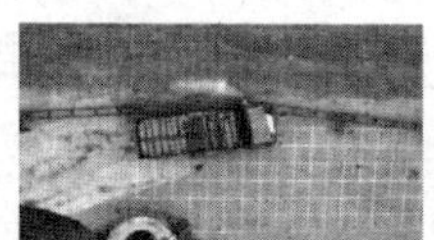

图 5-6-11 大货车碰撞护栏中间段行驶轨迹

图 5-6-12 为大货车碰撞中间段驶出框图,可以看出大货车在距驶离点 20m 范围内没有越过导向驶出框边界线,导向功能良好,满足“新标准”要求。

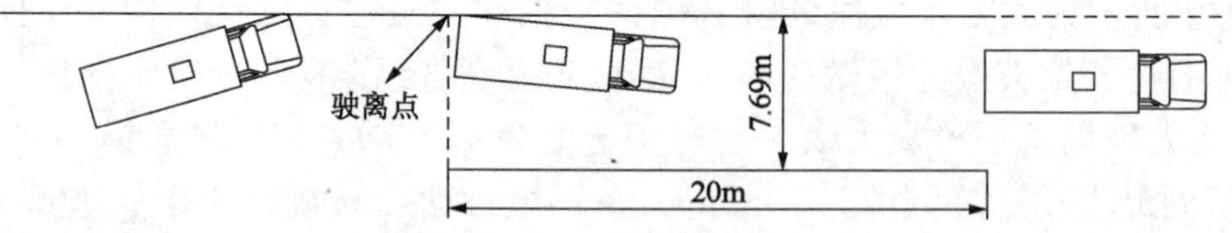

图 5-6-12 大货车碰撞中间段驶出框

如图 5-6-13 所示为试验后护栏破损图。碰撞点处连接构件无损坏,碰撞点后两节标准段迎撞面钢管有 5 处破损并变形,标准段连接框架无损坏,万向轮损坏,底部立柱损坏,长度可调节装置弯曲,护栏的残余变形较小,连接处无破损。护栏最大横向动态变形值为 1478mm,护栏最大横向动态位移外延值为 1926mm,车辆最大动态外倾值为 1072mm,车辆最大动态外倾当量值为 1345mm。

图 5-6-13　试验后护栏的破损图

如图 5-6-14 所示为大货车碰撞试验后车辆破损图，车辆碰撞侧前轮爆胎，行驶系统、转向系统损坏，制动系统完好，前后桥完好，纵梁完好，车辆内部座椅无损坏，车前风窗玻璃脱落，配载没有移动，车辆前部损坏，车辆出现二次碰撞情况。

图 5-6-14　大货车碰撞试验后车辆的破损图

5.6.3　活动护栏端部碰撞试验

1）小客车碰撞端部

图 5-6-15 为小客车碰撞护栏端部行驶轨迹图，可见小客车碰撞护栏后平稳驶出，并恢复到正常行驶姿态，没有发生穿越、翻越和骑跨护栏，护栏构件及其脱离碎片没有侵入车辆乘员舱，满足“新标准”要求。

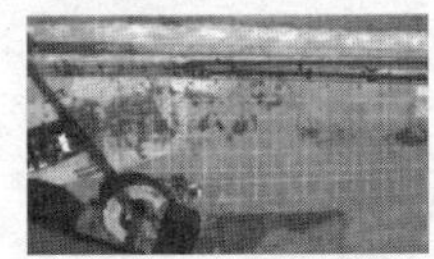
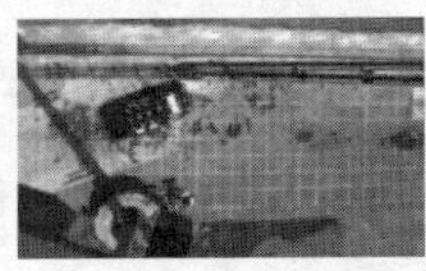
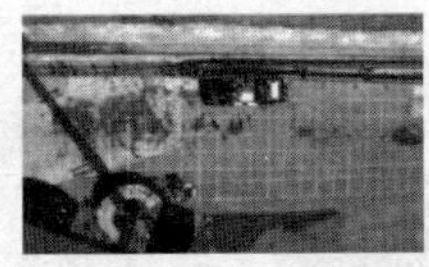

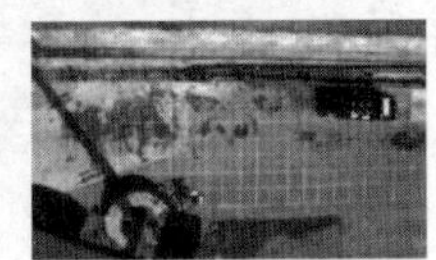

图 5-6-15　小客车碰撞护栏端部行驶轨迹

图 5-6-16 为小客车碰撞护栏端部驶出框图，可以看出小客车在距驶离点 10m 范围内没有越过导向驶出框边界线，导向功能良好，满足“新标准”要求。

表 5-6-2 为小客车缓冲性能评价表，可见乘员碰撞速度的纵向和横向分量均不大于 12m/s，乘员碰撞后加速度的纵向分量和横向分量均不大于 $200m/s^2$，缓冲功能良好，满足评价标准要求。

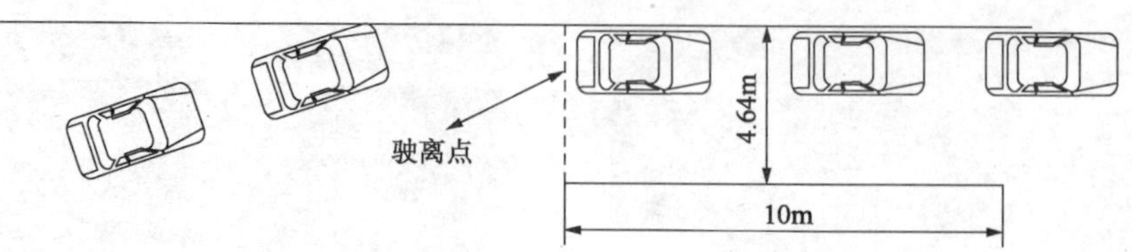

图 5-6-16　小客车碰撞护栏端部驶出框

小客车缓冲性能评价表　　表 5-6-2

乘员碰撞速度(m/s)	横向 X	6.0	合格
	纵向 Y	1.6	合格
乘员碰撞后加速(m/s^2)	横向 X	97.8	合格
	纵向 Y	119.3	合格

如图 5-6-17 所示为小客车碰撞试验后护栏破损图。通过试验检测得知,车辆碰撞护栏后,碰撞点处迎撞面导向板仅有轻微变形,中分带波形梁护栏第一根立柱弯曲,端部框架无破损,活动护栏端部几乎无破损。护栏最大横向动态变形值为 177mm,护栏最大横向动态位移外延值为 625mm。

图 5-6-17　小客车碰撞试验后护栏的破损图

如图 5-6-18 所示为小客车碰撞后的照片,碰撞侧前、后轮胎爆胎,行驶系统、转向系统损坏,制动系统完好,前后桥完好,纵梁完好,车辆内部座椅无损坏,配载没有移动,车门能自由打开。

图 5-6-18　小客车碰撞试验后车辆的破损图

2）大客车碰撞端部

图5-6-19为大客车碰撞护栏端部行驶轨迹图，可见大客车碰撞护栏后平稳驶出，并恢复到正常行驶姿态，没有发生穿越、翻越和骑跨护栏，护栏构件及其脱离碎片没有侵入车辆乘员舱，满足“新标准”要求。

图5-6-19 大客车碰撞护栏端部行驶轨迹

图5-6-20为大客车碰撞护栏端部驶出框图，可以看出大客车在距驶离点20m范围内没有越过导向驶出框边界线，导向功能良好，满足“新标准”要求。

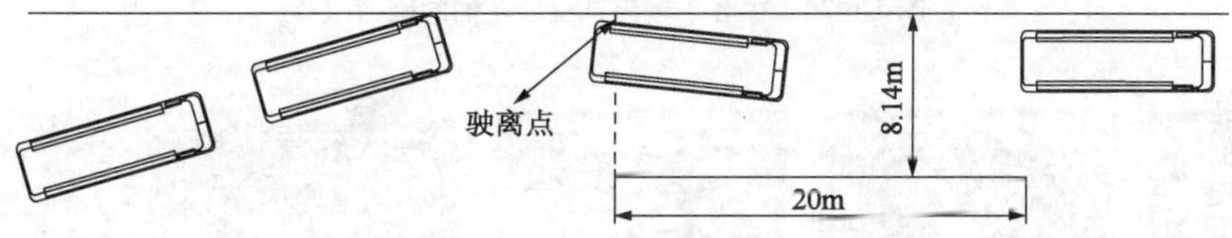

图5-6-20 大客车碰撞护栏端部驶出框

如图5-6-21所示为大客车碰撞试验后护栏破损图。碰撞点处导向板轻微破损，距碰撞点3m处，中分带波形梁护栏板变形，立柱弯曲变形，端部框架无损坏，长度可调节装置变形弯曲，活动护栏端部几乎无破损。护栏最大横向动态变形值为159mm，护栏最大横向动态位移外延值为607mm，车辆最大动态外倾值为404mm，车辆最大动态外倾当量值为444mm。

图5-6-21 大客车碰撞试验后护栏的破损图

如图5-6-22所示为大客车碰撞试验后车辆破损图。后轮胎有剐痕但无爆胎现象，行驶系统、转向系统损坏，制动系统完好，前后桥完好，纵梁完好，车辆内部座椅无损坏，配载没有移动，车门能自由打开。

3）大货车碰撞端部

图5-6-23为大货车碰撞护栏端部行驶轨迹图，可见大货车碰撞护栏后平稳驶出，并恢复

到正常行驶姿态，没有发生穿越、翻越和骑跨护栏，护栏构件及其脱离碎片没有侵入车辆乘员舱，满足“新标准”要求。

图 5-6-22　大客车碰撞试验后车辆的破损图

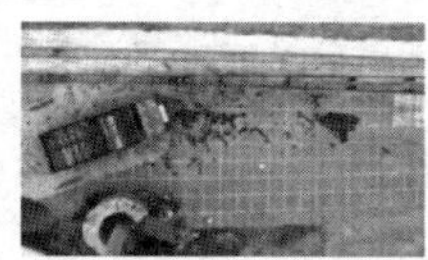

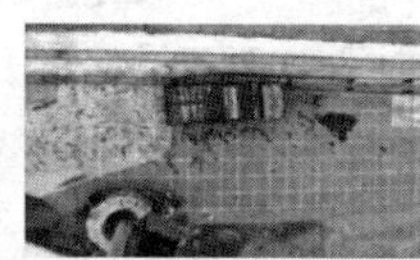

图 5-6-23　大货车碰撞端部行驶轨迹

图 5-6-24 为大货车碰撞护栏端部驶出框图，可以看出大货车在距驶离点 20m 范围内没有越过导向驶出框边界线，导向功能良好，满足“新标准”要求。

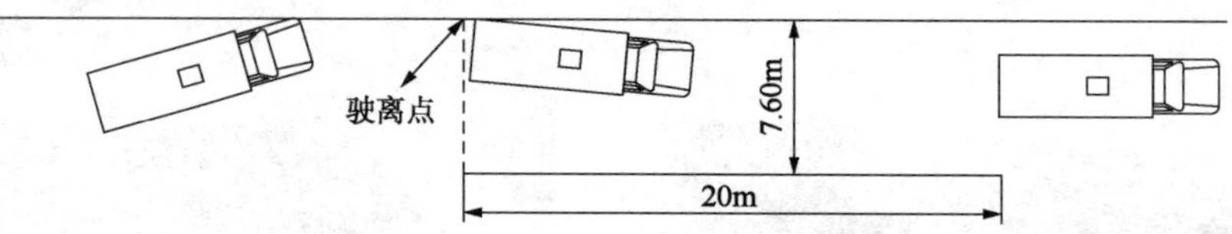

图 5-6-24　大货车碰撞护栏端部驶出框

如图 5-6-25 所示为大货车碰撞试验后护栏破损图。碰撞点处导向板轻微破损，导向管轻微变形，碰撞点后三节中分带波形梁护栏板变形，立柱弯曲变形，端部框架无损坏，长度可调节装置变形弯曲，活动护栏端部几乎无破损。护栏最大横向动态变形值为 256mm，护栏最大横向动态位移外延值为 704mm，车辆最大动态外倾值为 404mm，车辆最大动态外倾当量值为 496mm。

如图 5-6-26 所示为大货车碰撞试验后的车辆破损图，车辆碰撞护栏后迎撞面侧前轮胎爆胎，行驶系统、转向系统损坏，制动系统完好，前后桥完好，纵梁完好，车辆内部座椅无损坏，车前风窗玻璃脱落，配载没有移动，车辆前部损坏，车辆出现二次碰撞情况。

依据“新标准”规定，通过三种车型、两个碰撞点的共六次实车足尺碰撞试验对新型钢管预应力索活动护栏进行安全性能评价，实验结果表明，新型钢管预应力索活动护栏防护能力满足“新标准”A 级要求，防护能量达到 160kJ。

图 5-6-25　大货车碰撞试验后护栏的破损图

图 5-6-26　大货车碰撞试验后车辆的破损图

5.7　效益分析

目前我国高速公路中央分隔带如按照每 2km 设置一处活动护栏，就有 4 万个活动护栏（每个中分带开口约 30m 长），而普遍采用的插拔式护栏、伸缩式护栏均不具备防撞能力，相当于 1200 多公里的中分带开口完全处于无防护状态。若能将全国范围内的 5% 的中央分隔带开口，即 2000 处采用新型钢管预应力索活动护栏结构，则可创造收益 20478 万元，并且随着人们对交通安全设施认识的不断加深，全国高速公路护栏需求量不断加大，新型钢管预应力索活动护栏将带来越来越显著的经济效益。

新型钢管预应力索活动护栏兼具防撞、易开启、易安装及易移动的功能，其端部具有长度自适应功能，更适用于高速公路中分带开口处，同时所采用的一体化设计方法将活动护栏与中分带标准段护栏形成一体化锚固连接，使两者过渡位置的防护能力满足要求，解决了高速公路中央分隔带开口处过渡位置连接薄弱的共性问题，具有极大的行业发展意义。

新型钢管预应力索活动护栏的应用可对车辆形成有效防护，降低车辆穿越中分带开口护栏的事故率，有利丁改善道路交通的安全水平，促进交通事业的和谐发展，有效配合国家“以人为本、安全至上”相关政策的实施，具有明显的社会效益。

参考文献

[1] 何勇,张建军. 我国高速公路交通安全问题分析与对策[J]. 交通世界,2005 (12):16-21.

[2] 谢玉洪,雷正保,李海侠,等. 高速公路防撞护栏的研究现状与发展趋势[J]. 工程建设与设计,2003(12):40-43.

[3] 廖小波. 中国高速公路的发展[J]. 土木工程学报,2006(3):75-78.

[4] 中华人民共和国行业标准. JTG B05-01—2013 公路护栏安全性能评价标准[S]. 北京:人民交通出版社,2013.

[5] Ted Belytschko,Wing Kam Liu,Brian Moran. 连续体和结构的非线性有限元[M]. 庄茁,译. 北京:清华大学出版社,2002.

[6] 敖道朝,李卫民,苏高裕. 防撞护栏再利用技术在高速公路扩建中的系统应用[M]. 北京:人民交通出版社股份有限公司,2016.

[7] 舒翔,张晓晴,黄小清,等. 高速公路护栏系统的有限元优化分析[J]. 公路交通科技,2006,23(5):121-125.

[8] 姚启明. 汽车碰撞防撞护栏碰撞力计算方法的研究[J]. 上海公路,2003 (S1).

[9] 雷正保,杨兆. 汽车撞击护栏时乘员的安全性研究[J]. 振动与冲击,2006,25(2):5-11.

[10] Ibitoye A B, Hamouda A M S, Wong S V, et al. Simulation of motorcyclist's kinematics during impact with W-Beam guardrail[J]. Advances in engineering Software, 2006, 37(1): 56-61.

[11] Ray M, Engstrand K, Plaxico C, et al. Improvements to the weak-post W-beam guardrail[J]. Transportation Research Record: Journal of the Transportation Research Board, 2001 (1743): 88-96.

[12] Polivka K A, Faller R K, Sicking D L, et al. Development of the Midwest guardrail system (MGS) for standard and reduced post spacing and in combination with curbs[R]. 2004.

[13] 金国平. 浅谈道路交通护栏的分类及设置原则[J]. 中国科技博览,2014(3):241.

[14] 赵鸣,张誉. 汽车冲撞钢筋混凝土护栏系统的力学模型及仿真计算[J]. 土木工程学报,1994,27(6):56-61.

[15] 中华人民共和国行业标准. JTG D81—2006 公路交通安全设施设计规范[S]. 北京:人民交通出版社,2006.

[16] 谢庆喜,张维刚,钟志华. 波形梁半刚性护栏与汽车碰撞的仿真分析及其结构优化[J]. 客车技术与研究,2006,28(1):10-12.

[17] 李志锋,邰永刚,张颖,等. 高速公路波形梁护栏改造方案研究[J]. 汽车技术,2006 (Z1):89-91.

[18] 雷正保,杨兆. 三波护栏的耐撞性研究[J]. 公路交通科技,2006,23(7):130-136.

[19] 崔洪军,崔姗,邢小高,等. 护栏高度变化对防撞能力影响研究[J]. 重庆交通大学学报(自然科学版),2015,34(1):84-86.

[20] 黄小清,舒翔. 半刚性护栏的静载实验及能量吸收特性[J]. 华南理工大学学报(自然科学版),2002,30(5):78-81.

[21] 江德增,黄小清. 冲击荷载下半刚性护栏的非线性有限元分析[J]. 华南理工大学学报(自然科学版),2003,31(3):64-68.

[22] 闫书明,郑斌,李黎龙,等. 梁柱式型钢护栏设计优化及安全性能评价[J]. 公路交通科技,2012,29(1):139-144.

[23] 闫书明, 郭洪, 刘航,等. 边坡和路缘石对波形梁护栏防护能力的影响[J]. 公路, 2015(5):213-218.

[24] 何勇．我国的护栏设计条件及波形梁护栏结构机理[J]．公路交通科技,1994,11(2):30-35.

[25] 黄红武．轿车与高速公路护栏碰撞事故分析及仿真研究[D]．长沙:湖南大学,2003.

[26] 周炜,张天侠,乔希永,等．汽车与不同形式高速公路护栏碰撞的试验研究[J]．公路交通科技,2006,23(7):137-141.

[27] 马香娟．高速公路路侧护栏设计优化研究[D]．西安:长安大学,2006.

[28] 张鹏,周德源,冯英攀．基于数值模拟的半刚性护栏性能优化[J]．同济大学学报(自然科学版),2008,36(11):1531-1536.

[29] 朱玉琴,段志．高速公路钢护栏镀锌防腐层检测探究[J]．公路交通科技(应用技术版),2013(5).

[30] 王明佳．高速公路钢护栏镀铝防护和存在的问题[J]．北方交通,2004(05):72-74.

[31] 闫书明．单坡面混凝土护栏碰撞分析[J]．北京工业大学学报,2012(4):586-589.

[32] 庞红．高速公路桥梁外侧防撞护栏创新设计[J]．现代交通技术,2008,5(2):78-80.

[33] 张鹏,周德源,冯英攀．新型刚性护栏防撞性能的数值模拟[J]．中国公路学报,2009,22(2):31-36.

[34] 闫书明．城市桥梁新型桥侧混凝土护栏的碰撞分析[J]．武汉科技大学学报,2014,6(3):223-227.

[35] 石红星,吕伟民．车辆碰撞混凝土护栏的数值模拟与应用[J]．同济大学学报(自然科学版),2002,30(9):1061-1063.

[36] 赵建,雷正保,王素娟．高速公路跨线桥 SS 级防撞护栏优化设计[J]．公路交通科技,2011,28(9):142-146.

[37] 石红星,白书锋．桥梁混凝土护栏设计的研究[J]．公路交通科技,2002,19(6):92-95.

[38] Atahan A O. Finite-element crash test simulation of New York Portable Concrete Barrier with I-shaped connector[J]. Journal of structural engineering, 2006, 132(3): 430-440.

[39] Jiang T, Grzebieta R H, Zhao X L. Predicting impact loads of a car crashing into a concrete roadside safety barrier[J]. International journal of crashworthiness, 2004, 9(1): 45-63.

[40] Yan S M, Jia N, Wang X, et al. Research on High Crashworthiness Level Bridge Barrier with Limited Working Width[C]. Applied Mechanics and Materials. 2013, 405: 1521-1526.

[41] Heng L U O. Numerical Simulation Analysis on New Type of Concrete Safety Barrier in Changde-Jishou Expressway [J]. Highway Engineering, 2008(4):8.

[42] LEI Z, HOU S, ZHOU Z, et al. Optimal structure parameters of interrupted type straight-road concrete barrier with given length concrete frusta[J]. Journal of Traffic and Transportation Engineering, 2008(4): 24.

[43] Borkowski W, Hryciów Z, Rybak P, et al. Numerical simulation of the standard TB11 and TB32 tests for a concrete safety barrier[J]. Journal of Kones, 2010(17): 63-71.

[44] 贾翠平．汽车与高速公路混凝土护栏碰撞事故分析及仿真研究[D]．武汉:武汉理工大学,2007.

[45] 中华人民共和国国家标准．GB 50204—2011 混凝土结构工程施工质量验收规范[S]．北京:中国建筑工业出版社,2011.

[46] 中华人民共和国国家标准．GB 50010—2010 混凝土结构设计规范[S]．北京:中国建筑工业出版社,2010.

[47] 闫书明．可模拟桥梁翼缘板的试验护栏基础设计[J]．城市道桥与防洪,2010(10):89-92.

[48] 雷正保,颜海棋,周屏艳,等．山区公路混凝土护栏碰撞特性仿真分析[J]．交通运输工程学报,2007,7(1):85-92.

[49] 闫书明,惠斌,李巍,等．基于碰撞分析的特高防撞等级桥梁护栏安全评价[J]．特种结构,2010,27(1):66-70.

[50] 宋慧,王丰元．高速公路护栏端部设计及其碰撞仿真分析[J]．青岛理工大学学报,2010,31(1):81.

[51] 黄开宇,白书锋．耒宜高速公路混凝土护栏设计[J]．中南公路工程,2003,28(1):102-104.

[52] 侯德藻,袁玉波,杨曼娟,等. 在用桥梁护栏安全性能改进方法研究[J]. 公路交通科技,2010,27(5):110-116.

[53] 中华人民共和国行业标准. JTG/T D81—2006 公路交通安全设施设计细则[S]. 北京:人民交通出版社,2006.

[54] 周炜,张天侠,崔海涛,等. 轿车与公路护栏碰撞的有限元仿真[J]. 北京工业大学学报,2008,34(3):298-303.

[55] 沈伟明,王国平. 型钢立柱波形梁护栏撞击试验研究[J]. 结构工程师,2000(4):33-37.

[56] 徐红明. 高速公路路侧安全防护优化研究[D]. 石家庄:石家庄铁道大学,2014.

[57] 申杰,金先龙,陈建国. 汽车碰撞护栏事故再现方法[J]. 振动与冲击,2007,5.

[58] 张胜平. 高速公路中央分隔带护栏碰撞仿真实验的研究与应用[D]. 西安:长安大学,2004.

[59] 毛雯丽. 桥梁梁柱式钢护栏防撞性能仿真计算研究[D]. 杭州:浙江工业大学,2012.

[60] 闫书明,敬敏,马亮,等. 综合功能城市桥侧护栏开发[J]. 特种结构,2012,29(2):86-90.

[61] 闫书明. 有限元仿真方法评价护栏安全性能的可行性[J]. 振动与冲击,2011,30(1):152-156.

[62] 闫书明,贾宁,方磊,等. 港珠澳大桥护栏安全性能评价标准[J]. 交通标准化,2011 (16):115-119.

[63] 卫军,金秀娜,董荣珍,等. 波形梁护栏结构参数对防撞性能的影响[J]. 武汉理工大学学报,2013,35(4):90-95.

[64] 邰永刚,张绍理,高水德. 高防护等级钢护栏改造方案研究[J]. 公路工程,2009,34(2):140-143.

[65] 李华. 高速公路组合型护栏物特性及其变形计算[J]. 公路交通科技,1997,14(4):29-32.

[66] 唐琤琤,贡锁白. 路侧护栏设计[J]. 公路交通科技,2001,6(3):75-78.

[67] 黄红武,莫劲翔,杨济匡,等. 影响护栏防护性能的相关因素研究[J]. 湖南大学学报(自然科学版),2004,31(2):45-47.

[68] 黄红武,刘正恒,杨济匡. 基于计算机仿真的汽车与高速公路护栏碰撞事故的分析与研究[J]. 湖南大学学报 (自然科学版),2002,29(6).

[69] Fang L, Zhang L, Yan S M, et al. Design optimization and safety evaluation of cross-sea bridge barrier[C]. Applied Mechanics and Materials. 2011, 97: 100-107.

[70] Schmidt E J, Nagy A. Movable barrier: U. S. Patent 5,033,905[P]. 1991-7-23.

[71] 王剑文. 高速公路安全设施——护栏设计要点[J]. 交通标准化,2010 (18):29-33.

[72] 王宏伟,贾日学,王彦卿,等. 沪宁高速公路安全体系和中分带开口护栏研究[J]. 现代交通技术,2006,3(5):95-98.

[73] 李青川,彭举,彭展生. 高速公路新型中央分隔带护栏方案研究[J]. 公路交通技术,2013 (3):143-145.

[74] 闫书明,白书锋,于海霞. 中央分隔带护栏开口处事故分析与解决方案[J]. 公路,2010(1):196-201.

[75] 罗建设,李彦,谭诗樵. 公路安全钢索护栏的研究[J]. 公路,2006 (2):168-171.

[76] 王忠仁. 高速公路中央分隔带护栏形式选择[J]. 公路交通科技,1999(S1):48-53.

[77] 闫书明. 防撞活动护栏碰撞分析[J]. 武汉理工大学学报(交通科学与工程版),2013,37(5):1046-1050.

[78] 闫书明,白书锋. 钢管预应力索防撞活动护栏开发[J]. 交通运输工程学报,2010,10(2):41-45.

[79] 闫书明,贾宁,白书锋. 钢管预应力索活动护栏碰撞仿真分析[J]. 公路交通科技 (应用技术版),2009(5):073.

[80] 杨宏志,张胜平,杨少伟. 高速公路中间带护栏碰撞仿真实验[J]. 长安大学学报(自然科学版),2008,28(2):44-48.

[81] 庞静,李斌. 新型活动护栏在高速公路的应用[C]. 公路交通与建设论坛,2003.